novum pro

José HVV Sáez

Cinco Puertas Al Infierno

**Tras la quinta puerta,
la aguardaban sus demonios**

novum pro

www.novumpublishing.es

Queda prohibida cualquier difusión de la obra a través de cine, radio, televisión, reproducción fotomecánica, soporte de sonido, soporte de datos electrónicos, y resúmenes impresos.

Impreso en la Unión Europea en papel ecológico, libre de cloro y de ácido blanqueador.

© 2016 novum publishing

ISBN 978-84-9072-514-6
Corrección ortotipográfica
y de estilo: Cristina Andrés
Diseño de cubiertas:
Martin Von Veschler Cox
maquetación y composición: novum publishing

www.novumpublishing.es

Episodio 1. Un casorio muy movido

El minutero y el calor eran las dos únicas cosas que ocupaban la atención de las doscientas y tantas personas congregadas aquel 28 de febrero en el interior de la catedral de Talcuri, al sur del país. La aguja avanzó al minuto dieciocho con exasperante lentitud, brillando bajo el sol de acero que bañaba el reloj del campanario. En el interior del templo el ambiente era asfixiante; cuando la aguja alcanzó el minuto cuarenta y tres, una ahogada exclamación recorrió toda la nave principal, desde el presbiterio hasta el coro:

—¡Ya llega!

Falsa alarma. Eran algunos convidados provenientes de la Capital que llegaban con casi una hora de retraso a la ceremonia. Con rapidez se unieron a los demás conspicuos personajes, invitados expresamente para asistir al casamiento de don Pedro con no se sabía muy bien quién. Fueron los últimos en engrosar el gentío que sobrepasaba la capacidad del amplio templo dieciochesco, por más que se colocaran cincuenta sillas extras en el atrio y otras tantas, en las capillas del crucero. Un casorio de semejante categoría no se había visto nunca en la ciudad.

Afuera, la explanada delante del Pórtico de la Gloria estaba abarrotada de vecinos, conocidos y bastantes curiosos, dispuestos a no perderse ningún detalle de la llegada de la novia, pese al calor y la hora.

Dentro, todos estaban muy atentos también, porque las habladurías que se habían esparcido con rapidez por media ciudad, en cuanto se supo que don Pedro, al fin, había decidido entregarse nuevamente al matrimonio, crecían día a día. En el momento en el que se empezó a rumorear la edad de la novia, la expectación alcanzó un grado tal, que dio lugar a un jugoso cruce de apuestas, incluyendo a muchos convidados.

—¿De dónde pudo haber salido una suertuda igual!? —exclamaban muchos de los conocidos de don Pedro, sabiendo que este, tras haber enviudado, siempre mantuvo una escasa relación amistosa con las numerosas candidatas solteras de su edad, de la alta burguesía local que, hasta hoy, no cesaban de adularle.

Los zureos de los asistentes se volvieron murmullos de alivio en cuanto se corrió la voz de que la novia acababa de salir de la casa del doctor Rivas.

—¡Ya viene! ¿Pero quién diablos es la novia?

—No se sabe quién es —informaron unos cuantos—. Viene con el rostro completamente cubierto.

El último gran calor veraniego, elevándose muy despacio hacia las altas bóvedas del interior del templo, estaba haciendo que los perfumes y los afeites, recalentados por la espera se empezaran a mezclar con el incienso y el humo de los velones, por causa del incesante batir de abanicos y sombreros.

En los bancos delanteros de la nave central, reservados a los familiares directos de los contrayentes y a las altas autoridades y personalidades venidas expresamente desde la Capital, el nerviosismo y el sofoco eran inaguantables; inmediatamente detrás se sentaban las fuerzas cívicas locales primordiales, de cuyas dignas bocas brotaban las más jugosas murmuraciones, expertas en decir barbaridades sin apenas mover los labios, con admiración algunos, y con indisimulada y cruel morbosidad, casi todos los demás.

—¡Caracoles, qué muchedumbre! —dijo el secretario del cabildo municipal al secretario primero de la Intendencia, pasándose el pañuelo por el cuello, quien se estaba dejando la musculatura del cuello en el intento por avisar a su superior del momento exacto de la entrada de la novia.

—Yo no había visto nada parecido desde el funeral de la viuda Jiménez Sánchez —afirmó una elegante dama.

—Que Dios la tenga en su santo reino –musitó otra al oído de la esposa del alcalde —. Una santa, que te lo digo yo.

—Pues no eran muy santos los tres maridos que le dio tiempo de echarse encima a su santidad, la viudita —intervino el alcalde, volviendo la cabeza para guiñar el ojo derecho a la escandalizada mujer—, que de maridos entendía poco, salvo perseguir infructuosamente a candidatos de mucha categoría.

—Es de todos sabido que la impuntualidad calculada es la norma a seguir en estos casos —decía una, muy empingorotada, pero sentada cuatro filas por detrás.

—Cierto, porque veamos, ¿qué es eso de correr hacia el altar, como si una fuese una fresca, denotando frente a todo el mundo el ansia por fertilizar cuanto antes el tálamo? Una novia que se precie de su blanco jamás caería en un descuido así —así remataba otra profesora, pero también de insuficiente apellido y posición.

Mucho peores eran los apagados cuchicheos que se deslizaban de ahí para atrás hasta llegar a las últimas filas, donde el tonillo del pelambre era, en cambio, cruel y grosero. Especialmente graves eran las críticas de aquellos ofendidos por haber sido participados de la boda apenas cuatro días antes.

—¡Vas a ver el escándalo que va saltar aquí, si ni siquiera me mandaron invitación escrita!

Ocho minutos más transcurrieron, uno tras otro, hasta que el campanario soltó la única campanada de la tarde y, entonces, con germánica puntualidad en materia de retrasos, llegó la prometida; la principal dama de honor anunció su llegada, batiendo alocadamente una pequeña campanilla.

—¡Ya se está bajando del auto!

Cientos de cogotes se retorcieron al instante, mientras otros tantos pares de anhelantes ojos, heridos profundamente por el brillante contraluz del pórtico, se quedaron por un segundo paralogizados. Por fin se iba a desvelar el secreto, tan celosamente guardado, de la edad y la identidad de la futura y misteriosa consorte que sería entregada a don Pedro, el más rico latifundista de la región. Antes de volver la cabeza a su sitio, los mirones atisbaron una alta y desdibujada figura envuelta en vaporosas y blancas sedas y tules, con la cabeza cubierta por un largo e impenetrable velo, sujeto por una diadema de flores plateadas.

La divina entrada de la prometida, del brazo de un elegante señor, que más bien parecía su hermano, fue el detonante de la primera y explosiva novedad.

—¡Es huérfana, ya te lo dije, vieja! ¡Seguro que es un cuco! —apostilló una de más allá. Las ahogadas exclamaciones de admiración y de envidia marcaron el pausado y solemne arranque del Ave Maria, de Bach-Gounod. El organista, el cellista y el coro de los ángeles coparon la catedral de gráciles notas que se paseaban por las altas vidrieras, meciéndose sobre las gruesas traviesas de ulmo.

«A-ve Ma-ri-a, gra-ti-a ple-na, Do-mi-nus te-cum...»

A su compás, la joven y hermética novia comenzó a recorrer el largo pasadizo que la conduciría hasta el altar, un camino jalonado de vasijas metálicas que contenían calas blancas y rosadas alternándose con frescas flores silvestres. Ella iba deslizándose por la alfombra roja con contenida parsimonia, arrastrando una larga cola de seda salvaje con palomas bordadas sostenida en la punta por dos chicuelos vestidos de pajecillos.

Bajo el tupido velo se escondía una dulce y juvenil carita que nadie pudo apreciar, cuya expresión, sin embargo, no era ni de lejos la de la novia que camina alborozada hacia los brazos de su amor. Por el contrario, ella caminaba a pasos lentos y cortitos, cargada por el peso de la consternación.

Una falsa invitada, al verla pasar, le dijo a su amiga:

—¡Mírala!, ¡qué *donosita*, si va *arrebolada* de dulce emoción por acceder a su nuevo estado! ¡*Ayayahi*! Quién tuviera esa edad para sentir de nuevo esa misma sensación —suspiraba con los ojos enrojecidos, fulminando de soslayo al obeso moreno sentado a su lado.

—Qué emoción ni qué emoción —le destiló al oído su atenta amiga del alma—. ¡Seguro que ya me viene con la bala *pasá*! Ya no existe la vergüenza.

—Pero, ¿esta quién será? Si fuera alguna de las *pitucas* del centro, tendría casi los cuarenta.

—Si a esta pobre parece que no la conoce nadie en toda la ciudad…

—¡Miren! La lleva el doctor Rivas. ¡Yo no sabía que este señor tuviera una hermana, porque hija no tiene!

Desde el altar, don Pedro, su futuro cónyuge, estaba de pie en el centro, altivo y poderoso, mirando con absoluto embelesamiento a su futura según se le acercaba, dedicándole una profunda mirada de aprobación y clavando sus ojos anhelantes en la grácil figura que dentro de unos minutos tendría la fortuna de abrazar y amar para siempre, felicitándose por su extraordinaria suerte. Pero no pudo evitar lanzar una brevísima mirada a la primera fila, donde se sentaba su primogénito, el adolescente Pedro Segundo Gonzales. Este le devolvió la mirada envuelta en una triste sonrisa.

A medida que la novia se iba acercando al altar, el muchacho tuvo un triste presagio que le avisaba de que, a partir de ese momento, el enorme cariño que su padre siempre le había profesado comenzaría a enfriarse sin remedio. Su exclusividad en la familia se estaba acabando a pasos agigantados. Una razón más para alejarse de él. Bajó la cabeza para no contemplar su destino. Tampoco quería ver cómo aquella mujer le arrebataba a las únicas dos personas a las que él había entregado su corazón: su padre y ella.

La dulce Ave María seguía deslizándose bajo las archivoltas, esparciendo sus tristes notas sobre todos los fieles.

«Be-ne-di-cta tu mu-li-e-ri-bus et be-ne-di-ctus, fru-ctus ven-tris tu-i…»

La blanca novia continuó avanzando por el pasillo, sin siquiera oírla. Gracias al tupido velo, nadie podía advertir la intensa rojez de sus delicadas mejillas ni ver sus ojos pasados por agua. Las piernas le flaqueaban como si las baldosas bailaran bajo sus pies, y por eso no advirtió que la larga alfombra encarnada se estaba empezando a retorcer. Ni oyó cómo la campana de los cuartos repicaba débilmente, sin haber razón, como tampoco notó que una fina capa de polvillo blanco caía ante ella.

El atronador mordisco de una gigantesca manzana verde rompió súbitamente su silencio. Al levantar el mentón y mirar hacia el altar, vio a través del velo que su futuro y el obispo, cogidos del brazo, miraban despavoridos por encima de su cabeza. Desconcertada, se giró con presteza hacia atrás y lo que vio en el coro le cortó el aliento. Solo entonces la triste chica despertó a la realidad al contemplar cómo se despedazaba el mundo que acaba de escoger.

La soprano Winckler, con su gruesa trenza rubia, sosteniendo aún la partitura bajo su brazo regordete, descendía con majestuosidad desde su peana, rodeada por la masa coral que chillaba, envuelta en una espesa nube de tierra. Las balaustras de cemento del coro cayeron al atrio una tras otra, en ordenada procesión, mientras la cantante aterrizó sobre el organista, bajo el cual se hallaba el cello y, por encima de ellos, se curvaba con fuerza la fila de tubos del órgano, haciendo las veces de alero protector contra los escombros que les enviaba el cielo. No corrieron igual suerte los querubines del coro celestial.

Y todo porque, encima del coro, el campanario de tres plantas se estaba desplomando lentamente, en medio de un estruendo de cascotes, ladrillos, palomas, campanas repicando y gente chillando. En un minuto, más largo que una hora, parte de la fachada oriental del templo catedralicio se vino al suelo, a los pies de las decenas de curiosos que retrocedieron boquiabiertos de pavor, estrellándose en la explanada de la plaza y sepultando todos los vehículos estacionados en la calle. La gran cruz de hierro saltó lejos y acabó clavándose en medio de la laguna de los patos; muchos dijeron después que la vieron caer ardiendo, al rojo vivo, junto con la espléndida vidriera del rosetón. La torre se convirtió en un monte de escombros y, en su lugar, comenzó a alzarse una gruesa tapia de polvo, obstruyendo la entrada a la nave principal que, milagrosamente, se mantenía incólume, gracias a los arcos fajón que sostenían la bóveda de medio cañón y, también, debido a los enormes contrafuertes del exterior.

Dentro, una multitud de invitados, atenazados por el horror, escrutaban el techo implorando a la Virgen del Carmen para que no se soltaran las bóvedas sobre sus espaldas pecadoras. Pero cuando vieron que desde la entrada se les venía encima una gigantesca ola de polvo espeso, corrieron espantados hacia el altar mayor.

Samuel Rivas, tío paterno de la novia, en funciones de padre, sintió como su sobrina estaba temblando, pugnando por sostener aún el precioso ramillete de cien flores silvestres entre sus amoratadas manos. La espantada multitud llegó hasta donde estaban ellos y les separó de golpe; ella giraba y giraba mientras las flores volaban, hasta que la novia no pudo más y cayó en brazos de la turba. A punto de ser pisoteada por tantos pies presurosos que corrían hacia el altar, emergieron los fuertes brazos de Samuel que levantaron a la inerte novia por la cintura.

—Tómala, aquí te la entrego —gritó y se la lanzó a don Pedro, el novio, por encima de los fieles que huían aterrados.

Con ella en sus brazos, Pedro, el novio, se hizo enseguida con la situación y, antes que la turba de despavoridos feligreses se los engulleran a todos, corrió hacia la sacristía, empujando al obispo dentro de la sala, y tras depositar su preciada carga delicadamente en un diván, echó el pesado cerrojo en las narices de sus invitados que clamaban por entrar. Allí dentro, las imágenes y los candelabros estaban regados por todas partes, junto con casullas y ostias, pero la habitación estaba intacta. Decenas de personas golpearon la puerta pidiendo entrar también a la sacristía para no perecer asfixiados, pero esta permaneció cerrada.

El cura Carmelo, un avispado monje de clausura, también golpeó y gritó suplicando que dejaran entrar a la gente. Una pequeña sacudida sobre sus cabezas y la caída al suelo de la Virgen del Carmen sobre un grueso feligrés le hizo reaccionar con presteza.

—Síganme todos —gritó con potente voz a la vez que blandía un gran aro con una llave.

Cruzó corriendo delante del altar sin olvidar persignarse y entró en una capilla lateral, abrió la gran cerradura y empujó unos grandes portones de madera, mostrando a los desesperados el camino de la salvación: el grandioso claustro porticado y su bello jardín de las oraciones. Él mismo se ocupó de empujarlos a todos con vigor dentro del patio, que en pocos momentos se llenó a rebosar de la gente de las primeras filas; un fuerte silbido hizo que las encadenadas puertas de la calle y del refectorio se abrieran con presteza de la mano de los novicios y así los importantes fieles pudieron escapar a la calle. Gracias a eso nadie sufrió heridas mortales. Todos los escapados juraron no olvidar jamás el gesto del cura salvador, y Carmelo lo sabía perfectamente.

Desde la plaza, en cambio, la entrada al templo se veía como una bocamina por donde se filtraba una potente luz, una guía hacia el perdón de los pecados. Muchos de los curiosos se jugaron la vida para entrar a la nave del templo, saltando por encima de los restos del derruido pórtico para salvar a los que venían del interior, aunque todavía caían guirnaldas de yeso y trozos de estuco. Gracias a ello, la gran cantidad de heridos y aturdidos que quedaron atrapados dentro pudo recibir ayuda a tiempo y se evitaron muchos muertos. Entre los que entraron para ayudar a los heridos se encontraban Rufino y Enrique, a quienes se les vio cómo salían con lentitud a la explanada, sosteniendo a los supervivientes. Otros, lamentablemente, saltaron con rapidez pasando por encima de todo, más preocupados por su ropa y su aspecto que del prójimo en desgracia.

Trascurridos cuatro interminables minutos, por fin se apaciguó el dragón.

Había sido un tremendo terremoto, largo y violento, uno más de los que esa tierra albergaba en abundancia.

Al notarlo, Pedro Gonzales se asomó cuidadosamente por la ventana de la sacristía y comprobó con alivio que fuera todo estaba todavía en pie, salvo las bandadas de pájaros que revoloteaban con desorden sobre las copas graznando destempladamente, junto a gallos cantando y perros lejanos ladrando con furia. Una radio estaba emitiendo confusos mensajes sobre la terrible sacudida. Apenas se veía gente por la calle, pues corrieron a sus casas para salvar familiares y hacienda. Horas más tarde se conocieron los daños causados por el terremoto de grado seis y medio que acababa de remecer la región. Gracias a Dios, esta vez quedaría en un grandioso susto que no pasaría a mayores, a diferencia de lo que había sucedido años antes en el norte del país.

Dentro de la sacristía, apenas el sudoroso obispo se hubo tranquilizado, su primera reacción fue salir fuera para asistir a sus fieles. Demudado, Pedro le cortó decididamente el paso, colocándose delante de la puerta y levantando la palma de su mano.

—Alto ahí, reverencia, discúlpeme, pero, antes que nada, acabaremos bien lo que tan mal empezamos...

—¿Perdone?

—Ya que no quiero volver a pasar por esta ceremonia otra vez, ¿me comprende?

—¡Qué atrevimiento! ¡Quite, hágase a un lado...!

—Ya le digo, vuecencia me va a casar ahora mismo y en este lugar.

—No diga necedades. ¿Casar? ¿Aquí? ¿Y ahora? Pobre infeliz, usted se ha vuelto loco, don Pedro, perdone que le diga con toda la confianza que le tengo. Todo queda suspendido en este obispado, *sine die, sine annum*.

Pero a Pedro Marcial Gonzales casi nada en la vida se le podía negar cuando tenía necesidad y deseo de algo, fuera esto persona, animal o planta. Así que, levantando el índice, le chilló al prelado.

—¡Ahora, coño!

El sorprendido obispo soltó un fuerte refunfuño y se quedó mirándolo, atónito ante lo que oía y veía. Pero qué *chuchas* le pasa a este gallo, pensó, el sacudón le ha remecido los sesos, lo más prudente es que yo desaparezca ya mismo.

No pudo evitar mirar con honda preocupación a la desgraciada muchacha acurrucada en el sillón, sentada sobre unas casullas. Y, volviéndose hacia Pedro, musitó:

—Ya lo entiendo, es la carne, ¿verdad?, siempre la débil carne. — Suspiró hondamente, puso los ojos en blanco y sus manos en capilla, y le replicó al airado novio que no tenía intención de celebrar ceremonia alguna en semejantes circunstancias, porque además había cuestiones urgentes que requerían de su presencia en la sede episcopal. Entonces, Pedro se encolerizó y perdió definitivamente los papeles. Se metió la mano dentro de la negra levita y, sacando una elegante y larga cartera de cocodrilo, arrancó un manojo de billetes y los lanzó sobre la mesa de mármol.

El obispo palideció y contuvo el aliento.

La amenaza de no volver a recibir ni un centavo más de donativos flotaba en la escena. El gasto de la reconstrucción sería alto y el sorprendente comportamiento de Pedro, rayando la esquizofrenia, le hizo decidir con rapidez. Se volvió al altarcillo y miró al Cristo masculando en griego que primero pasaría un camello por el ojo de una aguja antes que este *guatón platudo* llegue siquiera a ver de lejos las puertas del paraíso.

—En cuanto yo quite este cerrojo para que usted salga, una turba vociferante y enloquecida entrará aquí y nos arrollará a todos — exclamó Pedro amenazante.

—Está bien, acabemos con esto, le concedo cinco minutos… ¡Y qué Dios nos perdone a todos! Pero, oiga, harán falta testigos, ¿dónde están? Si no los tenemos, el matrimonio no es válido —clamó el religioso con alivio.

—Ahora esos tunantes cobardes no están disponibles, pero ya firmarán, ya lo creo que sí, se lo prometo.

—¿Y el pueblo de Dios y mis sacerdotes de la misa concelebrada? El altar estará imposible de suciedad y cascotes…

—Ya tengo una montaña de fieles hambrientos esperándome en mi casa para verme entrar del brazo de esta mujer —dijo y miró a la descompuesta novia—, y no lo haré en estado de soltería, puede jurarlo. Vamos, a casarse se ha dicho… y aquí mismo, en este mismo altar y frente a este Cristo de plata.

La angustiada novia, que no conseguía abrir la boca, seca por el temor, consiguió arrancarse el espeso velo, dejando ver que era una chiquilla que estaba en la flor de la vida, más preparada para vivirla alegre y despreocupadamente que para estar allí rodeada de tanta desgracia. Asintió con debilidad, como señal de su regreso al mundo circundante, tras la estremecedora experiencia vivida ya como el peor momento de sus diecinueve añitos. Finalmente pudo decir algo importante, asiendo la mano del obispo.

—Un vasito de agua, por favor, me muero de sed.

Mi pecado ya llegó al cielo, se mortificaba la chica mientras bebía de una botella de agua bendita, dejándose caer luego en el sillón polvoriento. Virgen María, perdóname, y comenzó a rezar, Dios te salve, María, llena eres… Usted no quiere que me casara de blanco pecador delante de toda esa gente cristiana, ¿verdad? Por eso me mandó esto. ¿No iré al infierno por haber vestido esta ropa blanca?

—Esta niña está bastante alterada, me parece a mí —exclamó el obispo con firmeza, quitándole la botella de agua bendita—. Debe reposar un rato. Oiga, don Pedro, sea usted un poco más razonable, por el amor de Dios. Y ya de paso, aprovecho para recomendarle que no le vendría nada mal que ella esperase un poco… Un par de años sería lo prudente.

La novia esbozó una mueca triste e intentó quedarse tumbada en el sillón obispal, pero Pedro no se lo consintió. A ver si se me va a arrepentir y la pierdo para siempre, masculló entre dientes, y levantándola con brusquedad, instó al obispo a que los casara de inmediato.

—Tengo que visitar a las víctimas y a sus familias, todos necesitan mi consuelo inmediato —protestó firmemente el prelado haciendo ademán de quitarse la estola—. ¡No puedo estar aquí más tiempo participando en este sainete de mal gusto…!

—¡Y yo tengo allá fuera a mis padres, a mi hijo y a mis amigos, sin saber nada de ellos!

Pedro, sujetando el brazo de su desmadejada novia, le balbuceó cariñosamente al oído que no debía preocuparse por nada mientras le tuviese a su lado y, en tanto lo hacía, hizo con la cabeza una brusca y conminatoria señal al obispo para que diera comienzo de inmediato con la ceremonia nupcial.

—Pues mayor razón aún para empezar ya mismo.

Ni siquiera se tomó en cuenta el lamentable estado de los contrayentes. Ella había perdido sus zapatitos blancos, la fina cola de seda bordada del traje se había desgajado de la cintura casi por completo y el ramo había desaparecido. En cuanto a él, con la cara ennegrecida, el colero de suave pelo azabache casi aplastado por un terrón de cal y la elegante levita negra, prestada por el banquero Chadwick, salpicada con abundantes motas de yeso; no parecía precisamente el *dandy* que salió esa mañana de su casa. El obispo Pérez había perdido un zapato, el solideo y el misal, mientras que su costosa casulla con bordado en plata se había rasgado por delante con el cerrojo de hierro de la sacristía. De no haber sido por la fatalidad tan real que los tres acababan de sentir, se les hubiera tildado como personajes arrancados de un extraño y triste carnaval. Sin embargo, eran parte de una realidad inesperada que acababa de nacer así, de tan sorprendente manera.

Y por si aún quedaba alguna duda sobre el guion a seguir, una fuerte réplica metió el miedo y la prisa en el cuerpo de los tres. La interrumpida ceremonia nupcial se reanudó en seguida como se pudo, porque la actitud de Pedro Gonzales, el empecinado patrón de la zona, no dejaba lugar a dudas sobre su firme voluntad.

—Veamos, ¿cómo se llama la novia?

—Me llamo Julia Rivas Del Canto, excelencia, nacida en Las Cañas, hija del teniente coronel...

—Eso sobra, hija mía, por ahora.

Sin misal y sin la prédica que había preparado tan concienzudamente, el obispo recurrió a un largo relato, el salmo 28 del *Deuteronomio*, en su reemplazo. Con rabia contenida, al acabar de leer, no dijo palabra alguna en alusión al gran discurso que había preparado cuidadosamente, para resaltar las notables virtudes cristianas del desposado. Creo que este no se lo merece ahora, se dijo el religioso, acariciando el papel guardado en su camisa.

Ante la mirada impaciente del novio, se pasó directamente a la pregunta sobre la aceptación de Julia como esposa. Cuando el prelado le preguntó a ella, Julia apenas se mantuvo de pie, mirando al suelo sin atreverse a poner los ojos en el crucifijo de la pared, sumida en atroces compunciones.

—Sí, quiero...

«Será mi castigo casarme de esta manera, lejos de mis dos hombres, los que más amo en esta vida; pues entonces, que no se alegre mi corazón, pensaba ella para sí entre los suaves sollozos que humedecían su oscuro velo ahora bajado.

Tras la colocación de las sortijas de oro trenzado y labrado que Pedro conservaba en el chaleco, les bendijo apresuradamente.

—Ya puedes besar a la novia, bárbaro despiadado —musitó rápidamente el obispo, dando por acabada la insólita ceremonia.

Pedro se acercó poco a poco a ella y le levantó el velo con cuidado, la asió suavemente por los hombros y, cerrando los ojos, besó largamente los amoratados labios de Julia, sin advertir que sus grandes ojos color avellana estaban empañados de fatalidad. Al recién desposado, por el contrario, más felicidad ya no le cabía en la cara, pues la cogió de la mano y la apretó contra su cuerpo, como queriendo fundirse en ese momento con ella, su adorada prenda. Sus *acaramelamientos* se interrumpieron bruscamente cuando en la mansarda se oyó el estrépito de una ventana rota.

Cuatro personas bajaron por la escalera encabezadas por Samuel, el tío de Julia, y Pedro Segundo, el hijo primogénito de Pedro Gonzales, ambos presos de gran agitación.

—Julita, por fin te encuentro, ¿estás bien mi niña? —inquirió el doctor Rivas, con la angustia reflejada en el rostro—. Ahora nos iremos a casa. —Y la atrajo hacia sí con cariño, haciéndola volver al mundo real—. No te preocupes, con tiempo ya buscaremos una fecha adecuada para que te puedas casar como Dios manda.

—Eso no será necesario, Samuel, Julita y yo estamos ya felizmente casados. Ahora eres mi pariente político más cercano. —Y le arrebató la chica, abrazando al estupefacto tío que miraba a su sobrina buscando urgentemente su explicación.

Nada más verle a salvo, Pedrito se abrazó con alivio a su padre y le besó en la cara. A Julia la miró de manera inexpresiva, aunque satisfecho.

—¿Y mis padres? —inquirió de inmediato el flamante esposo.

—A salvo, dentro del auto, papá, a cargo de Enrique.

También bajaron el cura Carmelo y uno de los fugados testigos del matrimonio; ambos se quedaron azorados y desorientados ante la escena que estaban presenciando. Se miraron incrédulos tras comprobar las condiciones en las que se había realizado el casorio, el mismo que estaba llamado a rebosar la crónica social de la región y a ser recordado durante mucho tiempo como referencia de una gran ceremonia nupcial, la más importante de la región.

El fraile acudió enseguida en auxilio de su prelado, quitándole la casulla llena de polvillo y ayudándole a vestirse debidamente para sacarle con rapidez fuera de la sacristía; el testigo, a instancias de Pedro, se puso de inmediato a firmar el registro ceremonial, en tanto que les ponía al día de lo ocurrido afuera.

—Ha sido un sacudón brutal, pero no llegó a caerse mucho en la ciudad, por suerte resistió muy bien. Qué pena el coro, se desplomó como un castillo de naipes —dijo entonces el fiel amigo, con la mano envuelta en un pañuelo ensangrentado, lo que dejó en el registro de casamientos una huella indeleble de lo sucedido en ese pequeño cuarto.

—¡De eso vamos a hablar cuidadosamente, Carmelo, usted y yo! Mañana mismo enviaré a mi capataz para que se inicie la reconstrucción, así que no remuevan nada, ¿me oyó bien? —Pedro le mostró su tieso índice en señal de orden perentoria.

El fraile asintió y le caló el solideo fucsia a su confundido obispo, empujándole irrespetuosamente fuera de la sacristía, lejos del iracundo desposado. Este no aguardó ni un segundo más y, asiendo a Julia con delicadeza del brazo, la sacó al patio del claustro, y de ahí a la calle lateral, escapando por los portones del huerto y llevándola casi en volandas. Su hijo y su médico, Samuel, les seguían conmocionados. Cerraba la comitiva el único testigo, y no pararon de correr hasta salir a la avenida.

Los cinco se quedaron atónitos contemplando la espesa polvareda marrón que se elevaba desde el colosal agujero que produjo el campanario de San Pedro al desplomarse sobre el tejado del atrio, dejando una montaña de escombros delante de la fachada oriental. Por todas partes había grupitos de gente alrededor de personas tiradas en el suelo, algunos les acomodaban y les cubrían o les levantaban los brazos o piernas, mientras otros gritaban pidiendo ayuda. Al verles, Samuel, el médico, besó a su sobrina dulcemente en la frente y corrió hacia ellos, seguido por Julia. Pero su marido impidió seguirle, pues consiguió aferrarla del brazo y, aunque ella se resistió, tuvo que desistir.

—A nosotros no nos necesitan aquí, cariño —le susurró.

En eso estaban cuando se oyó un fuerte chiflido: era Enrique que les llamaba desde la esquina. Pedro exclamó su nombre con alegría y corrió hacia él abrazándole efusivamente, mientras los otros tres se encaminaban hacia ellos. El chofer les guio para abordar el Daimler, en tanto le refería a Pedro que él también había pasado por el hospital para una cura en la pierna. Del vehículo descendieron José y Ester, suspirando con alivio al ver a su hijo y nieto a salvo. Todos se abrazaron emocionados por el terrible suceso que acababan de presenciar y, acto seguido, a instancias de Pedro, se acomodaron en el interior.

—Enriquito, qué agrado verte, ¿podrás conducir? Entonces sácanos de aquí a toda máquina.

El gran vehículo de alto techo, también un poco golpeado por los escombros que le cayeron encima, arrancó con gran suavidad y, evitando las calles principales, consiguió tomar el camino paralelo al río con rumbo a Viña Sol. Por el camino se les unieron otros coches con invitados al gran almuerzo que los esponsales iban a celebrar en la viña, donde se alzaba la casita de veraneo que Pedro poseía en el campo.

Mientras el potente coche rugía con fuerza, Pedro, sin soltar la mano aún enguantada de Julia, relató a sus padres cómo había tenido que desposarla dentro de la sacristía, tras el terremoto. Entretanto, Pedro se dio cuenta de la barbaridad que acababa de hacer en la sacristía, ofendiendo al obispo de ese modo. Y miró a Julia con azoramiento, pero ella estaba observando el paisaje. Nada de lo que estaba ocurriendo era capaz de distraerla de sus silenciosas oraciones. No me importa, Virgen Santa, de mí no te ocupes, pero te ruego con toda mi alma que cuides de los dos y no permitas que se vayan de este mundo sin que yo les abrace, les bese y les pida perdón por lo que les estoy haciendo, y dame las fuerzas para esperar ese momento...

José, el abuelo, estaba rojo como una langosta y para que no lo notaran, se giró por completo y miró atentamente por la ventanilla, pero Ester, su mujer, se tapó la boca para contener una exclamación iracunda, demudada de furia. Su rostro empalideció de indignación y, justo cuando abría la boca para recriminar con acritud a su hijo Pedro por su total falta de sensibilidad hacia el sagrado voto del matrimonio y la tremenda desconsideración hacia ella, su mirada se cruzó con la de la aterida Julia, su inesperada y silenciosa nuera.

Sorprendida, Ester no vio en sus ojos a la chica atemorizada y sumisa que se acurrucaba en los brazos de su hijo, sino a la perfecta efigie de una desconocida, fría y calculadora, que acababa de atrapar al pez más gordo del goloso río de los ricos casamenteros de la región. Sus manos hicieron ademán de agitarse para increparla duramente por lo que hizo, pero sus palabras quedaron sin voz, se arrepintió y prefirió acercarse a su hijo y acariciarlo, pensando en que un matrimonio de semejante laya no podría nunca ser validado por las autoridades eclesiásticas. Conque, se dijo sonriendo, esta raposa no logrará su propósito, de este matrimonio ya me encargo yo que no prospere, ¡pero si no hace mucho en mi casa esta era una mosquita muerta! La mujer que conviene a Pedro es la que yo le había escogido, reflexionó iracunda Ester, clavando las uñas nacaradas sobre el bolso dorado de croché.

El atronador ruido de la marcha y el abundante polvo tampoco facilitaron una conversación familiar sobre el matrimonio recién celebrado.

—Seguro que habrá una mejor ocasión de hablar de esto —le dijo a José, con voz queda, tirándole de la chaqueta.

En cambio, Julia Rivas, la recién desposada, luchaba para apaciguar sus torbellinos interiores. Su relación con Pedro Marcial había transcurrido a una velocidad de vértigo, pues conocerlo, intimar, besarle y casarse fue cuestión de pocas semanas. Miró la ventanilla nuevamente y se vio la cara por primera vez tras horas de asedio y de carreras sofocantes: estaba horrible. Pero no le importó en lo más mínimo. Hasta consiguió arrancarse una sonrisa ante un pensamiento definitivo: había logrado que nadie viera su rostro y así, logró cruzar con éxito la tercera puerta hacia el infierno que le esperaba; y continuó todo el viaje retrepada en el regazo de su esposo, dejándose acariciar el pelo y las mejillas.

Eran las tres y media de la tarde cuando el Daimler llegó a Viña Oro.

Ella lo recordaría siempre como un día atormentado, porque Proteo también quiso tomar parte de él, trocando una blanca boda en un sainete polvoriento que a punto estuvo de acabar como un negro funeral.

Episodio 2. Los fastos esponsales

El nutrido y ruidoso cortejo de parientes y autoridades provenientes de la catedral se detuvo finalmente en la puerta de entrada de la casa de Pedro Gonzales, bajo un enorme arco con un letrero de oxidada caligrafía que rezaba Viña Sol.

Viña Sol, bautizada así por el pionero José Gonzales, era el viñedo más rico de la región, situado justo en el centro de un valle encajonado por la cordillera y el océano. Hacia el norte, las verdes y ondulantes plantaciones ocupaban cerca de cincuenta hectáreas y por el oeste, morían en las faldas de los montes costeros, entre los cuales descollaba el Cerro Polvoriento, cuya cara marítima era un muro calizo roto por innumerables calas que se abrían ante el espumoso mar. En una de esas, se encontraba escondida la minúscula caleta pesquera conocida como Las Cañas, donde nació y se crio Julia Rivas, la dulce novia.

Ella contempló con pánico los soberbios portones de hierro fundido de la entrada principal a la viña —otra puerta que cruzar— que ahora estaban excepcionalmente abiertos de par en par, a la espera de la comitiva nupcial procedente de Talcuri. El *chauffeur* llevó el Daimler lentamente hasta colocarlo bajo el imponente pórtico, desde donde hizo sonar repetidas veces el grave claxon. En la explanada de la casa de campo, llena de toda clase de vehículos, los recién casados esperaron unos minutos teatrales y, cuando se hubieron congregado los comensales en el corredor y en el jardín, descendió Enrique, muy envarado y con la gorra bajo el brazo, para abrir ceremoniosamente la puerta trasera de la *limousine*. En primer lugar salió Pedro Gonzales y, tras responder sonriente a los entusiastas vítores, alzando los brazos y empuñando las manos, se giró e introdujo medio cuerpo dentro del vehículo. La expectación era máxima entre todos los convidados al banquete, que clavaron la vista en la portezuela que venía con la cortinilla lateral bajada.

Primeramente, apareció la delgada y blanca manga del vestido, sostenida por el consorte con delicadeza, evitando obstruir la vista del gran brazalete de esmeraldas; a continuación, empezó a brotar la amplia campana almidonada del vestido, bellamente bordado con mariposas y palomas y rematado en un zapatito puntiagudo de charol gris que se posó dulcemente en la reluciente estribera. Todo ello aún rociado con delicadeza con el rojizo polvillo del techo de la catedral. La gente soltó una ahogada exclamación cuando apareció la abundante cabellera ensortijada, tocada con una pequeña diadema plateada. Al alzar la vista, con el velo rasgado echado sobre la cabeza, la esbelta figura de Julia Rivas se completó radiantemente. Por unos segundos se quedó azorada y confundida ante tanta gente desconocida que le parecía que la desvestían con la mirada, y se tuvo que apoyar con fuerza en el brazo de su marido, quien estaba contemplándola con arrobo.

Los fotógrafos corrieron hacia ellos portando sus trípodes de madera, buscando el mejor ángulo para satisfacer la orden de don Pedro de obtener una pose especial de los recién casados; les rogaron que se detuvieran y a ella le solicitaron una y otra vez que sonriera y saludara. Julia, todavía alelada ante el jubiloso recibimiento, logró por fin esbozar una mueca de alegría y abrir la boca para corresponder educadamente a la calurosa bienvenida; sin embargo, estaba sorda a la oleada de murmullos de admiración, ahogadas exclamaciones y maledicentes comentarios de los convidados y ciega a los fogonazos del mercurio. Ella solo oía la apresurada cabalgata de su corazón.

—¡Qué bonito color de ojos! Parecen avellanas.

—Y qué delicados pómulos

—Tiene que ser muy jovencilla…

—¡Y virgencita!

—¡Vivan los novios!

—¡Qué bonita la chiquilla!

—¡Qué grácil! Es como tener una princesa en la cama.

—Ay, caracho, ¿cómo se puede tener tanta suerte en la vida?

Don Pedro intentó entrar directamente con ella en casa, pero sus entusiasmados amigos no se lo permitieron; los fieles compadres Rufo y Tola, portando dos grandes ramos de rosas silvestres, se acercaron y besaron con cariño a la pareja. Al contemplar tamaño recibimiento, el patrón tuvo que contenerse durante un buen rato. Suspirando con resignación, Pedro Marcial tuvo que detenerse a saludar y a cruzar algunas palabras de agradecimiento con muchos de los que les esperaban y que deseaban una presentación inmediata de su joven desposada. Por fin, se estiró el chaleco gris de doble abotonadura y, ofreciendo gentilmente su brazo a Julia, pasaron revista a la servidumbre que esperaba en fila delante de ellos; Dorotea, la vieja jefa de la cocina y su joven hija; una doncella; los dos Emeterio, padre e hijo; y cerrando el grupo, Jacinto, el jefe de la bodega junto a sus dos enólogos.

Hasta que hastiado, apretó la mano de su esposa y se abrió paso con ella para penetrar en su casa cuanto antes, mientras farfullaba algo ininteligible, sonriendo con la mitad de la boca; se la llevó corriendo por el pasadizo hasta la habitación matrimonial y la arrastró dentro cerrando con doble llave, en medio de los aplausos, gritos y bromas de algunos mirones.

De pie en el centro de la estancia, ambos se quedaron mirando el uno al otro por un instante. La anonadada chiquilla de traje blanco y de cara enrojecida lo contemplaba sin parar de parpadear. Pedro se abalanzó sonriendo sobre la aturdida chica y, mascullando algo sobre su maltratado y polvoriento traje de novia, la empujó hacia el ropero, abrió sus puertas de par en par y le mostró el abundante vestuario preparado para la ocasión.

Entonces, se colocó detrás de Julia para empezar a desvestirla con suavidad, pero los 39 botones del traje de novia consiguieron que perdiera la compostura. Cuando por fin consiguió quitárselo, no sin antes clavarse varios alfileres, arrojó las prendas al suelo con impaciencia. Ella, aterida, se tocaba sus muslos ásperos como cáscaras de naranja bajo la suave enagua de seda rosa, dejando entrever el reborde de las medias blancas engarzadas por el broche metálico de los ligueros; con el pelo agolpado sobre el rostro húmedo, ocultando su angustia tras los ojos como almendras tristes, empezó a musitar el perdón por estar ahí ante su vista. Pedro, mudo y tembloroso, como a punto de cometer una canallada, se quedó admirándola por un breve instante. Era la primera vez que la veía así y eso fue precisamente el combustible que avivó el fuego interior del enardecido cónyuge; esa visión maravillosa fue mucho más de lo que sus sentidos pudieron soportar. Se dejó llevar enteramente por la lujuria desatada.

Sobre el vestido cayeron, uno tras otro, la levita, el chaleco y sus pantalones de rayas, e incapaz de reprimirse por más tiempo, la empujó con decisión sobre la cama para cobrar el tan deseado trofeo.

—¿No vamos a comer antes? —preguntó ella con un hilillo de voz.

—No, porque así, lo *consumato* ya no puede ser *anulato*... —farfulló el enardecido esposo buscando sus labios con ansia.

Pedro no podía ver la expresión de aturdimiento de la pobre Julia mientras yacía aplastada bajo el poderoso varón, que entre jadeo y jadeo, le dedicaba algún que otro piropo y no se cansaba de alabar la blancura de su tersa piel íntima y de suspirar satisfecho por la coyunda con una virgen tan bella; enloquecido tras cada embestida que le propinaba a la infeliz muchacha, en pocos minutos cayó rendido a su lado, bufando como un jabalí herido.

Julia, completamente inerte y desmadejada, incapaz de gesto alguno, estuvo todo el tiempo con los ojos cerrados, contemplando un dulce rostro que le sonreía con amor, despidiéndose para siempre de su recuerdo. Y sin poder reprimirse más, empezó a sollozar en voz baja por el alto precio que había decidido pagar.

—Me alegro tanto de que seas feliz conmigo —musitó Pedro muy complacido, observándola con amor y volviendo con sus lengüetazos y sobeos en cara y cuello.

El enfebrecido Pedro quiso volver a subírsele encima pero entonces ella reaccionó con fuerza y le empujó con brusquedad a un lado, con un gesto de repugnancia. El sorprendido macho la miró, no obstante, con renovadas ansias, pero ella se le escapó ágilmente y corrió hacia el cuarto de baño, cerrando la puerta bajo llave. Pedro puso la oreja y oyó sus sollozos desconsolados.

—¿Estás bien, amorcito? Ya sé que duele muchísimo la primera vez, pero se te pasará pronto. Siempre recordarás con placer este gran momento de amor que estamos viviendo juntos. No hubo respuesta. Pedro sonrió complacido por su tremenda potencia masculina y le gritó que no se preocupara por nada, que para eso estaba él a su lado, para cuidarla y quererla. Mientras se vestía para el almuerzo del casamiento, añadió que la amaba profundamente, que como él, no había otro marido tan amante, que sería tan feliz a su lado y que ya se ocuparía él de cuidarla y adorarla de por vida. Añadió, victorioso:

—Mi amor, estarás recuperada para esta noche, ya verás. Esto solamente ha sido la bienvenida a mi casa y a la noche te marcaré profundamente con mi amor. Ni te imaginas el placer que me das... —susurró en tanto que escogía cuidadosamente ropa de *sport* que fuese elegante—. Ahora tengo que dejarte para atender a mis amigos. Vístete pronto, querida Julita, me muero por ver la expresión de amigos míos que jamás te han visto antes. Me voy para organizar a los fotógrafos para tu entrada triunfal al banquete. ¡No tardes!

Eran las cinco de la tarde ya pasadas cuando dio comienzo el banquete de esponsales, aunque ya los impacientes convidados habían acabado con todas las empanadas, las de carne y las de cebolla, dando muy buena cuenta de, al menos, diez jarras de *pichuncho*. Al aparecer en el jardín delante de ellos, Pedro Marcial alzó los brazos con fuerza y les gritó:

—¡Dentro de unos minutos tendremos aquí a la novia y vamos a recibirla como se merece! —Y se acercó al director de la orquestilla para darle secretas instrucciones.

A su orden comenzó entonces el desfile de criados y pinches, unos portando grandes bandejas con ensaladas para las mesas y otros, abriendo las cajas del Cabernet y del Merlot, que especialmente había escogido para acompañar la extraordinaria comida. Sus más allegados corrieron a su encuentro para palmotearle la adolorida espalda, abrazarle y besarle. Todos le agobiaban a preguntas sobre la maravillosa Julita, ansiosos por caerle encima y avasallarla con preguntas capciosas, queriendo saber todo de ella, dónde había nacido, de qué familia provenía y en qué colegio se había educado. En la mente victoriana de las más destacadas matronas de la ciudad ardía la curiosidad malsana por hablar con la intrépida joven que había sido capaz de cazar y casarse con el *solitario león de Talcuri* para que les relatase los pormenores de su estrategia para conseguirlo en tan pocas semanas. Toda una hazaña de conquista para una desconocida, porque el premio principal había sido un viudo pertinaz y, por añadidura, un *platudo*; por tanto, Julia era en ese instante el más jugoso objeto de inquisición en toda la historia de la provinciana ciudad sureña.

Mientras tanto, en la alcoba nupcial, ella entreabrió la puerta del cuarto de baño para comprobar que por fin estaba sola; miró la cama desordenada con un escalofrío y se envolvió en una sábana; se asomó sigilosamente al pasillo y acto seguido se encerró bajo doble llave. Desde el patio entraba la música de los acordeones, los vítores y los aplausos de toda aquella vociferante gente desconocida, y se puso roja de vergüenza de solo pensar que iba a enfrentarse indefensa a ese hervidero de extraños. El agua perfumada del baño y un duro *restriego* por todo el cuerpo con esparto jabonoso devolvieron poco a poco la calma a su trastocado espíritu juvenil. En tanto elegía ropa, gimió al mirar las paredes, porque en esa misma habitación, dos meses atrás, ella había cruzado victoriosamente la segunda de sus particulares puertas al infierno, la que la condujo directamente a esta misma alcoba, ahora nupcial. Se desplomó en el sillón y se quedó un instante traspuesta.

Todo comenzó precisamente cuando ella percibió con claridad que Pedro ya no la consideraba una chiquilla desordenada, sino una mujer. Fue así, inesperado, simple y perturbador.

Al abrir los ojos al momento actual, sonrió brevemente y se preparó para enfrentarse a una nueva y terrible prueba para su juventud, su presentación en sociedad. El mayor gentío al que ella se había expuesto en su vida fueron las fiestas invernales de su escuela en la caleta, con dieciséis años, cuando había recitado poesía ante casi cincuenta personas. Muy despacio comenzó a vestirse delante del espejo y comprendió lo que había sucedido. Su hermosa adolescencia y su dorada juventud yacían ahora muertas entre esas sábanas revueltas y sucias. De improviso, a la joven Julia le había llegado el tiempo futuro, sin entender muy bien cómo. Se hizo el propósito de no olvidar nunca aquellos primeros episodios amorosos que había vivido de muchacha entre los bosquecillos de su querida casa natal.

—Aquel fue mi verdadero mundo y siempre lo conservaré fresco en mi memoria hasta que sea una vieja pelleja, balbuceó Julia suspirando profundamente—, esto de hoy es mi penitencia.

Más tranquila salió de su habitación y se encaminó hacia la puerta de la entrada, aspiró profundamente y salió al exterior, sonriendo.

Una gruesa andanada de vítores y aplausos la recibió, a la vez que los músicos se arrancaban con una marcha nupcial. Se quedó pasmada al ver el inesperado recibimiento, y cuando buscó ansiosamente a su marido, este saltó como un puma a su espalda, la levantó con vigor entre sus brazos en señal inequívoca de potencia masculina y gritó con vulgaridad:

—¡Qué vivan las mujeres hermosas! ¡Y vírgenes! ¡Vamos a brindar por el amor! —Y sus más amigotes le aplaudieron a rabiar—. Y después, ¡a devorar!

De pronto, no se le ocurrió nada mejor que cargarla hasta la mesa principal del banquete, pese a sus airadas protestas, y cuando la bajó con torpeza, a la azorada novia se le vio toda su primorosa ropa interior color rosa. En un momento, los más allegados ya la habían empezado a conocer más a fondo.

En cuanto la pareja finalmente pudo sentarse en la mesa principal, sobre la descomunal parrillada giratoria instalada al fondo del patio cayeron decenas de trozos de rojas carnes de vacuno; las ristras de chorizos parrilleros ya se quemaban y las prietas negras humeaban con fuerza atufando el jardín e invadiendo las mesas, alborotando gravemente las papilas de los hambreados comensales. La jovencita Dorotea se acercó a los esposos llevando las dos primeras y gruesas chuletas en una bandeja de loza, chorreando humeante y espeso jugo y con el aroma de carne aún crepitando.

A continuación, se acercó Jacinto, el capataz de la bodega, quien fue el primero en saludar a Julia con un largo beso en la mejilla, acompañado de los enólogos, que escanciaron un luminoso *Chateau Canet* que llenó de rubí las copas de la pareja. Todos guardaron silencio para que Pedro hiciera toda la ceremonia de la cata. Cuando dio el visto bueno con entusiasmo, fue el punto de partida de un tráfico endemoniado de mozos con bandejas de carne y pinches con botellas de vino, sirviendo a destajo; enseguida dieron comienzo los bulliciosos fastos, con abundantes libaciones en honor a los recién casados y a su futura vida en pareja.

—¡Por el amor eterno!
—¡Por una larga vida plena de hijos y nietos!
—¡Por el león herido!
—¡Por las doncellas del mundo! ¡Qué nunca se acaben!

Pedro estaba exultante y, sin soltar la mano de Julia, saludaba sin parar a todos los comensales, dedicando a cada uno frases apropiadas y cariñosas. En la mesa principal, a la izquierda de la pareja, se sentaban Rufo y Tola, padrinos de casamiento del novio, también recién casados. A la diestra, había dos sillas vacías.

—¿Dónde está mi tío Samuel? —inquirió Julia a voces.
—Se retrasa, seguro que tiene trabajo con los heridos en la ciudad —le contestó uno.

Julia les miró a todos con la mirada hueca. Mi pobre padrinito que ni siquiera pudo estar en el casamiento, parece que tampoco llegará para el banquete. Mi pobre papi, abandonado en el sanatorio y mi amor, perdido en el océano, qué otra cosa peor puede pasarme en este día. Y encima tengo que divertirme. Haciendo como que comía con ganas, sonreía a los desconocidos y se quejaba de la ensalada de cebollas y del ají *cachocabra*.

—¿Alguien sabe algo del alcalde Mancilla? —preguntó un funcionario.
—No vendrá, tiene trabajo con el orden público y la atención a las víctimas del temblor.
—¿Cómo que temblor? Perdona, pero ha sido un terremoto feroz...

—El epicentro estuvo a unos quinientos kilómetros al norte, cerca de Puerto Grande —informó un edil, aplicado a una enorme empanada de pino.

—Aquí en Talcuri nos han informado de más de veinticinco heridos, pero solamente se habla de dos muertos.

Cuando Julita oyó eso, soltó los cubiertos tapándose la boca atemorizada.

—Mi papá, Dios mío, cómo he podido olvidarme de él, pobrecito, qué susto tiene que haberse llevado… y qué solo se tiene que sentir en el mundo.

—Ya lo he preguntado, en las montañas donde está ese sanatorio apenas se ha sentido, no te preocupes mi vida —la tranquilizó el marido. Y añadió—. Mañana temprano dejaré todo e iremos juntos a verle sin falta, te lo prometo, mi amor. Y ahora come, por favor, te noto muy desmejorada.

—También hay bastantes daños en edificaciones viejas, de esas de adobe —seguía informando el edil.

—Ya sabes que se cayó tu famoso campanario, ¿no, Pedro?

—¡Caramba, con tanto ajetreo hasta me había olvidado de ese desastre! Lo he sentido caer casi sobre mis espaldas, Rufo, todavía me duelen las orejas con el estruendo que tuve que sufrir. Menos mal que yo estaba junto a mi mujercita para protegerla… Bueno, ¡qué le vamos a hacer! Es nuestro sino como país. También mañana me ocuparé personalmente de eso… Y ahora, ¡un brindis por nuestra valiente y dura ciudad…!

—Voy a buscar unos pañuelos —susurró Julia al oído de Pedro y se separó cuidadosamente de la mesa, dirigiéndose a la casa con estudiada lentitud, cimbreando la cintura todo lo posible.

En cuanto entró a la casa, corrió hasta la habitación para encerrarse otra vez en su baño, aquejada de incontenibles arcadas, sintiendo que su pequeño estómago era una tormenta. Al rato salió de la habitación y pasó por la cocina a prepararse un enorme vaso de agua tibia azucarada. Maldita comilona, refunfuñó, sobándose el vientre.

En el comedor del patio, todos daban cumplida cuenta de las estupendas carnes junto con las mazorcas recién cocidas y untadas con mantequilla fresca, el ají verde y el rojo en salsa, las fuentes repletas de ensaladas de lechuga, tomate, achicoria y aros de cebolla cruda. Cinco músicos, pintorescamente vestidos, tañían la guitarra y el acordeón, acompañando a un desabrido cantante que casi se caía del proscenio con todo el vino que llevaba encima.

Cuando la desposada volvió a su sitio, Pedro ya se había parado para visitar a sus amigotes. En la mesa principal solamente quedaban sus padres, doña Ester Toledo y don José Gonzales, sentados justo delante de ella, mirándola con una indefinible mirada, entre ternura y desprecio, a la que Julia respondió sonriendo ampliamente, mostrando una actitud entre cariño y aprensión.

—Oiga, Julia, ¿le conté como escapé de Francia justo el día que llegó la filoxera? —le espetó el viejo José apenas la chica se hubo sentado a la mesa.

Y le soltó la larga historia, así, sin más, sin reparar en que la joven comía a duras penas un pellizco de cada cosa para que pareciera que lo devoraba todo. Al cabo de un rato apareció Pedro Segundo, el hijo primogénito de Pedro, que se acomodó entre sus abuelos José y Ester. Al inclinarse la joven sirvienta para servir el plato de Pedrito, este le metió disimuladamente la mano izquierda bajo las enaguas, mientras con la derecha abrazaba a su abuela, sonriéndole encantado. Desde la cocina, el hermanastro de la sirvienta, que lavaba los platos, se lo quedó mirando con odio contenido. También regresaron a la mesa las tías Angustias y Evelyn, provenientes del cuarto de baño, pero ninguna de ellas escuchó nada de lo que les ofreció la sirvienta como postre.

En la mesa principal, se hizo un momento de pesado silencio, pues hasta don José se calló. Todos miraron a Julia de soslayo. Era su turno de incorporarse a la familia política rompiendo su silencio con algo importante que decir. Haciendo un esfuerzo supremo, dejó los cubiertos y le sonrió forzadamente a doña Ester.

—¡Cuánta gente, *ah*!

La chica recibió una mirada desinteresada de la señora por toda respuesta.

—Yo nunca había visto tanta comida... y tan rica —insistió Julia valerosamente.

Pero no consiguió romper la gélida acogida de la madre de Pedro. Julia iba a interpelarla nuevamente cuando vio con sorpresa que se incorporaba con dificultad y se alejaba de la mesa cojeando. La mujer había sido muy amable con la chica el año pasado, sin embargo, ahora se había convertido en su antagonista, una suegra que iba a ser casi imposible de tratar. Dirigiéndose entonces a Pedrito Segundo, la desposada le sirvió una copa de vino e intentó cambiar impresiones con él acerca de los nuevos estudios que el joven iba a comenzar muy pronto.

—Sí, claro, ahora me *metis conversa*, después que no me hubieras dado *ni boleto* en todo el mes… Galla traidora —masculló el joven alejándose en busca de sus amiguetes en la mesa del *pellejo*.

Menos mal que entonces apareció la tía Sabina, la esposa del doctor Rivas, muy alterada y sofocada, acompañada por un teniente de la guardia que la había conducido hasta allí desde Talcuri. La tía se sentó de inmediato a la derecha de Julia y, apenas consiguió calmar su agitación, se abalanzó sobre la joven y la abrazó con gran ternura; separándose un palmo, la miró a la cara con gran preocupación y la volvió a estrechar entre sus brazos.

—No le pasa nada malo a tu tío —le dijo adivinando la preocupación en los ojos de la chica—, pero él no va a poder estar contigo hoy, tiene mucho trabajo en el hospital, por eso he venido yo en su lugar —dijo toda compungida—. No dejaré que nadie ni nada te perjudique hoy en este, tu día.

Por suerte, la interesante, suave y amable conversación maternal de su tía Sabina pudo distraer a Julia lo bastante como para resistir el resto de la larguísima tarde. Poco a poco fue sintiéndose mejor, gracias a unos pequeños sorbos de vino, y empezó a participar más animada en las conversaciones con sus vecinos de mesa. Pero sin dejar de mirar con ansiedad hacia las demás donde estaban instaladas las más conspicuas damas de la comarca y de la región, todas ellas mirándola con hambre, pretendiendo echársele encima con ferocidad para arrebatarle todos los secretos de sus entrañas y echarla de nuevo al camino yermo por donde había llegado

Tras los postres, Julia advirtió que una señora madura se dirigía hacia ella con rapidez. Sabina le dijo al oído:

—¿Ves a esa señora tan elegante que viene hacia aquí? Es doña Cuca, la señora del intendente Riesco, ella te cuidará tanto como yo, no temas nada. Ahora tengo que dejarte, me voy a tender un rato, estoy que me caigo... ¡Hola, Cuca, qué gusto verte! Mira, ella es mi sobrina Julita Rivas.

Doña Cuca se acomodó, con toda displicencia, en el sitio dejado por Sabina, lo que fue la señal que todas las importantes señoritas convidadas estaban esperando ansiosamente para empezar su labor de acercamiento a la protagonista del convite. Casi sin hacerse notar, algunas empezaron a levantarse despreocupadamente de sus mesas para acercarse con cuidado a la principal y rodear a doña Cuca, con la pretensión de ser presentadas a Julia. Pero su esfuerzo fue en vano, porque Cuca, una mujer ya madura, sensible y, sobre todo, muy lista, la prohijó de inmediato y no la presentó a nadie, salvo a dos de sus mejores amigas que no necesitaban ceremonia alguna, las que formaron un parapeto alrededor de las dos mujeres. Las anhelantes señoras que pululaban cerca de la mesa comenzaron a retirarse con discreción, perdida la esperanza de someter a la pobre Julia al feroz interrogatorio que cada una había preparado.

La mujer del intendente, con la mirada llena de satisfacción, ejerció todo su poder de primera dama regional no permitiendo que nadie más asediara a Julita, quien agradeció la protección contándole algunos detalles sobre su vida en la caleta de Las Cañas, y lo más jugoso de todo, le reveló cómo había conocido a Pedro Marcial.

—Fue aquí en esta viña precisamente, cuando unos bandidos del vecindario intentaron matarle —le contó Julia, sin concederle demasiada importancia. Y, disculpándose, se levantó en seguida para correr nuevamente a encerrarse su habitación.

En cuanto hubo terminado de palmotear a sus amigos, el dichoso marido regresó a la mesa principal y se dispuso a oír lo que le quería decir Rufino Contreras con tanta alarma. Abogado y principal amigo de la familia Gonzales, estuvo un buen rato hablándole en voz baja, usando la espalda de Tola su esposa, a modo de pantalla. En un momento, enfadado, Rufino explicó algo referido a unos documentos.

—Apenas me ha dado tiempo de redactar el acuerdo que me pediste anteayer, con tantas carreras en estos días se me amontona el trabajo en el bufete.

—No te preocupes —respondió el enfiestado Pedro—. Ponlo todo a mi nombre y ya veremos la manera de firmarlo mañana o pasado; ahora no tiene importancia, lo más duro ya ha pasado. En tres semanas he organizado el casorio más importante de la región, ¿qué te parece?

—Precipitado, pues.

—Estoy más feliz que un chiquillo con zapatos nuevos —repuso Pedro palmoteándole la mano—, conque no me vengai a cagar el resto de la velada, ¿está claro? Ya tuve bastante con el terremoto.

—Oye, Pedro, tengo que consignar la existencia de una carta dotal, o sea, hablamos de la dote. ¿En qué términos la tengo que extender?

—No lo sé, Rufito, en cualquier caso, me importa un bledo.

—Cierto, ahora que estás un poquito pasado... No lo ves claro.

—¡Mírame bien, amigo! ¿Es que me ves muy necesitado? Oye, Rufo, hoy no es para nada el día de hablar de la plata; además, eso tiene que ser el tío Samuel quien lo diga, porque el padre de Julita está incapacitado.

—Eres tú con tus malditas prisas quien me hace trabajar siempre en fin de semana, y encima no me cuentas nada... —se quejó Rufino.

—Mira, tú pon en el contrato una aportación mía de 30000 pesetas oro en efectivo, el valor de las tierras según las escrituras y las propiedades y cultivos, y deja espacio para la dote que tiene que ofrecer Samuel, no creo que más de dos líneas sean necesarias, hasta que me dé tiempo de hablar con él. A mí también se me acumula la pega en la bodega y en cuanto se acabe esta *fiestoca* me tengo que meter a preparar la vendimia. Ya voy con una semana de retraso y así no se puede hacer el vino más importante del país.

—Oiga, compadre, esto es una perfecta *huevada con patas* —rezongó Rufino.
—Efectivamente. Así que ya tienes algo más de qué ocuparte, amigo. —Y se volvió hacia la orquesta haciendo señas de revolución con el dedo índice hacia abajo.
—Así no se hacen los contratos matrimoniales —siguió protestando el abogado—. Tengo que redactar el derecho de administración y disfrute, ¿oíste, *güevon*? Y sobre todo hay que establecer cuanto antes las herenciasfuturas…
—No seas pesado… ¡Ey! Ya ha llegado el intendente Riesco… Julia, Julia. ¿Dónde está mi señora? Vayan a buscarla.

El intendente Riesco Nogales entraba efectivamente en el jardín de la casa, seguido de cinco dóciles ediles de sufrido aspecto. En cuanto divisó a Pedro se fue directamente a su encuentro.

—Buenas tardes, don Pedro, y perdóneme por el retraso…
—Bienvenido, estimado intendente. —Y ambos se abrazaron efusivamente—. Perdonado, lo comprendemos todos, el deber es lo primero en la autoridad pública, no habrá sido fácil venir hasta aquí en este día tan movidito. Mire, le voy a presentar a Julia, mi esposa, a quien usted todavía no ha logrado conocer.
—Señorita, es un inmenso placer… —saludó el intendente bastante azorado por la presentación.
—Señora, señora Julia de Gonzales —repuso ella con una firmeza inusual.
—Nos hemos casado esta mañana en medio del terremoto, ¿qué le parece? —explicó Pedro—, pero pase, intendente, adelante, haga el favor. Estaráabrumado de tantas complicaciones…
—¡Es verdad entonces lo que me han contado! Su sangre fría es admirable, Pedro —exclamó fascinado el intendente mientras se acomodaba—. Usted siguió adelante con su propósito, con independencia de los obstáculos, incluidos los pertenecientes a una naturaleza furibunda.
—Bueno, fue relativamente sencillo, ya se lo contaré un día más tranquilo que el de hoy —musitó Pedro, abrumado—, lo importante ahora es que nuestra ciudad está bajo la mejor tutela posible.

—Afortunadamente no surgieron mayores inconvenientes, ni administrativos ni militares. Todo está bajo control, ya que para eso tengo una bandada de funcionarios bajo mi mando, muchos torpes e inútiles, pero hay algunos que trabajan el doble, para contrarrestar.

—He ordenado una mesita privada, especial para usted y sus ayudantes, en el comedor de la casa; acompáñeme si es tan amable. Caballeros, tengan la bondad ustedes también —pidió Pedro a los recién llegados.

—Gracias, don Pedro, para mí hubiera sido imperdonable no asistir a esta celebración… Mis felicitaciones por su enlace y también mis parabienes para usted, Julita, si me permite la familiaridad.

—Aquí donde la ve. —Pedro la señaló orgullosamente—. Esta hermosa chiquilla salvó mi vida y mi propiedad, pero no vaya a pensar que me he casado solo por agradecimiento, bueno, ya se lo contaré más despacio.

—Pedro, ya pues, córtela con lo de la salvación —suplicó Julia por lo bajo, azorada ante los importantes personajes políticos que la rodeaban—. Perdóneme, señor, pero creo que me necesitan en las cocinas, con su permiso.

—Lamentablemente no podré estar demasiado tiempo con ustedes —decía la autoridad sin poder quitar la vista de la cimbreante Julia mientras se alejaba—. Lo siento, ya sabe, Pedro, obras son amores, pero antes de irme debo hablarle personalmente de algo de su interés.

—Faltaría más, intendente, pero lo primero es lo primero. ¡Vino para la primera autoridad! —, gritó estentóreamente a un mucamo—. Discúlpeme, se lo ruego, tengo que dar algunas instrucciones al personal y enseguidita estoy con usted.

Cuando el intendente Riesco, provisto de un grueso puro en la boca y una gran copa de coñac en la mano, vio entrar a Pedro, mandó salir a los ayudantes y les pidió que no le interrumpieran. Una vez a solas en el comedor, directamente y sin preámbulos le ofreció el cargo de contralor de la Intendencia, «una verdadera atalaya desde donde disfrutar del avance imparable del progreso en esta región». Pedro se le quedó mirando durante unos segundos con profunda admiración, le tomó de la mano y, agradeciendo calurosamente la confianza, le manifestó su entusiasmada aceptación, preguntando para cuándo debería estar disponible.

—Desde ahora mismo —replicó el abogado Riesco sonriendo intrigantemente—, porque ayer se accidentó gravemente el titular del cargo y no podrá volver a la Administración. Antes que me pregunte por lo sucedido, se lo diré: metió la manita donde no debía y se la aplastó una pesada roca.

—Entiendo.

—No, no lo creo. Se ve a la legua que es usted nuevo en esto de la administración pública, mi estimado Gonzales —le dijo la autoridad mientras clavaba sus ojos pardos en los de Pedro—. Aquí tratamos diariamente con la abnegación, la renuncia y, sobre todo, con la competencia.

—Lo puedo imaginar, intendente Riesco, y además, si me permite, seguro que tiene su razón de ser en la llamada poderosa que muchos sentimos para servir a los conciudadanos y no a los amigos, ¿verdad? — declamó Pedro.

—Así es, mi estimado contralor —manifestó el intendente, remachando el título—, pero sin pasar por alto a esos conciudadanos escogidos que son los buenos amigos. En este caso, la fidelidad y el sacrificio son requisitos fundamentales para merecer un cargo de mi confianza, y en usted he visto claramente esas virtudes.

—Y para ese cargo que menciona, ¿yo tendré que ir en alguna terna? —inquirió Pedro con gran satisfacción.

—La respuesta es sí, aunque eso sea un procedimiento torpe y mal pensado, pero déjeme decirle un secretito, yo tengo una varita mágica que permite que sea elegido quien convenga a los altos intereses territoriales, porque por la acera caminan muchas honestas y excelentes personas, pero ¿qué sabemos de ellas? —explicó el funcionario mirando atentamente la licorera.

—En tal caso —respondió Pedro con reverencia, sirviéndole una generosa copa de su mejor coñac francés—, no se hable más, estoy a sus órdenes, intendente. Me llena usted de satisfacción y debo decir que también me gustaría participar más activamente en el gobierno para organizar mejor todo el asunto de la expansión de los viñedos. He pensado que ahora mismo el...

—Mire, Pedro —interrumpió el intendente pasando el brazo por el hombro y omitiendo ya el tratamiento—, es que una cosa conlleva la otra. Si todo va como espero, dentro de un año de duro trabajo sería usted el candidato ideal para secretario general de la asamblea de empresarios y vitivinicultores de mi región. Pero lo verdaderamente interesante y seductor es que también ese secretario sería automáticamente ungido presidente de un club agrícola que pretendo crear dentro de poco; para que se conozca en detalle mi gran labor a favor de esta región, que es tan mía como suya, Gonzales. Así sabré de primera mano cuáles son las necesidades más acuciantes de mis mandados.

—Estoy abrumado, intendente.

—Usted es el primero a quien le hablo de esto, mi caro amigo, hoy me ha dejado usted muy impresionado por su temple y su arrojo... Por no mencionar la extraordinaria valentía de su preciosa y juvenil esposa; es que puedo verla jugándose la vida encerrada dentro de esa sacristía, con los techos a punto de desplomarse sobre su cabecita... todo por su deseo de unir su destino al suyo, una gran historia, créame, ¡qué escena tan extraordinaria! Y eso que a mí no es nada fácil impresionarme, debo decirle. Me he dado cuenta del tirón que tiene usted en esta ciudad y, si acepta y su bonita esposa le apoya, le puedo asegurar que esta es la antesala de una fulgurante vida entregada a la función pública. Hay mucho para conquistar. Y ahora el deber me llama. Vengan ambos a visitarme dentro de una semana a mi casa. Hasta luego y gracias por todo.

Las puertas del cielo se acababan de abrir ante Pedro, al son de trompetas. El príncipe-intendente le hacía señas para que se acercara a compartir la conquista, la lucha por ganar a los demás. Y él no pensaba resistirse ni un ápice. No habría nada ni nadie que le impidiera ahora sojuzgar a sus contrarios. Y se precipitó a los brazos de su nuevo mentor, a quien despidió con efusivas muestras de adhesión, respeto y acatamiento. Sonrió empachado de satisfacción; ya era un hombre público, un protector, un padre de la patria. Por lo tanto, se dijo enardecido, mi comportamiento y mi vida familiar ya serán de dominio público, por consiguiente, han de ser intachables. Mi esposa y yo estamos llamados a ser ejemplos de personas que viven sin mácula.

Cuando volvió al lado de Julia en el banquete ya eran más de las seis de la tarde, y los menos allegados estaban inquietos porque de la torta nupcial no se decía nada. Julia se lo recordó suavemente a su marido.

—Tienes mucha razón, ¡es que tengo que estar en todo, por las *rechuchas del mono*! —le contestó Pedro con voz pastosa y se incorporó de su asiento con cierta dificultad—. ¿Qué pasa con el vino en esta viña? ¿Ya se ha *terminao*? —gritó a voz en cuello, a la par que aporreaba una jarra de cristal vacía con un cucharón de plata—. No se preocupen, si es necesario lo traeré de la viña del Aravena, aunque tu vino sea imbebible, como todos sabemos, ¿no es cierto, amigo?

Las risotadas de muchos achispados comensales resonaron por toda la propiedad, mientras los dos viñateros se abrazaban, palmoteándose fuertemente en la espalda. Pedro levantó una botella y se dirigió a todos:

—Bueno, ahora que estamos bien surtidos que entre el *champagne*, pues vamos a llenar las copas para brindar por esta linda chiquilla que me ha tocado en suerte como esposa y con la que espero desbordar esta familia de hijos y nietos. —Y levantando de golpe a su esposa de la silla, intentó, torpemente, besarla en el cuello en busca de la boca y, al fracasar, se animó todavía más—. Ahora vamos a bailar y enseguida cortaremos la torta más grande del país. —E hizo un ademán de director a los músicos que se arrancaron de inmediato a todo meter con los primeros compases de *Der shoenen blauen Donau*.

Dos reposteros vestidos de albo delantal con un vistoso bordado de la Gran Pastelería Ribalta entraron en escena portando un palanquín sobre el que descansaba la espléndida torta nupcial de catorce pisos. En el momento que el flamante marido cogió la mano de la esposa, que sostenía la gran paleta de plaqué, se hizo patente la primera lluvia de finales de febrero, la que llevaba horas anunciando sordamente que también se dejaría caer por el banquete. Descargó como una catarata de gruesos goterones que en un minuto empaparon la plataforma de madera para el baile, provocando que muchos inestables invitados comenzaran a correr en busca de refugio dentro de la casa; entre tanta batahola, la tía Angustias tastabilló y, no hallando nada mejor donde agarrarse para no caer que el mantel de la mesa, arrastró la grandiosa torta de novios en su despatarrado tropezón. Ambos, la señora y los catorce pisos, rodaron por el entablado estrechamente abrazados. En cuestión de minutos el violento chaparrón disolvió el chocolate y la nata por el piso. Desde el porche Julia miraba con desolación el cómico cuadro, pero estaba lejos de reírse. «¿Hasta esto te parece mal?, preguntó, mirando a la tormenta a la cara.

La banda tuvo que correr a guarecer los instrumentos dentro de la casa. Todos los invitados permanecieron en el corredor a esperar que escampara.

—En este matrimonio lo tenía previsto todo, todo, menos esta inoportuna lluvia de mierda.

—Tienes razón, Pedro, sí que tiene gusto a mierda —dijo uno, completamente empapado.

—Esta sí que es lluvia, joder —aplaudió el viejo José buscando la jarra de ponche romano—, como las de Langreo, de las que levantan a sus muertos.

—Esto es el colmo. Mañana mismo voy a hacerme aquí una galería acristalada —prometió Pedro.

No quedó nadie en el jardín, solamente la gruesa lluvia que repiqueteaba sobre la tarima para bailar, las grandes mesas desnudas del casorio más grande que se había visto en la ciudad en mucho tiempo y un par de chopos viejos en la tapia del fondo, chorreando de agua.

—A mí no me gusta este patio, tan grande y *pelao* como una alfombra vieja —interrumpió Julia, dirigiéndose a José y a su mujer—. A mí me encantan los árboles, el agua, el sol, el mar, por supuesto.

—Pues entonces, haberte quedado por allá —masculló doña Ester.

—¡Cuánta razón tienes, Julita! Esto es mesetario, pero para eso yo soy el patrón, especialmente si es para dar gusto a mi querida niña. —Y se dirigió voceando hacia la cocina—: A ver, que llamen a Emeterio de inmediato, aunque esté durmiendo la mona, que seguro lo estará, me lo reportan aquí al tiro. Vámonos dentro, cariño, que la tarde se está quedando que dan tiritones. ¡Flori, prende la chimenea del comedor! Adentro todo el mundo...

La fuerte lluvia y el viento dieron cuenta de la mayor parte de los invitados quienes, educadamente, optaron por despedirse haciendo cola para saludar a los recién desposados y, al fin, poder besar a la novia, mirarla a los ojos y, con suerte, hablarle algunas palabras.

Sin embargo, unos pocos allegados que aún se resistían a dar por terminada la *fiestoca del casorio* intentaban prolongarla a toda costa, disculpándose con un *cuando escampe un poquito, aprovechamos*. Mientras tanto, se entretenían dando el bajo a cuanto líquido se pusiera a tiro, excepción hecha del agua de los floreros.

—Te voy a mostrar los regalos de casamiento que nos han llegado —dijo Pedro, asiendo a la chica por el talle y besándole la mano—. Pedrito, ¿dónde estás? Ven aquí enseguida.

—*Mmhh, mmhh* —negó mudamente la vieja Dorotea apuntando con el mentón hacia el río.

Realmente aquello fue como abrir la cueva de los tesoros, porque allí todo lo que había relumbraba con fuerza, testimoniando la preeminencia, proximidad y el cariño por el novio. Lámparas de colgar y de pie, peroles de cobre bruñido, cuchillería de plata, loza inglesa, espejos venecianos, cuadros con marcos repujados en plata, un bargueño traído de Lima, esculturas de bronce, candelabros, relojes, mantelería bordada en Brujas, cojines de *petitpoint*, etc.; una infinidad de objetos acumulados sobre las mesas y regados por el suelo alfombrado, como si fuera una grandiosa tienda de antigüedades y regalos. Julia miraba con la boca, no abierta, sino desencajada, los ojos casi saltándosele y la mano en la garganta. Le asaltó la triste sensación en el estómago que esa sería la única vez que vería junta toda esa enormidad de riqueza, y que al fin y al cabo, tampoco le importaba demasiado porque ni siquiera era suya.

Pedro, alborozado, empezó a mostrar a Julia cada obsequio en particular, leyendo las tarjetas, explicando detalladamente quién lo enviaba y por qué lo hacía, hasta que ella, al límite del aburrimiento ante tantísimo nombre y razones desconocidas, le susurró a Pedro su deseo de retirarse un momento a la habitación.

—Te refieres a *nuestra* habitación —le espetó Pedro sonriendo—, conque ve acostumbrándote a tu nuevo estatus. ¿Qué te pasa, cariño? Pareces cansada.

—Debió ser el vino —exclamó Julia sobándose la barriga—. Me siento bastante mareada y muy molida.

—¡No estarás insinuando que MI vino pone mala a la gente! Seguro que ha tomado el de Aravena —dijo riendo Pedro y mirando a sus amigotes mientras abrazaba a su mujer con fuerza.

—Yo solo digo que tengo que retirarme, ¿o tengo que contarle todo lo que voy a hacer? Ahora mismo vendré. —Y sin esperar más comentarios, ella se desprendió del abrazo y salió presurosa hacia la alcoba matrimonial.

—¡Qué le vamos a hacer! —, le explicó Pedro a Jacinto, que aún bebía a su lado—. Es demasiado joven, pero ya aprenderá a apreciar nuestros grandes vinos, como casi todo el mundo, ¿no te parece? ¡Qué viva Viña Oro! Y a beber como es debido. Vamos a cantar todos, vamos, ¡alegría, amigos!

Julia penetró en la alcoba y se fue rectamente a la cama, atenazada por el recuerdo de su querido padre, enfermo y solo, ignorante de todo, y quiso soltar una lágrima pero no le quedaba ya ninguna. El cansancio y el agobio del larguísimo día pudieron con ella y, adolorida, apenas pudo subir las piernas a la cama, quedándose tal cual, casi atravesada, vestida hasta con los zapatos puestos. A sus oídos apenas llegaba la ahogada música de los agotados cantantes tratando de animar una fiesta ya moribunda por falta de combustible de calidad humano.

Al cabo de unas dos horas o así, se despertó sobresaltada; estaba segura de haber oído el ruido de un vehículo saliendo de la casa. Aguzó el oído, pero nada.

Imaginaciones mías, tengo que arreglarme, seguro que me están buscando. Ahora debería peinarme y pintarme, para volver con una cara más presentable. ¡Qué asco de vino y de comida! No sé cómo toda esa gente puede estar tanto tiempo con lo mismo, una y otra vez. ¡Dios santo, se me parte la cabeza, pero si son más de las doce! Y ahora, ¿qué ropa me pongo? ¡Qué día, con todo lo que tengo que hacer mañana temprano encima! ¿Pero dónde estarán todos? Están muy silenciosos... ¿Se les habrá acabado la cuerda ya? Ojalá que esta comilona espantosa se haya acabado... Por Dios, como me huele el pelo a cebolla y a humo... y esta ropa está ya toda transpirada... Esta blusa irá estupenda...

Julia se apresuró en acabar de arreglarse todo lo bien que pudo y abrió la puerta del cuarto, asomándose al largo pasadizo. La casa estaba envuelta en el silencio y la oscuridad, pero dentro de la cabecita de ella la música de la fiesta le daba vueltas y vueltas como un carrusel. Conteniendo la respiración, pegada la espalda a la pared, se deslizó cuidadosamente a lo largo del pasadizo, pasando por delante de varias puertas cerradas, hasta que llegó a la puerta principal. La abrió suavemente esperando sorprender a Pedro bebiendo con sus amigos, pero allí no había nadie. La lluvia recién había cesado. Cerró y se dispuso a regresar a su cuarto caminando de puntillas, no fuera que el bruto amo de casa apareciera de pronto reclamando su noche de boda.

En cuanto llegó, se metió dentro y echó el pestillo soltando un potente suspiro. ¡Mejor así!, se dijo sonriendo aliviada, mientras se ponía un delicado camisón de primorosos bordados que le había comprado especialmente Sabina para la ocasión. Esta vez no me romperás mi ropa, desgraciado, bruto, musitó, metiéndose entre las fragantes sábanas nuevas.

Pero la chica no logró conciliar el sueño de inmediato, sus ojos estaban cerrados pero la mente le bullía como una colmena. Repentinamente, su mente se detuvo al reparar en algo muy importante: pero, ¡qué tonta soy! ¿De qué tengo que preocuparme? ¡Ya estamos a salvo! Otra puerta más y casi habré llegado, se dijo con alivio, consolándose por completo.

Sentada en la cama, cerró los puños y se mordió el labio. Efectivamente, lo peor de su desventurado afán por sobrevivir ya había pasado. Pero el frío oleaje de la caleta le volvió a azotar la cara y la garganta se le llenó de sal, sintió otra vez el pánico indescriptible de no poder respirar: tienes que olvidarte del mar, como sea, tuviste suerte de que no te tragara... Eres una estúpida cabeza de chorlito...

Julia se apretó las sienes intentando detener las punzantes escenas de su malogrado intento por ahogarse: la virgen te salvó entonces, ahora tienes que pensar solo en la estupenda vida que podrías tener, tontorrona... ¡Pero si ya he visto claramente cómo va a ser mi vida junto a este *guatón* tan pesado! *Ayayahi*, ¿y si él llegara ahora mismo? Bueno, nada más, libro cerrado y fin de la historia. A dormir se ha dicho.

Durante unos instantes a oscuras, evocó las tres semanas recién pasadas, y la extraordinaria tensión que había tenido que sufrir para poder llegar al día de hoy. Sonrió pensando cómo solamente había tenido que ceder a los besos vinosos de Pedro para que este se lanzara desesperadamente por el camino del casorio; cerró los ojos satisfecha de su hazaña.

Julia llevaba varias horas disfrutando de un reparador sueño cuando dentro de la habitación resonó un seco golpe que disparó todos sus miedos; desconcertada, la aturdida Julia comprendió dónde estaba y despertó con un salto. Habían golpeado en la puerta de la alcoba justo cuando la primera lucecilla del alba empezaba a rasgar la negra cortina. Se levantó despacio, se calzó las pantuflas con el *pompom* blanco sin dejar de temblar, corrió a la puerta de la habitación para asegurar el cerrojo y puso la oreja en la madera. Estaba segura que era Pedro, terriblemente enfadado al no poder entrar en la habitación. Si abría, la recriminaría por haberlo abandonado abruptamente en la grandiosa celebración matrimonial y, encima, sin despedirse de los invitados que aún quedaban. Pero si no lo hacía, sería capaz de derribarla. Descorrió lentamente el cerrojo y luego giró la manilla del picaporte, esperando la entrada brutal del cónyuge, borracho hasta los pies.

Pero no tuvo que disculparse porque, al abrirse suavemente la puerta de la alcoba matrimonial, quien apareció en el umbral fue un muchachote de unos dieciséis años, con el pelo húmedo, desordenado, en mangas de camisa, respirando ansiosamente, con los ojos casi desorbitados, los puños crispados y el cuello enervado. Julia le observó atemorizada y, muy alarmada, le interrogó:

—¡Pedro Segundo! ¿Qué quieres a estas horas? ¿Le pasa algo a Pedro? Di, ¿qué haces aquí?

Pedrito estaba sordo a todo. Julia le vio dar un paso decidido hacia ella, e instintivamente, se protegió el pecho con las manos. De improvisto, el muchacho levantó el brazo y le espetó a la cara:

—¡Nunca, nunca! —Tras lo cual se dio media vuelta y se encerró en el cuarto de enfrente tras propinar un soberano portazo.

La joven desposada miró con extrañeza la puerta cerrada y, encogiéndose de hombros, decidió que no había ningún motivo por el que preocuparse. Cerró su puerta lentamente y se quedó cavilando en la absurda visita que acababa de recibir: o me quería asustar, o es que a este chico le está pasando algo muy raro... Hoy apenas le he visto, parece que me evita... Claro, como está en la edad del pavo, pobrecito...

Julia se sumergió al instante en el sueño reparador que su frágil naturaleza venía exigiéndole desde hacía varias semanas.

Episodio 3. Las turbaciones de Pedro Segundo

En el gran banquete nupcial en honor de los recién casados, Pedro Gonzales y Julia Rivas, que se estaba celebrando en la casita Los Peñones, dentro de la Viña Sol, todo era un derroche, pero con gran esplendor. En cuanto el fasto hubo comenzado, Pedro Segundo se sentó a la mesa principal, justo enfrente de los flamantes esposos. Mientras mascaba todo lo que le ponían por delante, se preguntaba desolado sobre lo que estaba viviendo, hastiado de ver lo que sucedía a su alrededor y entristecido por el brusco giro que había tomado su plácida vida de hijo único. No conseguía entender qué le había sucedido a Julia el pasado verano. La contempló con pena, haciéndole una mueca de disgusto.

Ella se la devolvió con ojos vidriosos y sin ánima, como apagándose por momentos; sus delgados brazos parecían sostenerla de milagro apoyada en la mesa, iba a desplomarse sobre el plato de un momento a otro.

Pedrito la seguía mirando, pensando con disgusto.

¿Por qué esta cabra se portó tan amable conmigo cuando pasamos juntos el verano? ¿Y qué le sucedió cuando de repente desapareció y, cuando la volví a ver, se había transformado en otra persona...? Un día me dijo que cuando acabara el verano ella ya habría cruzado otra puerta más... ¿De qué casa me estaba hablando? ¿De la mía?

El chico volvió la mirada hacia una mesa cercana donde su padre brindaba alegremente con unos amigos. Y los quedó mirando largo rato mientras maquinaba.

¡Qué tipo de fiesta es esta mierda aburrida y *fome*! ¿Todo esto lo has montado tú solito, papá? No me lo creo. Volver a casarte... y con Julia... y dejarme a mí tirado como una colilla... Una idea estupenda... ¿Y yo, qué? ¡Julia, Julia! Todo el santo día Julia *pa'rriba*, Julia *pa'bajo*, repetía Pedro Segundo, angustiado y encolerizado, sin llegar a ver por qué después de lo bien que lo pasó con ella, de pronto se había tornado en una grave amenaza para él, contra su tranquila y apacible existencia como el delfín Gonzales.

Ella estaba con la cabeza gacha, haciendo como que comía con ganas, pero lo dejaba todo a medias; y Pedrito aprovechó para volver a mirarle su bonito pelo y a oírla dentro de su cabeza con su dulce voz. Vio que su padre volvió a la mesa, le dio un amoroso beso en el pelo a su esposa diciéndole al oído risueñas palabras. Pedrito la miró otra vez, con rabia: pero, ¿qué mierda habré visto yo en este *posme*? ¡Tan diferente que era esta *cabra*, y lo mucho que me gustó! Ella, que tenía que haber sido mi primera zorrita... ¡y mira en lo que ha terminado!, en una mujer zombi. Este viejo no está bien. ¡Tú tienes mucha culpa también, papá!, gritó hacia su interior.

Y siguió hundido en cavilaciones, tragando sin hambre. ¡Ya no aguanto más esta comida! Ni a esta pesada que insiste en darme *conversa*.

Fastidiado, se incorporó y se trasladó a la mesa de sus amigotes colocada en un sitio apartado quienes, estaban planeando alegremente la forma de largarse a pescar y a bañarse en el río, lejos de los pesados de los mayores.

—Mira qué cara de *pescao* trae este huevón —dijo uno de ellos a guisa de bienvenida—. Sácate la chaqueta, Segundo, que nos vamos todos al río.

—Sí, vamos, vamos, ¡qué buena idea! Eso me tendrá el melón ocupado hasta que se acabe esta chacota, pensó.

—¡El último en entrar al agua se la chupa a todos!

—¡Oye, Manuel, no seai salvaje! ¿Que no vis que está mi prima conmigo?

—Entonces, yo quiero ser el último, ¡ja, ja, ja!

Pedro Segundo también se rio a carcajadas y, silbando a Cano, su fiel perro de aguas, corrieron con el alborozado grupo hasta el minúsculo embarcadero que el abuelo José había mandado construir hacía años, quien más tarde, había ordenado levantar un sencillo cobertizo de alerce para cambiarse de ropa, guardar el bote, los aparejos de pesca y las sillas de madera. Después de bañarse ruidosamente, los chicos se subieron al bote de remos para alejarse a pescar. Pero Pedrito prefirió quedarse, estaba agotado, sintiendo un nudo en la garganta por la depresión que le invadía.

Se dejó caer de rodillas en el mullido césped, apoyándose contra la barca podrida; tras un espasmódico sacudón, Cano se echó a su lado, también con media lengua afuera, mirando fijamente a su amo que, envuelto en pesadumbre, rumiaba sus recuerdos y sus rencores contra la chica que había trastornado su juvenil felicidad para siempre, arrebatándole a su adorado padre.

El mozo sacó de su bolsillo un gran trozo de habano usado. Lo encendió y le propinó una profunda chupada cuya garganta no pudo tolerar, estallando en arcadas y toses.

—¡Te lo dije, tonto pelotudo! Los cabros chicos no tienen que fumar esas porquerías de los mayores —se burló Luis Ignacio, el jefe de la hermandad, que también llegaba del banquete.

No obstante, sin mirarle, prosiguió porfiadamente fumando, ahogándose y tosiendo, hasta que aburrido, lo lanzó lejos con rabia.

—Pero, ¡qué te pasa chico!

—Nada, ya casi tenía la historia del verano para ganar en la hermandad y me salió todo como el *forro*.

—¡Venga hombre, no será para tanto! —le consoló Luis.

—No voy a ganar con esta historia tan ñoña —se quejó Pedrito.

—Tú ya sabes las dos condiciones esenciales, veracidad y mucho erotismo. Pero cuéntamela y te daré alguna pista sobre tus posibilidades de ganar. Total, yo no soy del jurado.

Pedrito, ni corto ni perezoso, comenzó su relato sobre Julia desde que se habían encontrado por primera vez la pasada primavera, precisamente en Viña Sol.

—¡Qué bonita estaba el día que la conocí, cuando apareció aquí en mi jardín como si escapara de un cuento! Todo lo bueno que me pasó en verano fue por haberla conocido entonces.

El chico hizo una pausa para recuperar el cigarro tirado en el pasto y le pegó otra profunda chupada; se tuvo que echar al suelo a toser.

—Mira que te lo llevo diciendo, pelotudo, deja esa mierda…

Cuando el joven fumador consiguió controlar la respiración, los agradables recuerdos continuaron asaltándole.

—Y ese día, cuando fue a mi casa a despedirse de papá, ¡fue maravilloso!

La llevé de la manita para mostrarle todas las piezas; cuando entramos en la mía, se sentó en la camita, ¡*puff*!, casi se me van las cabras de la emoción solo al pensar en verla allí acostadita al lado mío. Casi me muero de gustito por los roces que me daba, ¿*te imaginai*? ¡Qué piel, qué olorcito a playa cuando se deslizaba por mi lado! ¡Y qué bella sonrisita!

—¿Y qué pasó? Le pegaste un buen atraque por lo menos…

—Nada, desgraciadamente después desapareció, regresó a la caleta con su padre, creo, cuando de repente, en enero, viene papá y me ofrece pasar las vacaciones de verano en la caleta, ¡en la casa de Julia! ¿Te *podís* creer? Yo solito con ella. Inimaginable, gallo.

—¡Qué suerte *tenís*, gallo!

—¿Suerte? Justo cuando yo llegué a su casa, su padre ya había enfermado gravemente y tuvieron que trasladarlo a un sanatorio o algo así, total, que apenas estuve tres días de vacaciones en la caleta y ni siquiera me pude bañar ni tampoco estar con ella.

—¡Al carajo las vacaciones, entonces, chiquillo!

—Efectivamente, aunque la cosa se arregló muy bien después de todo, porque ella se quedó un par de semanas en la viña mientras trataban a su papá en el sanatorio. ¡Qué maravilla de veraneo! Aunque no conseguí nada, me gustaba estar con ella, me tranquilizaba mucho y a mí me daba por hablar y hablar. De repente…

—Pero, ¿qué te pasa, gallo? ¿A dónde *vai*? —le amonestó Luis Ignacio.

—La orquesta está tocando buena música, ¿*oi*? Ella estará feliz bailando como un trompo. Es que ya no quiero seguir hablando de Julia… Cambió del cielo a la tierra, ya todo le daba igual, *galla* egoísta, ni siquiera se dio cuenta de que yo la quería como amiga para siempre. Aunque estaba rarilla entonces, yo soñaba con que fuese ella la que me *descartuchara*, aquí mismo estuvimos los dos tendidos en el pasto, pero al final parece que va a tener que ser con la chica de la kermesse, si es que la vuelvo a encontrar. ¡*Uff*! Qué frío, *gallo*, se está nublando mucho... Mira qué goterones están cayendo.

—Hora de irse pa' la casa, Segundo; no, más mejor, metámonos en el cobertizo hasta que escampe un poco. Supongo que los navegantes habrán hundido el bote para poder tocarle el poto a la prima debajo del agua.

—Si a lo mejor le gusta y todo. Tenemos que esperar, ya se largó a llover de firme. ¡Oye, Luisigna!, ¿no te conté lo de la niña esa?

Y sin esperar respuesta, Pedrito se sentó en una silla de pino para relatar con gran orgullo lo que le había sucedido durante la gran *kermesse* del final del colegio en la ciudad, cuando alguien a quien él no conocía de nada le presentó a una hermosa y desconocida morena, cuyo negro color de pelo coincidía plenamente con el de sus grandes ojos, de penetrante e inquisitiva mirada. Aunque al comienzo a ella no la considerara más allá de un oportuno pasatiempo de fiesta juvenil, o sea *un pinchazo*, su buena conversación, amén de su gracia bailando, provocó en el chico la poderosa llamada de la selva. Desde ese momento la intentó monopolizar, cosa que no fue nada difícil, porque ella no parecía depender de ninguno de los invitados ni tampoco la habían traído sus amigos de la hermandad.

—Regalito del cielo pa uno que es tan *choro* —le había dicho a su amigo Mauri, pavoneándose con ella delante suyo.

A partir de ahí, el adolescente ya no tuvo ojos sino para ella durante toda la noche. Cada vez que el muchacho posaba sus ojos degollados en ella, la joven, abusando de sus numerosos encantos, se mostraba deseable y esquiva. Tenía un porte fenomenal, caminaba muy erguida y con mucho estilo, vestía ropa que parecía de estreno y se pintaba poco, lo suficiente para disminuir sus tupidas cejas y con un maquillaje suave y juvenil que resaltaba su juventud. Sus modales, aunque algo poseros y alambicados, parecían el resultado de una educación concienzuda por parte de sus padres.

Daba la impresión de que ella hubiera estado buscando a Pedrito, porque en cuanto lo vio, se abalanzó literalmente sobre él, como si ya lo conociera. Tenía la intención clara de adoptarlo para siempre. Parecía como si la mano del destino la hubiera empujado para cruzarse en el camino del chiquillo, tan abandonado, perplejo y púber.

—¿Te gusta bailar?, me dijo sin conocerme, imagínate, gallo, qué increíble invitación. Empezamos a bailar de inmediato en la parte de atrás de la sala y, después de unos cuantos bailes, ella se dejó apretar sin protestar y cuando se me puso como un palitroque, tuve que apartarme por la vergüenza que me dio, pero ella *ni fu ni fa*.

—¡Cuenta, cuenta! —le exigió Luisigna con gran agitación al entusiasmado Pedrito, mientras la fuerte lluvia tamborileaba sobre el techo de lata.

Embalado, Pedro Segundo relató a su amigo que, cuando la concurrida *kermesse* se empezó a diluir en la noche, él, con la cabeza llena de *clery*, empezó a buscar a la chica para ofrecerse de acompañante camino a su casa con la aviesa intención de atracarla a fondo en la primera oscuridad cómplice. Inútil intento, su búsqueda fue infructuosa tras haber recorrido todo el local, el desolado muchacho comprobó que se la había tragado la tierra, nadie la había visto y como no la conocían, nadie pudo darle ningún tipo de indicaciones. Con los sentidos recalentados, Pedro Segundo había regresado a su casa lo mejor que pudo, para dormir la terrible *mona* que por primera vez en su vida le había caído sobre sus juveniles espaldas.

—Bueno, ¿qué te ha parecido mi aventura con la *misteriosa chica de la kermesse*? —le interrogó ansioso Pedrito a su amiguete al acabar su relato erótico.

—*Penca*, misteriosa, pero *penca* —repuso Luisigna.

Pero el mozo ya no le hacía caso, lleno de rencor empezó de nuevo a hablarle a su amigo de sus desventuras y sus circunstancias con Julita. Luisigna lo notó muy desquiciado mientras se explayaba gesticulando con fuerza.

—Y mírala hoy a la mosquita muerta, ¡qué poquito tardó en casarse con mi padre! ¡Tres semanitas! Y al tiro pasó a sentirse el *hoyo del queque*. ¿Qué le habrá visto él a esa tonta, que ni se ríe, ni habla, pálida como una *pantruca*? Nunca lo voy a entender... ¿Para qué *crestas* habré parado esa estúpida ambulancia el año pasado? Nada de esto habría ocurrido, ahora yo estaría con papá como siempre, él con su viña y yo en la escuela... y todos tan contentos. Y esta galla nunca hubiera entrado en nuestras vidas. Todo por culpa de la pata de Jacinto, ¿no te parece?

—Es que Julia y tú no... —Luisigna intentó cortarle el triste parlamento, pero el chico no escuchaba. Y siguió parloteando.

—Cuando papá me contó que se casaban, se me desmoronó el mundo, ¿*cachai güevon*? Ella era casi una amiga íntima para mí, tenía planes para ella, pero de la noche a la mañana lo he perdido todo, mis cosas, la casa, mi jardín, todo. Y, por si fuera poco, esta mañana en la iglesia, ella me ha mandado a presenciar su casorio desde la primera fila amenazándome con enfadarse: mira, Pedrito, me dijo, deseo de todo corazón que tu padre sea muy feliz, por eso quiero que tú te sientes donde él te pueda ver perfectamente, ¿entiendes? Y para el banquete quiero que estés en nuestra mesa.

»Y encima, me pegué un susto que casi me *recago* esta mañana cuando se cayó la maldita iglesia encima de todos los *güevones* que rezaban a gritos. Suerte que mi papá se salvó y que el padre Carmelo me sacó pal patio de los naranjos. Si no, ahí no *má* me hubiera caído tieso. Y por si fuera poco, esta *fiestoca* que parece un funeral, todos de negro y hablando bajito. Con la comida *culiá* que me sirvieron y el vino tan malo, seguro que pronto voy a *guitriarlo too*. Una vida de perros, yo te digo, Cano, no sabes cuánto te envidio a veces, pobre animalito. Así quieren que sea yo, un perrito obediente y calladito.

—Bueno, ya es muy tarde, Segu, hay que plegar velas, voy al rescate de la primita, hasta luego. Luego me terminas de contar. Te diré que la historia parece muy tierna, pero es sumamente aburrida, gallo. Se supone que no debo intervenir, pero me parece mucho más prometedora y más erótica la historia de la *kermesse* esa, lástima que no pasó en el verano. Bueno, ahora voy a fijarme un poco más en Julia, voy a ver si la saco a bailar... ¿No te importará que tontee un poco con tu nueva mamita? —le gritó al alejarse y estalló en estruendosas carcajadas.

Pedro Segundo le lanzó todos los guijarros que pilló a mano y mandó a Cano tras suyo para que le mordiera las piernas.

Ya había escampado bastante y Pedro Segundo quiso correr a su casa, pero en ese momento todo el estómago se le volvió hacia afuera y tuvo que echarse al río para limpiarse. Cuando entró a su jardín, ya había oscurecido y la poca gente que quedaba estaba congregada dentro de casa y en el porche.

Sin que nadie lo notase, el joven se deslizó hasta su pieza y se desplomó en la cama, invadido por el desaliento, hundiéndose en seguida en amargas reflexiones: no viviré aquí ni un minuto más con ella en esta casa, no lo podría soportar, así que me iré lejos, a mí ya nadie me toma en cuenta. ¿Dónde está mi cuaderno de veraneo? Lo voy a quemar ahora mismo...

Rebuscó en su arcón personal hasta que lo alzó en la mano; pero a punto de rasgarlo se contuvo: algún día se lo leeré a lo mejor, quizá... para que vea...

Y el furibundo muchacho no pudo resistir más y acabó dormido como un leño, no sin antes oír su propia voz: te lo dije, Segundo, por la calentura de papá... esa galla ingrata se va a quedar con todo lo tuyo, *vai* a ver *no má*...

Al cabo de unas horas, el ruido enfermizo de un viejo coche rateando rompió la madrugada, ya a punto de clarear, sacando al aterido Pedrito de su profundo sopor. Unas luces iluminaron la noche detrás de los peñones del mirador. Otra vez el sonido del coche. Pedrito se levantó con rapidez de la cama y entreabrió la cortina de la ventana entornada. ¿Quién podía venir a la fiesta a estas horas? ¿O es que había pasado algo tremendo? Era una *limousine* negra la que tosía con estrépito mientras recorría el jardín en línea recta, o sea, por encima de los rectángulos de flores, hasta que se detuvo delante de la jardinera de rosas de la puerta principal de la casa, justo antes de derribarla.

El muchacho se quedó paralizado al ver que su padre salía del vehículo, sostenido por los sobacos por dos mujerotas muy gordas, vestidas con trajes muy largos y el pelo pintado de color rojizo. Otros hombres, con botellas en las manos, bajaron del coche también y las obligaron a meterse dentro a empellones.

Ya estaba a punto de saltar por la ventana para ayudar a su padre herido, cuando un tercer hombre, riéndose a mandíbula batiente a pesar de los esfuerzos de los otros dos por hacerle callar, se bajó del puesto de conducción y se acercó con rapidez para sostener a Pedro Marcial. Era Aravena, el viejo dueño del viñedo vecino. Pedrito vio con alivio que su padre también reía, por tanto ya no caería al suelo. Confuso, vio como el vecino lo arrastraba dentro de la casa, mientras el coche con los dos hombres y las mujeres giraba en redondo para regresar por donde había venido, camino del pueblo Río Amarillo.

Pedrito esperó unos minutos antes de abrir delicadamente la puerta de entrada a la biblioteca; al asomarse, distinguió a Aravena que estaba recostando a su semi-desvanecido padre en el sofá frente a la ventana. Antes que el hombre lo sorprendiera, Pedro Segundo ya había salido al patio exterior de la casa, donde aún resonaban los ecos del pantagruélico banquete nupcial.

Desconcertado, volvió a mirar la ventana de Julia y observó que estaba entreabierta, con la espesa cortina entornada, dejando escapar una débil lucecita amarilla.

Entonces fue cuando se le ocurrió lo de despedirse de ella para siempre. Y a lo grande. Se pegó a la pared y se arrastró como un lagarto hasta ubicarse justo debajo de su ventana. Con todo sigilo, espió por el agujero especial de la contraventana y vio que la joven vestía un largo camisón de dormir. Estaba inmóvil, con la oreja aplastada contra la puerta de la habitación, escuchando atentamente.

Bastante extrañado, entró de nuevo a la casa y volvió prestamente a su pieza, pero al girar el pomo para entrar, volvió con rapidez la cabeza y se quedó mirando fijamente la delgadísima línea de luz amarillenta que se colaba por debajo de la puerta de Julia.

Va a ser ahora, se dijo con decisión. Se giró y se encaró con la puerta, dispuesto a enrostrarle su culpa por hacer que su adorado y perfecto padre hubiese perdido la chaveta por completo. Y la acusaría de haberlo hechizado para separarlo de él, destruyendo su única felicidad. Aunque, pensó, también le voy a confesar lo feliz que fui en su compañía, cuando se creyó enamorado y correspondido por ella.

Pedrito seguía con el brazo levantado y los nudillos preparados para golpear con fuerza la puerta de la habitación de la chica. Y exclamó,

«¡Tiene que ser ahora, Segundo, está sola, en cuanto te abra, *entrai* y le *dai* un beso en *too* el hocico, con lengua si puede ser... Si total, no la *vai* a ver nunca más... Pero *tenis* que salir *aprecue* a donde sea... Entra ya, *güevón* miedoso...

Envalentonado, golpeó dos veces con fuerza, hasta que se entreabrió la puerta muy despacio y apareció Julia de pie en el dintel, mirándolo con gran inquietud. A él le pareció que ella le sonreía y que, al hacer ademán de retroceder, le estaba invitando a entrar en su habitación.

El muchacho entonces dio un gran paso dentro, le lanzó una mirada cretina, estiró el brazo y abrió la boca para descargar todas sus iras y sus amores contenidos durante tantas semanas recientes, pero la nuez se le subió hasta las amígdalas y, haciendo un gran esfuerzo por articular palabra, solo atinó a exclamar guturalmente dos palabras:

—¡Nunca, nunca!

Y escapó en torbellino.

Encerrado en su cuarto, sentado en el suelo a los pies de la cama, el joven Pedrito levantaba el puño una y otra vez hacia la puerta cerrada. Su cabeza estaba llena de instantes estupendos que pasó junto a ella en las recientes semanas del verano en la viña, pero se estremeció al recordarla caminando de blanco en la iglesia, para entregarse en los brazos de su mismísimo padre.

Soy un idiota perdido, ¿por qué demonios tuve que salir gritando al camino a parar la ambulancia? Maldigo ese minuto, pues uno antes o uno después y mi vida hubiera sido otra muy diferente... Y ahora, ¿qué *chuchas* voy a hacer? Mañana mismo me largo, ya no hay nada para mí en esta casa... Bueno, no. Primero voy a esperar a que estos dos se vayan de viaje de luna de miel y entonces me lanzo a la vida... Sí, señor, para cuando hayan regresado yo estaré ya muy lejos, sobando a mi rica morenita en una cama grande y calentita... si es que la encuentro.

Con ese tibio pensamiento, cayó rendido.

Entretanto, en la habitación de enfrente, la joven y dulce Julia dormía profundamente, sonriendo al recordar que aquel día en la ambulancia, gracias a Pedrito, ella había podido conocer a quien hoy la ha acabado de desposar, salvándola así de un negro destino.

«Ha sido fácil, gracias, virgencita pero ahora me queda lo más duro...

Episodio 4. De cómo Julita salvó Viña Sol

La ambulancia militar que transportaba al teniente coronel Nicolás Rivas y a su hija de dieciocho años, la señorita Julia Rivas, circulaba despacio por el camino que discurría a lo largo del caudaloso río Amarillo, por ser octubre un mes de grandes deshielos. Desde que habían salido de su casa en la caleta de Las Cañas, el militar y su hija conversaban animados sobre la belleza del paisaje: a la derecha, el río brincando ruidosamente, regándolo todo con una tenue nube de humedad que aleteaba sobre los floridos jarales; y al otro lado, las puntas bronceadas de los viñedos que llenaban el soleado valle.

Faltando poco para enfilar la curva del puente de piedra, apareció en medio del camino un muchacho que gritaba pidiendo ayuda, agitando los brazos con desesperación. El conductor, imprecando, tiró con fuerza de la palanca del freno haciendo que el pesado vehículo derrapara por el barrillo, hasta que se detuvo con brusquedad contra el muro del puente, haciendo que los viajeros resbalaran de los asientos. Un militar, muy alarmado, descendió prestamente del coche y, subiéndose los anteojos por encima del quepís, le increpó con severidad:

—¿Pero tú estás tonto, chiquillo? ¡Casi te estampamos contra el muro!

—¡Hay un hombre muerto! ¡Por favor, vengan a ayudar, lo aplastó un tonel y no respira! ¡Está allá dentro, en la bodega! —dijo el chico, sollozando histéricamente, mientras señalaba hacia los techos que asomaban al otro lado del puente.

—Bueno, bueno, ahora mismo iremos, tranquilízate, chico, súbete a la pisadera y llévanos allá. Somos del sanatorio militar... ¿Hay muertos?

El coche se puso nuevamente en movimiento, enfiló el puente y, guiado por el joven, entró a la izquierda por un sendero lateral de tierra, bordeando una larga tapia de adobe hasta detenerse delante de una explanada con un portón de gruesa madera coronado por un arco donde podía leerse Viña Sol en delicadas letras de hierro. El chico abrió una hoja del portón y el vehículo entró al antejardín de una bonita casa de piedra caliza, tejada con alerce, la cual rodearon con cuidado para luego cruzar un gran patio trasero y detenerse delante de un gran galpón de ladrillo sin ventanas. Allí se encontraba una decena de trabajadores hablando y gesticulando, que se callaron enormemente sorprendidos al ver entrar un vehículo gris verdoso con una gran cruz roja pintada en la puerta.

—Allá dentro está el muerto —chilló el mozalbete.

—Cabo, traiga mi maletín —ordenó el militar, abrochándose una bata blanca sobre la casaca.

Ambos uniformados entraron corriendo dentro de la bodega, guiados por los trabajadores, mientras Nicolás y su hija Julia permanecieron sentados en el interior del vehículo, mirando atentamente.

Al cabo de un instante, se oyó el estruendo de una puerta al abrirse con gran violencia. Un trabajador moreno y de pelo largo, con un pañuelo negro al cuello, salió corriendo del galpón para adentrarse velozmente entre las hileras de vides recién podadas, hasta una tapia que escaló y saltó con gran facilidad. Sorprendida, ella observó que nadie le perseguía, ocupados como estaban todos con el accidentado de la bodega. Julia se agarró con ansiedad del brazo de su padre y continuó observando con expectación.

En ese momento, el conductor militar regresó apresuradamente para recoger unas parihuelas y unas frazadas. Mientras le ayudaba a llevarlas, Julia relató al enfermero la huida que acababa de presenciar, pero notó que él no hizo demasiado caso de la historia, asintiendo vagamente. Al entrar en la bodega, vio que allí dentro se alineaban filas y filas de toneles recostados uno encima del otro hasta casi alcanzar el techo. Un alarido doloroso brotó de detrás de una de las filas, retumbando dentro del recinto.

Al acercarse, la chica se encontró con un círculo de compungidos peones que miraban al suelo; ella siguió al sanitario hasta que este se inclinó al lado del capitán médico; entonces vio que estaba sujetando a un hombre de edad madura con la pierna rota y el zapato apuntando hacia atrás, que yacía en el suelo gritando destempladamente y agarrándose la cabeza. Mientras el enfermero armaba las parihuelas para meterlas bajo el cuerpo del herido, el médico aplicaba un grueso trapo con cloroformo sobre la nariz del accidentado.

Trinques, flejes de acero y duelas rotas yacían por doquier. Varios toneles estaban repartidos con desorden por el suelo, ya que al parecer toda una fila se había desmoronado. Julia, queriendo observar mejor, se acercó un poco más; allí olía fuertemente a alcohol y a madera, hasta que despavorida se halló pisando un lago de sangre. Entonces se alejó gritando, seguida muy de cerca por el chiquillo del camino.

—Es vino, no te *preocupí* —exclamó este, sujetándola por el brazo—, no es sangre. ¿No *vis* que tiene espumilla? Es un carísimo Gran Reserva —repetía en tanto el líquido se escurría lentamente por un sumidero—.

—¿Eres enfermera? —preguntó el muchacho mientras la llevaba fuera.

Dos peones salieron de la bodega portando la parihuela con un hombre y se alejaron con rapidez en dirección a la casa de piedra.

En el exterior de la bodega se formó un corrillo de trabajadores hablando alborotadamente. Uno que llevaba una hachuela en la mano dijo en voz alta:

—Yo rompí el barril que lo tenía aplastado, era uno de 220. Pobre gallo, ya estaba jodido cuando yo llegué.

—Pobre Jacinto, seguro que pierde la pierna.

—Qué milagro que pasaran esos médicos en ese momento.

—Parece que le allanó la pata —añadió otro.

En ese momento se oyeron las carreras presurosas de alguien acercándose al lugar; Julia vio aparecer a un hombre de unos cuarenta años, sofocado, que la apartó intentando entrar precipitadamente en la bodega, con la cara congestionada por la noticia que le acababan de dar y gritando:

—¿¡Dónde está Jacinto!? ¿¡Qué le han hecho a mi capataz!?

—Los médicos ya se lo llevaron a la casa —le informó Julia solícitamente, señalando hacia la vivienda.

Y se tuvo que apartar rápidamente para evitar el huracán de hombre que pasó corriendo por su lado en dirección a la casa, con la desesperación pintada en la cara. La chica regresó tranquilamente hasta la ambulancia para relatar la aventura a su padre y conducirle al interior de la casita. En la puerta de entrada, Julia se encontró nuevamente con el hombretón, que estaba hablándole al médico militar con gran vehemencia; y sin pensarlo, les interrumpió con gran decisión.

—Oigan, recién he visto a un gañán que salió corriendo de esa bodega de los toneles y saltó aquella tapia del fondo, llevaba en la mano una azada que tiró hacia el otro lado —les dijo ella describiéndolo con gran precisión.

Los dos hombres se la quedaron mirando sorprendidos, pero el cuarentón reaccionó instantáneamente vociferando órdenes a un grupo de trabajadores para que organizaran cuadrillas de búsqueda. Él mismo entró a la casa corriendo y en un minuto regresó portando un grueso revólver y se fue corriendo tras ellos. Volvió al poco rato, secándose la transpiración, y entró en la casa preguntando a voces sobre el estado del herido.

—Solamente es una doble fractura de peroné y una clavícula rota, pero si ese barril le llega a rodar por encima, lo mata —informó el médico—. Aunque ambas heridas tardan en cerrar, cursan muy bien. Perdone, ¿es usted el encargado de la viña?

—Soy el dueño de todo esto, me llamo Pedro Gonzales —les contestó el hombre.

—Mucho gusto, yo soy el doctor Navarro, y este es el teniente coronel Rivas, nuestro paciente. Ah, y la chiquilla es su hija que lo acompaña. El cabo enfermero y yo somos del sanatorio militar y le llevamos al hospital de Talcuri.

—Yo soy de Talcuri —dijo Pedro.

—Nosotros somos de Las Cañas —le informó modosamente la chica.

—Oye, nena, gracias a ti hemos *pescao* a un peligroso maleante, ya veremos si tiene algo que ver con esto; mis hombres lo están interrogando y seguro que va a cantar como un jilguero. Estaba emboscado detrás de la tapia que nos dijiste, ha herido a dos de mis hombres pero ya lo tenemos bien atado. Tengo que volver con ellos para interrogar al facineroso pues seguro que va a contarme algunas cosas interesantes ahora que debe estar más ablandado —añadió Pedro y regresó rápidamente hacia el patio trasero de la casa.

Una señora muy amable, respetable y bien vestida salió al jardín y con acento extranjero se dirigió al grupo:

—Haced el favor de pasar al salón, no os quedéis ahí en la puerta, por favor. Ya empieza a refrescar. Pasen, pasen, por aquí. Vosotros no sois de por aquí, ¿a qué no? —preguntó amablemente.

—Somos del sanatorio militar, señora. Venimos de recoger al teniente coronel en la caleta y ahora lo llevamos al hospital para un reconocimiento médico.

—¡Ya es casualidad que pasaran justo en el momento apropiado!

—Ya lo creo, señora, una hora más y este hombre se desangra.

—Y diga, joven, ¿no podríais conducir al herido también al hospital, ya que vais para allá? —preguntó un señor muy bien trajeado, entrando al salón con una copa en la mano.

—Podríamos, pero no es aconsejable mover a este hombre. Vea, señor, un transporte tan largo sería muy perjudicial para su estado, que es de mucho reposo y cuidado. Le hemos encajado la rótula de la rodilla y hemos unido el peroné que por suerte está quebrado limpiamente; en resumen, ya lo hemos estabilizado, ahora tenemos que esperar a que se sequen los antisépticos cutáneos y, a continuación, habría que entablillar —contestó el médico—, aunque no tenemos medios.

—¡Ah, entiendo! Vamos a dejar que este hombre se reponga bien, entonces. Perdone que no nos hayamos presentado, es que con este inmenso jaleo no estábamos para muchas formalidades. Soy Ester Toledo, señora de Gonzales y este es mi esposo, José. El accidentado es nuestro estupendo capataz, el jefe del viñedo, Jacinto. El dueño es mi hijo, Pedro Marcial. Y usted es una jovencita muy guapa, por cierto, ¿cómo se llama, querida?

—Gracias, señora. Yo me llamo Julia. Oiga, ¿podrían darle *agüita* fresca a mi papi?

—¡Ah, Pedrito! Aquí está este *picaruelo*, gracias a Dios que les encontró a tiempo —añadió la señora, cogiendo al chico de la mano con mucho cariño—. Ven aquí a saludar a esta señorita tan encantadora. Es mi nieto, se llama Pedro Segundo, ¿sabe?

—¡Abuelo! Papá le está dando *combos en l'ocico* al ladrón... Dijo que vendrá ahora, está muy ocupado con ese bandido que hemos cogido, gracias a ti —le dijo el muchacho a Julia con admiración por su valentía.

En ese momento se oyó un grito desde la habitación contigua y el enfermero corrió para ver qué le ocurría al accidentado.

—Lo que me temía, tiene muchos dolores, mi capitán. Le he arreglado un poco el entablillado, pero mucho más no se puede hacer aquí —le informó al médico al volver.

—Bueno, administra la novocaína, cincuenta miligramos, no más, pero rapidito, porque enseguida tenemos que reanudar el viaje, ya es tarde y no quiero que nos pille la noche —ordenó el médico, cogiendo su maletín.

—¿Marchar? ¡Por nada del mundo! —repuso doña Ester incorporándose con decisión—. Le salvan la vida a nuestro Jacinto querido y ¿pretenden marcharse a todo correr? ¡Ni hablar! ¡No, señor! Nada de eso. A ver, Dorotea, estos señores se quedaran, así que prepare comida abundante. Vamos, vamos, deprisa. Y no se hable más. Y avise al señorito para que venga cuanto antes.

—Oiga, señor, ¿no tendrán ustedes un poco de yeso por aquí? A este hombre hay que inmovilizarle el hueso cuanto antes.

—Hombre, ¿ve usted ese cerro de allá enfrente? Es todo de yeso... —, ¿Cuántos sacos necesitan? —le respondió José, muy divertido.

Ante la decidida actitud de doña Ester, los dos sanitarios, hambrientos y cansados, no se lo pensaron dos veces y aceptaron la sabrosa invitación. Enyesaron convenientemente al herido y disfrutaron de una merecida reposición de fuerzas.

—Ahora, mientras menos se le mueva, mejor. Dentro de una semana, con el reposo, el entablillado y con estos calmantes estará en condiciones de ser traslado para una observación del traumatólogo —informó el capitán médico.

Julia y su padre, testigos involuntarios del accidente, no pusieron objeción, aunque la impaciencia por llegar a Talcuri antes que anocheciera se les notaba. La preocupación era porque el teniente coronel Nicolás Rivas, un veterano de la guerra de fronteras, debía internarse en el hospital para unos exámenes rutinarios, y por otra parte, a Julita le habían dado solamente un corto permiso en la fábrica de conservas de la caleta, donde ella trabajaba de aprendiza.

Al fin suspiró aliviada cuando todos se levantaron de la mesa y se dispuso la partida. Cuando ya se habían despedido y salían de casa, se toparon de frente con el dueño, don Pedro, que entraba con toda la pinta de haber participado en una gresca fenomenal; los pelos alborotados, la camisa rota y sucia, las manos con restos de sangre y los pantalones mojados con vino.

—¿Ya se van? Pero... ¿y mi Jacinto? —Y entró a la casa llamándolo a voces.

A los dos minutos salió de nuevo al jardín.

—Hagan el favor de volver todos al salón, todavía no es hora de irse. Voy a asearme y a ponerme decente y enseguida estoy con ustedes. Tenemos que hablar muy seriamente, esto ha sido en realidad una tentativa de homicidio, por decir lo menos. Los rurales están en camino y querrán interrogar a todo el mundo, especialmente a los médicos y a la chica, que es nada menos que el testigo de cargo en este caso —dictaminó Pedro, señalando a Julia.

Los sanitarios protestaron por la tardanza que les iba a suponer tal inconveniente, a lo que Pedro repuso que, sin portar armas, no era aconsejable circular de noche por ese camino y aún menos con civiles indefensos, y una *chicuela*, como la llamó.

—Nosotros somos militares —repusieron ellos.

—Sí, ya lo he advertido, pero ustedes deberán declarar a los rurales los hechos ocurridos en mi bodega, quienes luego les podrán escoltar hasta Río Amarillo, al menos; es que por este lado del río hay mucho pillaje, los bandidos van asaltando las viñas y a los viajeros desprevenidos.

Y tras sus instrucciones, Pedro desapareció dentro de la casa, dejándolos a todos con un palmo de narices, mirándose unos a otros con bastante temor.

—Me parece entonces que no habrá más remedio que pasar la noche aquí —dijo el capitán médico con resignación —, esto va para largo. ¿A usted qué le parece, mi teniente coronel?

Nicolás, suspirando con la decisión, se quitó la chaqueta mientras Julia se quedaba mirándolo. En su corta vida jamás se había tenido que relacionar con la policía y, ¿ahora resulta que ella era la pieza clave de un acto de violencia? ¡*Chitas la payasá*!, se dijo cansadamente, con una mezcla de fastidio y curiosidad.

Al fin entró en el salón el dueño de casa, muy atusado y limpio como una patena.

Julia, sin pensarlo, no pudo evitar fijarse en el hombre.

Pedro Gonzales, el gran patrón de la afamada Viña Sol, tenía 36 años, alto, de andar atlético, pelo oscuro abundante, grueso y algo lacio, ojos como aceitunas y una mirada penetrante, como la de su madre; a ello se oponía su tez blanca pero muy tostada, señal de una constante vida al aire libre, pocas entradas en su frente, cejas pobladas y la inconfundible nariz aguileña sefardí. Sus ademanes eran rápidos y contundentes, muy enérgico de carácter aunque de educada actitud escuchante, pero muy difícil de convencer. En sus acciones quedaba patente el esfuerzo educativo de su madre y la fortuna del padre.

Cuando todos estuvieron en el salón, sacó dos copas y sirvió coñac a borbotones, salpicando bien la bandeja.

—Mis padres les podrán jurar que yo no soy precisamente un creyente pero, *recórcholis*, lo de hoy tiene una muy difícil explicación que no sea la de intervención divina —dijo pasando el otro coñac a don José y bebiéndose el suyo de dos tragos.

—Jehová está siempre con los justos —musitó doña Ester, mirando a Julia con arrobo.

Y Pedro prosiguió:

—¿Por qué diantres pasaba un coche hospitalario por delante de mi casa, en este camino tan desolado, precisamente cuando ocurrió el terrible accidente de mi amigo Jacinto? Bueno, he dicho accidente, esperen a que les cuente, porque todo esto ha sido un clarísimo intento de asesinato.

Los presentes lanzaron un ahogado ¡oh! que se quedó flotando en el ambiente mientras duró el silencio en el que él empleó en paladear un sorbo de coñac; señalando hacia las habitaciones, tronó:

—Yo era quien debía estar en esa cama ahora *mismito*, a lo mejor, bien tieso.

—¡Por Dios, hijo! Baja la voz, qué manía de chillar tanto, ¿pero qué barbaridad estás diciendo? —exclamaron los padres al unísono.

—Sí, sí, lo pueden creer. Es lo que me ha confesado ese infeliz gañán que hemos capturado casi *in fraganti*.

—¿Eso ha dicho ese hombre? No me lo puedo creer.

—Sí, mamá, y de no ser por esta bonita chiquilla de carita tan inocente, ahora estarían todos ustedes llorando. —Y precipitándose hacia ella la abrazó estrechamente.

Todos los ojos estaban clavados en ella. Julia, con los brazos pegados al cuerpo, sintió que el rubor que se le subió a la cara le quemaba hasta las pestañas.

—¿Yo? —exclamó con un hilo de voz. Pedro asintió con excitación y, sin soltar a la chica, les relató en detalle el feroz interrogatorio al que había sometido al malhechor del pañuelo negro.

—Era un sicario, un asesino de encargo —explicó tranquilamente Pedro mirando a Julita, mientras se apuraba otro coñac, y esta temblaba de emoción.

—¿Ese pobre diablo quizá necesita atención médica? —inquirió nuevamente el médico, haciendo ademán de levantarse para ir a socorrerle.

—Tranquilícese, doctor, mis hombres están ocupándose de él, está muy bien cuidado. Pero sí que necesito que vea a dos de los míos, que ese gañán ha herido con su arma —les pidió Pedro— Como les iba diciendo, ese desgraciado recibió el encargo de asesinarme, todavía no nos quiere contar quién es el verdadero contratante, porque siempre hay hombres de paja de por medio, pero ya lo sabremos y muy prontito. Desgraciadamente para él y para mi pobre capataz, ¡me confundió con el pobre Jacinto! Y cuando se dio cuenta de que se había equivocado, se escondió detrás de la tapia a esperarme y *cogotearme*; entonces fue cuando esta chica maravillosa lo sorprendió. —Y nuevamente le besó la mejilla, mientras Julia seguía a su lado, tiesa como una estaca.

Dorotea entró al salón con unas empanadillas de manzana, pastelitos y té caliente para todos. Luego estuvieron hablando un buen rato hasta que regresó el médico y dijo:

—Bueno, ya hemos curado a esos dos obreros suyos, pero uno tiene una herida grave en el cogote, me lo llevaré al hospital con nosotros. Ahora, si nos disculpan, se está haciendo tarde y mañana queremos estar en movimiento antes que claree. Si viniesen los rurales, me despiertan a mí. De todos modos dejaré una declaración escrita y firmada.

—Un último brindis por la heroína del día, sí, señor, por la chica tan lista que me permitió pillar esta conjura a tiempo —exclamó el patrón—. ¡Salud por ella! Y por mí, que soy el sobreviviente…

Tras instalar a Nicolás y a Julia en una pieza grande y cómoda, cambiar a don Pedro a la habitación vecina a la del herido y acomodar a los militares en la pieza de enfrente, la casita de veraneo empezó a tomar el aspecto de posta de primeros auxilios, con artículos, bolsas e instrumental sanitario desparramado por todas partes. Los sanitarios se retiraron para dormir llevándose consigo al padre de Julia. Ella salió un momento al porche para respirar aire fresco a todo pulmón, pues se sentía asorochada con tanta conversa y tanto halago. Se sentó en una mecedora de rejilla con una manta sobre las piernas. En ese momento apareció Pedro, fumando un grueso habano.

—¡Gracias por tu buen ojo!

—Tampoco es para tanto, oiga...
—¿Dónde vive tu familia, niña?
—En Las Cañas.
—¡Ah! Alguna vez hemos ido a pescar por allá, pero la verdad es que a mí el mar me aburre mucho, y le temo bastante. Yo soy de rulo. Aquí en esta tierra firme está toda mi vida, pasada, presente y futura. El día que pase un barco por delante de esta casa, me haré marinero —dijo riéndose estrepitosamente—. Estoy hablando mucho, ¿verdad? Es que me embalo con facilidad cuando hablo de la tierra, que es sin duda lo más importante... Bueno, ya estoy otra vez. Oye, Julia, cuéntame algo sobre ti, qué estudias, qué haces, eres una chica que me parece muy inteligente... y bonita —balbuceó el hombre.

—No, nada importante, como todo lo que pasa por aquí... Yo no tengo mucho que contarle, porque siempre hemos vivido en la caleta con mi padre. Estudio en el Liceo del puerto militar y cada verano vamos los amigos a pegar etiquetas donde las conservas de pescado... y a dar muchos paseos en lancha con los grupos.

—Nosotros somos de Talcuri, como te dije, pero cada verano nos venimos aquí, a Los Peñones, a esta nuestra casita de veraneo y también para vendimiar.

—¿Se llama así, Los Peñones? Esta casa me gusta mucho, es como muy hogareña, me gusta cómo quedan en piedra, son como muy... no sé cómo decirlo...

—Ahora no es muy hogareña. Mi mujer murió hace muchos años y me dejó solo con Pedro Segundo para criarle. Pero bueno, ¿y por qué llevan a tu padre al hospital?

Julia contestó diciéndole que él no estaba bien desde que había regresado de la guerra del norte y que, por eso, iba al hospital de Talcuri para una revisión general y completa.

Pedro parecía muy interesado en las explicaciones, pero solamente eran educadas preguntas para darle conversación. En realidad, estaba muy pendiente de la llegada de la guardia rural.

Pasaron los minutos y el fresco vientecillo nocturno se empezó a levantar, mientras las estrellas brillaban cada vez con más intensidad y los grillos y ranas empezaban sus conciertos.

Casi enseguida salió al porche don José, el padre de Pedro, y se unió a ellos. Arrimó una silla, se sentó al lado de la joven y empezó a ejercer su afición favorita, contar cosas.

—Yo soy español, ¿sabe usted? Asturiano concretamente, pero su madre es de Madrid. Yo empecé este viñedo, Viña Sol. Fui el pionero que trajo a estas tierras las primeras cepas de Merlot desde el Médoc, a orillas del Gironde, de Francia estoy hablando. Allí me fui y trabajé durante muchos años para especializarme en sus cepas, y al cabo de varios años de exitoso aprendizaje, una oportunidad de trabajo me trajo a esta nueva patria. Escapé en un carro con los esquejes justito antes que llegara la filoxera. Llegué con un sustancioso trabajo como director técnico de un viñedo famoso. Poco después compré esta tierra, que entonces apenas producía un *vinacho* de poca monta y fundé Viña Oro.— Allí fuera dice Viña Sol — interrumpió Julia.

«Bueno, ya, es que este tozudo hijo mío me hizo cambiarle el nombre cuando se la cedí. El nombre antiguo lo dejamos, como un homenaje. El caso es que la llené con una gran cantidad de esquejes y parras de Merlot, una parra de una variedad desconocida, e intenté conseguir un tinto joven, afrutado y aromático. Tras varios años de duro y sacrificado quehacer y con la generosa ayuda del soleado clima mediterráneo de este valle, logré adaptar perfectamente las vides francesas a este pedregoso y bien drenado suelo vuestro, hasta llegar a producir unas cantidades muy regulares de sabrosos vinos varietales. Lo siguiente que hice fue ampliar el terreno para plantar una nueva variedad; hace pocos años que hemos comenzado a obtener un tinto espléndido, un Gran Reserva de la variedad Merlot entre cuyas notas de cata destacaron de inmediato sus tonos rubíes, toques de madera y la carnosidad en la boca, gracias a lo cual se consiguió la medalla de oro nacional, siendo todavía hoy un noble producto, muy apreciado en la región. Siempre guardo botellas para ocasiones, y esta casualidad merece que degustemos este gran caldo.

Se incorporó con dificultad y de un bargueño sacó una botella, con la reverencia de quien saca el copón del tabernáculo. La descorchó bajo la atenta mirada de Pedro y vertió el líquido fruto en los vasos de cada uno, excepto en el de Julia que lo rechazó con evidente disgusto. Pero Pedro se la llenó de todas maneras.

—Este maravilloso vino se llama Viña Oro… a ver si te enteras papá. Vamos a levantar esta copa por esos esforzados médicos a quienes Dios ha enviado justo a tiempo para salvar la vida de mi gran amigo Jacinto—, y sin esperar respuesta, se bebió todo el vaso de golpe—. ¡Salud! Y este otro —dijo mientras volvía a rellenarse la copa— será por usted, la bella detective. Y le acercó otra copa a su mano.

—Gracias —le dijo Julia y se mojó los labios para no ofender tanto cariño.

—Mi hijo es un gran *viñateur*, todo lo que sabe se lo enseñé yo, vaya que sí. Él sigue mi sangre y mi tradición. —Y se llenaron sus acuosos ojos de más líquido—. Y rezo todos los días para que un nieto mío continúe la saga…

La botella casi se había vaciado cuando apareció doña Ester con una *chaleca* de lana para Julia, quien ya bostezaba y tiritaba sin poder evitarlo. Se incorporó con decisión y dio las buenas noches.

—Bueno, con permiso, me voy a dormir. Encantada de haberles conocido a todos y muchas gracias por el alojamiento —les dijo la chica disponiéndose a entrar en la casa.

Antes que ella pudiera reaccionar, Pedro le cortó el paso con rapidez y le propinó un sonoro y largo beso en la mejilla, que la puso aún más roja que antes.

—Tu padre debería estar muy orgulloso de una hija tan buena como tú. ¡Buenas noches, ángel de salvación! —le gritó desde la puerta, levantando la copa.

En el corredor, mientras fumaba, Pedro vio sonriendo como sus hombres bajaban hacia el río portando un saco que parecía contener un cuerpo humano.

—Hora de tirar la basura... Te salió mal la *jugá, conchetumadre* envidioso —exclamó Pedro levantando el puño cerrado en dirección a la tapia del viñedo del fondo.

Tras lo cual dio las buenas noches y se retiró a dormir sintiéndose tranquilo, porque a falta de policía, ya se había hecho justicia, rápida y eficazmente. Y sonrió satisfecho.

Eran casi las tres de la madrugada cuando un cercano disparo de fusil atronó la noche. Julia se sentó en la cama tapándose la boca, pero enseguida se repuso y se asomó cuidadosamente a la ventana. No vio a nadie fuera. Al poco rato, otro disparo, esta vez bastante más lejos de la casa. Y luego todo quedó en silencio hasta que despuntó la primera claridad.

El vehículo de traslado sanitario ya estaba entrando al villorrio de Río Amarillo cuando salió el sol; orillando el estanque de Los Patos y enfilando luego la carretera principal, dejaron a la izquierda el camino que subía al cementerio.

—¿Qué tal la noche, cabo?

—Me la pasé matando chinches con el bototo, mi capitán.

—Una buena rociada de *criolina* en la cama hubiera sido más que suficiente... y te hubiera curado la alopecia, de paso.

Por fin entraron en la ciudad de Talcuri y se dirigieron de inmediato al hospital General, donde les recibió el doctor Samuel Rivas, el tío de Julia, cuya consulta estaba en ese establecimiento hospitalario de la ciudad. Entonces desembarcaron al fatigado Nicolás y, tras ingresar y dejar a su hermano en una estupenda habitación, Samuel y su sobrina se fueron andando a la casa del médico.

—¿Qué edad tienes, sobrina? Me cuesta calculártela.

—En enero cumplo los diecinueve y seré mayor.

—Tenías doce la última vez que te vi, y para ser mayor en este país hay que cumplir los veintiuno, así que aprovecha la juventud, que es un divino tesoro.

La casa del doctor Rivas era un bonito y sólido chalet de dos plantas, en cuya planta baja Samuel pensaba instalar un día una gran consulta particular. El jardín delantero era una poesía floral, gracias a la total dedicación de Sabina, su mujer, con muchas plantas y flores como las de casa de Julia. Fue esto precisamente, una buena señal para ella, que la relajó del nerviosismo acumulado durante tan ajetreado viaje.

La esposa estaba allí en el jardín, podando, y lo dejó de inmediato para correr a abrazar a su sobrina, a quien veía por segunda vez en la vida. Al verla, Julia se echó cansadamente en sus brazos, agradecida de tener una familia tan estupenda. En sus adentros agradeció el fin de la peripecia vivida en la viña de Pedro Gonzales.

Desde su llegada, la esposa del doctor la hizo sentir que esta también era una casa como la suya, llena de alegría y cariño. Cuando la condujo a la habitación que le había dispuesto en una esquina de la segunda planta, con vistas al jardín y a la montaña, Julia, nada más entrar, percibió que era un hogar auténtico, con ese calor tan necesario para sentirse a gusto en un sitio desconocido. Cada detalle de la ropa de cama y de las cortinas y alfombras había sido pensado para agradar, y eso fue lo que consiguió, que Julia se sentara en la cama, respirara hondamente y se sintiera inundada de bienestar.

Después de almorzar, Julia acompañó a su tío Samuel al hospital para comprobar que Nicolás estaba siendo atendido de acuerdo con las expresas instrucciones médicas. El enfermo estaba en una habitación del pabellón de residentes, donde Julia le encontró bebiendo una humeante sopa de verduras.

—Lástima que aquí no sirvan chicha —dijo alegremente Nicolás—, pero por lo demás, todo es perfecto.

Se levantó de la mesita pegada a la ventana y abrazó a su hija y a su hermano, de forma que ambos tuvieron que volver a sentarse para no provocarle un episodio de alteración emocional aguda.

—¡Casi no recuerdo nada del viaje! —exclamó extrañado el paciente.

—Es que te dieron unas gotitas misteriosas que evitan los caminos largos y fatigosos —le respondió Samuel, pasando la mano por la frente de su hermano menor.

—Y tú, Julita, ¿qué tal estás, hija?

—Papá, no sabes qué dormitorio más hermoso me ha preparado la tía, se parece tanto al que tenía mamá…

—Nicolás, por Julia no tienes que preocuparte, ya te imaginarás. Vamos a centrar ahora toda nuestra energía en ver qué diablos tienes y curarte para que vuelvas rapidito a tu caleta hedionda que tanto te gusta.

Y los tres rieron abiertamente.

Transcurrieron días plácidos y descansados para Julia, entretenida en todo lo nuevo que le rodeaba; una gran ciudad como esa, que lo tenía todo, novedades que ella veía por vez primera: iluminación en las calles, varios automóviles, un policía uniformado, transporte colectivo y bastante gente bien vestida, entrando y saliendo de tiendas tan lujosas como no habría podido imaginar nunca que existieran. Y sobre todo, que nada olía a pescado, nada, ni la ropa, ni la casa ni la comida. Julia y su tía callejeaban casi todo el día, salvo por las tardes que iban al hospital para visitar a Nicolás y llevarle algunas lecturas de esas que tanto gustaban al paciente y que por allá no podía encontrar. Cuatro libros se leyó mientras estuvo en Talcuri.

No habían pasado ni diez días desde que Julita había salido de Las Cañas y, sin embargo, ya apenas se acordaba, absorta en tantísima cosa nueva que había que ver, estudiar y muchas veces comprar. De no ser porque su padre se lo recordaba cada tarde, ella hubiera acabado por olvidar su caleta muy pronto; un sitio donde, francamente, ella no tenía ninguna atadura que la retuviese. Todavía.

Embelesada por haber descubierto una manera de vivir tan rica y atrayente, Julita había tomado posesión del chalet y de la ciudad de los Rivas.

Lo que más le fascinaba era ir a pasear por el cercano parque natural Los Copihues, dentro del cual había una gran explanada donde se juntaban las familias que llevaban a sus niños a encumbrar volantines. Los mayores también participaban, pero ellos se empeñaban en combates aéreos con gran saña, donde ganaba el volantín más *chupete*, el que era capaz de mandar cortina a su rival gracias a su resistente hilo embadurnado con cristal de ampolleta. Los campeones sabían muy bien cómo dejar caer violentamente sus águilas de papel encima del volantín rival para destrozarlo con su agudo espolón delantero. O cómo enredar su fuerte hilo con el del enemigo para luego frotarse con este hasta cortarlo.

Pasaba horas entusiasmada asistiendo a los feroces encuentros y hablando con los alegres jóvenes que nunca conseguían elevar sus volantines a demasiada altura, pero que siempre estaban riendo. Al regresar a casa para almorzar, saludaba a una alegre vecina que siempre tenía un comentario amable sobre ella y sus atuendos.

Una noche en casa, mientras disfrutaban alegremente de una sabrosa cazuela de corvina —un menú especial en su honor—, el tío Samuel le contó con alborozo:

—Ahora que Nicolás ya pasó la primera batería de estudios y mientras llegan los resultados, me lo voy a traer aquí a casa, mañana mismo, ¿qué les parece?

—¡Tío! Qué sorpresa tan buena tenías tan bien guardadita, *mirenló*.

—Eso sí, que quede claro, él quedará expresamente a tu cuidado sobrina. Porque así yo podré dedicarme más al resto de mis pacientes, que los tengo un poco descuidados.

—Hablando de pacientes, te han mandado recado de la casona para que te pases urgentemente —le dijo Sabina.

—De acuerdo —replicó el doctor a su mujer—. Tendré que visitarles mañana mismo. Además de ser mi paciente más importante, es un amigo personal —informó Samuel a Julia, aplicada al rico pescado.

—Es que es el dueño de una viña muy famosa —añadió Sabina—, mira,

Julita, este vino lo hace él. —Y le mostró la botella que había en la mesa.

—¿Viña Oro? La viña esta, ¿no es la que está viniendo de mi casa por el camino del río? ¿Sí? Pues... resulta que yo creo que allí estuve alojada hace dos semanas —exclamó admirada la joven.

—¿Tú? ¿Alojada en Los Peñones? ¿Cuándo? Eso no es posible...—prorrumpió su sorprendido tío.

—Pues sí, tío, allí conocí a don Pedro, el dueño de la viña —siguió diciendo Julia, sonriendo ante la cara de sorpresa de sus tíos.

Pese a que el médico militar le había rogado que no refiriera el episodio a nadie, Julia relató detalladamente a sus parientes la imprevista parada de la ambulancia y el desgraciado accidente de Jacinto en la bodega. Al final del cuento, el sorprendido Samuel soltó unas sonoras carcajadas.

—¡Pero diantres, qué coincidencia tan asombrosa! Cuando le cuente a Pedro que tú eres mi sobrina, se va caer de poto... No, espera, tengo una idea mejor. Vamos a darle una sorpresa bien dada, me acompañarás a su casa mañana temprano. Está aquí muy cerca, en la avenida Chacón.

Eran las diez de la mañana cuando el doctor Rivas y su sobrina salieron del chalet para internarse por la avenida Bulnes, girar en la segunda calle y caminar luego por el hermoso boulevard Chacón. Mientras caminaban, tomados del brazo, Samuel le contó a la chica que Pedro Gonzales es uno de los patrones de la zona, famoso, rico, bien parecido y *por si fuera poco, está viudo desde hace muchos años*, le enfatizó a la chica, mirándola de reojo. Pero Julia era todavía muy niña para captar ese tipo de insinuaciones.

Samuel se detuvo ante una imponente mansión de aire francés de tres pisos, con una bonita fachada con ventanas balconadas y mansardas con teja gris de escama.

—La llaman *la casona* —explicó mientras tiraba enérgicamente del llamador de bronce—, y está entre las más grandes de la ciudad, la edificó su padre. Mira qué pedazo de jardín tiene este pollo. El vino da mucha plata, está claro.

—Más que la medicina, parece —repuso Julita sin intención, hechizada por la imponente edificación.

Se abrió una puerta lateral de la casa y apareció una sirvienta con un largo delantal blanco, caminaba con cuidado por el sendero de piedra laja que serpenteaba hasta la puerta de entrada, esquivando docenas de recuadros del esmerado jardín llenos de flores multicolores.

—Buenos días, Dorotea, tanto tiempo sin verla, ¿cómo va de la espalda? Bastante mejor, por lo que veo —preguntó Samuel a la mujer con familiaridad, mientras esta abría la pesada puerta de reja con una gruesa y reluciente llave de bronce.

Los visitantes entraron en el jardín y, mientras la puerta se cerraba estruendosamente, Samuel abriendo el camino echó a andar con rapidez hacia la entrada principal. Al entrar en la casa, instó a Julia a mantenerse en silencio absoluto, empujándola dentro de una salita lateral; y voceó desde el pie de la escalinata:

—¡Pedro! ¿Estás en casa, amigo? Me acaban de avisar que venga a verte. He venido en cuanto he podido.

—Sube a mi habitación, Samuel —se oyó una voz estentórea desde el piso de arriba.

El doctor ascendió por la amplia escalera alfombrada, flanqueada con un grueso pasamanos y balaustras de nogal macizo. Al entrar en su habitación, se llevó la sorpresa del día al ver a su amigo sentado en su bergère de cuero favorita, vestido con el batín de seda y en calzoncillos; su pierna izquierda estaba estirada descansado sobre un taburete. Estaba envuelta en sucios y rotos vendajes que dejaban ver un tobillo inflamado y amoratado. Samuel se acercó con rapidez mirándole atentamente el desaguisado que tenía en la pierna, mientras se quitaba la chaqueta y el sombrero.

—Pero qué barbaridad. ¿Cómo te has hecho esto? Y ¿quién te ha hecho esta tremenda venganza médica? —Le intentó palpar la pierna, pero Pedro le dio un fuerte golpe en el brazo con un bastón.

—¡Ni se te ocurra, idiota! No sabes lo que me duele esta mierda —bramó Pedro.

—¡No seas huevón, si no te examino ese tobillo de inmediato lo vas a pasar aún peor! ¡Puff! Tengo que curarte enseguida, aunque mejor sería hacerlo en el hospital. Tiene muy mal aspecto…, y hasta me parece que huele un poco esa hinchazón —dijo apretándose ostentosamente la nariz.

—Es otra de tus bromitas pesaditas de médico, supongo; ahora siéntate que voy a contarte lo que me ha pasado —dijo en tanto agitaba vigorosamente la campanilla—. Estoy solo con esta vieja que apenas oye, porque su hija está en la escuela Normal.

—Voy a quitarte este vendaje repugnante, es más sano no llevarlo. Necesito ver la herida… Ya, estate quieto, gordo maricón…

—La semana pasada estaba en la viña y pasé andando por delante de la casa del Ata Contreras. El muy *culiao* debía estar al aguaite, porque se abrió la puerta y me soltó esos dos perros blancos asesinos que tiene encadenados. A uno le di una *patá* que le rompí el hocico, pero el otro me cerró las fauces en el tobillo. Mira qué colmillos me ha clavado, como un cepo. Menos mal que Eme le partió el espinazo con el filo de la pala.
—¿Avisaste a los rurales? —preguntó Samuel mientras miraba las heridas con suma atención.
—Y el carajo me miraba desde la ventana, riéndose. ¿Los rurales? Entonces ya me puedo dar por muerto, los tiene comprados a todos por aquí, por eso.
—Pueeess… habrá que lavar esto de inmediato, de verdad que huele un poco… Créeme.
—Claro que este asunto tiene su antecedente y esta es la mejor parte… ¡Ayayay! Ten más cuidado coño… Escucha, hará cosa de unas dos, tres semanas, mientras estaba yo azufrando las parras, se produjo un terrible accidente en el galpón de la reserva. Tú ya conoces a Jacinto, mi bodeguero jefe, bueno, pues resulta que al pobre hombre le echaron encima una barrica de 220 litros, con una madre muy especial y muy cara, por cierto.
—¿Le echaron un tonel encima?
—Hay muchos temporeros que se contratan para muchas cosas, es imposible controlarlos, pero ya sabemos que casi todos intentan robar lo que pillan. Yo siempre pongo todo con candados dobles y tengo dos o tres hombres de mi confianza *sapiándolo* todo. Bueno, el caso es que un gañán asesino, sicario pagado seguramente por Contreras, quitó los trinquetes de una hilera cuando Jacinto pasaba por ahí, creyendo que era yo.
—¡Madre de dios, qué gentuza! Esto te va a doler un poquito.
—Asesinos, Samuel, asesinos, pero deja que te termine el cuento, es que te vas a quedar anonadado. ¡Uff, cómo duele por la cresta! Justo cuando Jacinto estaba en el suelo, aplastado por la barrica, casi muerto, pasa por el camino una ambulancia con dos enfermeros y todo el equipamiento médico. Cuando me lo

contaron, pensé, debo estar delirando, *güevón*, es la Covadonga quien me manda estos ángeles. Eso le salvó la vida. Ah, y espérate, que gracias a una angelita maravillosa que venía con ellos, pude atrapar al asesino y enterarme de todo el contubernio.

—Espera un momento, Pedro, un segundo nada más —dijo Samuel, cubriéndole delicadamente las piernas con una sábana—, ahora mismo regreso.

—¡Pero... oye!

Samuel abandonó rápidamente la habitación y volvió a entrar empujando a Julia por delante.

—Por casualidad, ¿no sería un angelito como este?

—*Mecáchis en los moros* —exclamó Pedro con fuerza, dando un respingo al ver a la joven—. ¡Julita! ¡No me lo puedo creer!

—Créetelo, amigo. Te presento a Julita Rivas, mi querida sobrina, casi una hija, mejor dicho. Ella es el ángel que pasó enfrente de tu casa aquel día, y no te preocupes, ya conozco toda tu historia, con pelos y señales —decía Samuel, regocijándose en la cara de estupefacción de su amigo Pedro.

—Encantado, otra vez —atinó a decir el herido, mientras le tendía la mano a la azorada chica y, con la otra, subía pudorosamente la sábana.

—Es la hija de mi hermano Nico, el de Las Cañas, ¿recuerdas? Está aquí pasando unos días con nosotros para acompañar a su padre.

—¡Pero cómo coño no la voy a recordar! ¡Qué grata coincidencia!, ¡Julita, quién lo iba decir! —farfulló Pedro—, es una lástima no poder invitarte a unos helados en la plaza. Y de nuevo, gracias por lo de la viña.

—Bueno, pura suerte, *nomá*. ¿Y qué es lo que le ha pasado en la pata? —preguntó la chica.

—Por causa de una pelea de perros está completamente jodido, como dice su padre —se anticipó Samuel a contestar—. Y ahora, sobrina, espérame fuera, tengo que curar a este miedica.

—Oye, gallo, si no te apetece verme la pata así, córtala y llévatela, ¿entendí? —replicaba Pedro, súbitamente envalentonado por la presencia de la chica.

Samuel le descubrió la pierna, la lavó con enorme cuidado y le puso una abundante cantidad de yodo rociándole directamente con la botellita. Cuando se secó, la vendó con cuidado, le inyectó una pizca de morfina y le administró varias pastillas.

—¡Ahora *tenís* que estar como un mes sin tomar, gallo!

—Prefiero perder la pierna, entonces.

Dos semanas más tarde, Pedro Gonzales y su padre, don José, se encontraban en el jardín interior de la casona de la avenida Chacón, cómodamente sentados en la galería abierta y envueltos en los poderosos perfumes que soltaba la entusiasta primavera al anidar con fuerza en la región de Talcuri. El viejo caminó hasta el centro del jardín y desde allí le gritó a su hijo Pedro:

—¡Oye! Justo aquí haremos una gran fuente, con patos, peces, ranas, flores, *tzétera, tzétera*. Yo tengo un modelo en la cabeza que vi en Burdeos, en la plaza mayor de no sé qué pueblo. Ha de hacerse en piedra caliza, de la que hay en los montes delante de Los Peñones, ¿sabes qué te digo?

—Tienes razón, papá. Es justo lo que le falta a este patio tan desangelado — dijo y suspiró mirando al techo—, y también voy a techar con vidrio esta horrorosa marquesina de hierro, aunque no sé cuándo. Tengo que volver al trabajo ahora... Oye, viejo, ven aquí, ya han traído el vino blanco. Vamos, antes que se caliente demasiado.

—Y hay que traerse un tío que sea mañoso en la cuestión del surtidor, tiene que lanzar un chorro de un par de metros al menos y luego derramarse por los platos y caer en cascada sobre las rocallas y las plantas acuáticas —seguía parloteando el viejo mientras vaciaba un abundante vino blanco en la copa de cristal tallado.

—¿Vamos a tener peces de colores? Era la aguda y muflida voz del chiquillo de la casa, el primogénito de Pedro, que se unía a la conversación trayendo un gran volantín de chillones colores en la mano.

—Hola, hijo, ven aquí y dame un beso, bandido, ¡eh! ¡Guarda con la pata! Todavía está fresca. ¿Sabes, papá? Este Samuel es un médico cojonudo, tal como dices tú. Le amenacé con que tenía que bailar la cueca para mi cumpleaños y, mira, ya estoy casi bien. Si hubieras visto cómo me sangró, te caes de culo.

—¿Qué es sangrar? —inquirió el chico.

—Meter un cuchillo en una bolsa con sangre negra que se crea en nuestro cuerpo, para que se vacíe y no enferme al resto del cuerpo.

En ese momento sonó la campanilla de la puerta de la calle. Dorotea anunció a la familia Rivas, que venía en *visita médica*. Entró Samuel, acompañado de Sabina y de su sobrina Julita, la cual estaba radiante, vestida de punta en blanco con ropa recién comprada.

—Viene a despedirse —anunció Samuel—, ella y su padre regresan mañana a Las Cañas.

Y se llevó a Pedro al interior de la casa para controlar la herida de su pierna.

—Supongo que el perro que te hizo esto ya se habrá muerto en medio de atroces convulsiones —se mofó Samuel, destapándole la herida—. Te pondré este antiséptico tópico nuevo que me acaba de llegar de la Capital y te cambiaré el vendaje.

Pedrito invitó a Julita a encumbrar volantines a la calle, y ella aceptó encantada, pero pronto regresaron, por hastío de la chica ante la torpeza del muchacho. Al pasar por el salón principal, este le mostró el autopiano y eso atrajo poderosamente la atención de su invitada; Pedrito miraba y remiraba a Julita con indisimulada curiosidad, desde que la conoció en Los Peñones le llamaba la atención, sin saber el porqué.

Entonces él la llevó a conocer el resto de la casa y sus catorce piezas, explicando con orgullo cada detalle. Al pasar por delante de su habitación, entornó la puerta y se pavoneo delante de ella, le explicó que él era dueño de las colecciones de soldaditos de plomo más completas de la ciudad. Ambos entraron en la pieza y él se apresuró a mostrarle sus grandes camionetas de latón pintado. Es *made in USA*, le señaló. Pero lo único que verdaderamente le interesó a ella fue la enorme maqueta de un bergantín goleta con todo el aparejo desplegado, colocada sobre una mesa de hierro. Estuvo un buen rato mirándola y tocando sus delicados detalles, mientras Pedrito hacía como que la seguía para explicarle tonterías, cuando realmente solo buscaba la manera de rozar su cuerpo con la palma de la mano. Ella no se percató en ningún momento del rústico juego del jovenzuelo.

Hasta que se cansó y, ante su estupefacción, se sentó cómodamente en la cama del joven, sin mostrar entusiasmo alguno, dio un postrer y despreocupado vistazo alrededor, para salir luego al pasillo.

—Linda tu pieza. Creo que ya nos vamos.

Desde luego, él nunca había pasado tanto tiempo con una chica tan atractiva como ella ni había estado tan cerca de una, ni mucho menos, las había tenido dentro de su propio dormitorio, el sitio donde él se pajeaba sin descanso. Miró su cama con emoción; era una experiencia totalmente nueva para el joven.

Ambos regresaron a la terraza y Julita comenzó a despedirse de cada uno. Doña Ester fue especialmente efusiva con ella, y no le quitaba la mirada mientras la chica se encontraba al lado de su nieto. Julia, con la maleta repleta de vestidos juveniles y apropiados, esa mañana sin embargo había escogido una ropa muy diferente, sabiamente guiada por Sabina. Era un vestido rosa portugués de dos piezas; una ajustada chaquetilla de mangas largas que resaltaba perfectamente su bien contorneado busto, adornada con un pañuelo de encaje verde pastel. La amplia falda era muy larga, favoreciendo su talle, con una cola plisada que le nacía desde la alta cintura. Remataba el conjunto una bonita boina. La primavera estaba en su apogeo, sobre todo para las jovencitas que la aprovechaban abandonando alegremente la pesada ropa invernal. El buen gusto de su tía, que la llevó a las mejores tiendas del centro, había despertado en Julia un aspecto desconocido, el de las armas de mujer, aunque para ella era todavía un juego intrascendente. No obstante, por primera vez tomó consciencia de la enorme ventaja de su delgado talle y de su poca gracia para andar; pero unos cortos ensayos delante del espejo del armario corrigieron de inmediato el problema. Y así se quedó para siempre, delicada y elegante.

Una breve brisa pasó por el jardín y desordenó suavemente el fino pelo, recién estrenado de la *coiffeur*, otro capricho de chiquilla novata en la tentadora ciudad.

Pedro Marcial se quedó mirándola con disimulada admiración mientras ella entraba al jardín e hizo como si se incorporara atentamente de la mesa. Al percatarse de que su actitud era notoria, se azoró un poco y dijo, desinteresadamente:

—Julita, la estábamos esperando. Venga, siéntese por aquí.

Quedó claro que a Pedro ella le estaba causando una impresión agradable. Un cambio que sin comprender demasiado el porqué, le impidió volver a tratarla como la chiquilla desordenada que bajó de la ambulancia en la viña.

—¿Cómo sigue su padre, Julia? ¿Mejor? ¿Cómo se llama él?

—Bien, bien, don Pedro, gracias. Se llama Nicolás, ¿no se acuerda?, como el viejo *Pascuero*. —Y se rio abiertamente dejando ver una fila de dientes blanquísimos.

—Ya se le han hecho todos los estudios y los cultivos en el hospital y el resultado ha sido estupendo —informó Samuel a Pedro con una triste mirada cómplice—. Y ahora, a regresar a casa.

—Tendrás ganas de volver ¿verdad, hija? —preguntó doña Ester.

—No sé, pero supongo que sí. Aquí es todo tan bonito, que casi me olvido de mi casita.

—¿Qué te ha parecido la vida de por aquí en la ciudad? —inquirió Pedro, por cortesía.

—Me he quedado sorprendida porque para mí era todo nuevo, que me pierdo cuando salgo sola y me desespera la tremenda bulla que hay por todas partes. Aunque lo más difícil de acostumbrarse es que aquí no haya mar. Por lo demás, no podía imaginar que hubiera una ciudad tan grande y tan linda.

—En cambio, tenemos muchas otras ventajas para compensar ese pequeño fallo —le dijo su tía Sabina, acariciándole el pelo.

—¿Tienes muchos amigos en el puerto? —le preguntó Pedrito a la chica, en voz baja —, o sea pololos y eso...

Ella imaginó de pronto la vuelta a casa y, a pesar de la pena que le daba, reconoció que su querida caleta también era un sitio especial. Se deleitó aspirando sus aromas de langosta y congrio frito, mirando a los atractivos grumetes que llegaban por allí, provenientes del cercano puerto militar, riendo y peleándose con sus amigas de la escuela.

—No, ninguno en especial, solamente tengo un buen amigo del Liceo que ahora estudia marinería en el puerto, pero tengo una marea de amigas —respondió ella alegremente—. ¿Y tú?

—¡Fuuá! Un montón.

—Julita, despídete ya, que ahora tienes mucho equipaje por hacer —le pidió Sabina.

Samuel se acercó a Pedro y con disimulo se sobó las yemas de tres dedos mientras levemente le indicaba la dirección de la caja fuerte con los ojos escorados. Él captó la indirecta de inmediato y, levantándose, dijo con voz paternal:

—Julita, un momento, no voy a permitir que te vayas sin demostrarte mi sincero agradecimiento por lo que has hecho por esta familia y, en especial, por mí.

Y salió cojeando hacia el interior, mientras todos se miraban sonriendo. Regresó con una mano a la espalda y con los ojos brillantes de picardía, le pidió a la chica que se levantara, que cerrara los ojos y que extendiera el brazo derecho.

—Ya puedes mirar —le ordenó Pedro—. Toma, este es un regalo de pascua anticipado para ti.

—¡Uyy, qué linda pulsera! —exclamó Julia, cogiéndola delicadamente como si fuese de cristal.

Se la puso en la muñeca con rapidez y la mostró a todos con orgullo: era un brillante brazalete de metal esmaltado en color verde turquesa, con delicadas filigranas de plata en los bordes.

Enseguida se echó encima de Pedro y empinándose todo lo que pudo, se apretó cariñosamente contra su cuerpo y le dio un sonoro beso de agradecimiento y respeto en la mejilla.

—¡Qué bueno es usted, tío! Muchas gracias, es muy bonita.

Solo doña Ester notó el leve azoramiento que ese beso produjo en Pedro. Porque aparte de las besuconas de siempre, ninguna mujer le había dado a su hijo un beso de tan abierto cariño. Pero fue un pensamiento que entró por la puerta y salió por la ventana. Su nieto acaparaba todas sus inquietudes.

Esta señorita me gusta, es lista y muy discreta. Sería una amiga muy apropiada para mi Pedrito Segundo. Lástima que viva en la caleta de pescadores, pensó la mujer, allí no podrá lucir esta joya tan bonita. Además está demasiado lejos para tener amigas.

A la mañana siguiente, el automóvil conducido por Samuel salió de Talcuri y se dirigió hacia la costa, bajando a lo largo del mismo camino que orillaba el río. Después de unas horas de curvas y saltos, Nicolás exclamó esperanzado:

—Mira, Julita, por allá está la viña esa donde estuvimos al venir.

—Sí, pero no quiero ni acordarme; un cerro más y estaremos en casa, por fin, papá.

Tras el último recodo del camino, apareció ante los viajeros la rada de Las Cañas con toda su espléndida belleza natural, sembrada de barcas de pesca yendo y viniendo. Algún velero izaba el aparejo y se aprestaba a salir a mar abierto en busca del pan de cada día. En ese momento, un lanchón de la armada salía pesadamente por la bocana, rumbo al acuartelamiento de la marinería, cargado de futuros marineros.

Casi a mitad del camino de descenso hacia el muelle pesquero, se abrió un pequeño desvío a la izquierda, la subida Las Dalias, un empinado trecho que llevó a los fatigados viajeros hasta la entrada misma de la casa azul de Nicolás Rivas.

En cuanto volvieron a aspirar el aroma hogareño, Julita y su padre recuperaron la alegría por la suerte de vivir allí. Ella subió corriendo a su habitación para desempaquetar todas las cosas que traía de la ciudad, en especial toda su bonita ropa y los adornos que le habían regalado sus tíos en Talcuri. Colgó amorosamente en su ropero todos los nuevos vestidos y blusas, acariciando con placer las ricas telas, y lo cerró con llave. Suspiró con tristeza al hacerlo, imaginando lo poco que le serviría toda esa ropa en el futuro, por lo mal que le sentaría cuanto tuviese una hipotética ocasión de volver a lucirla.

«Quizá me *encacho* bien y me voy *pal* puerto en año nuevo con las amigas y me busco un *pololo* que valga la pena, se decía riendo para no llorar.

Ella reanudó de inmediato su rutina de dueña de casa. Se cambió la boina de lana de angora por un paño a cuadros para la cabeza, se puso el delantal y comenzó a fregar el suelo de las habitaciones y a preparar la comida, feliz por haber regresado a su mundo perdido, lejano y pobretón, pero completamente suyo, familiar, conocido y amable.

Talcuri solo fue un remoto sitio para unas obligadas y cortas vacaciones, un paréntesis en su vida rutinaria.

Se iba a quitar también el brazalete para guardarlo toda su vida en una delicada cajuela de sándalo, pero se contuvo, para mirarlo con atención por última vez. ¡Qué señor tan *choro*!, se dijo la chica, evocando a Pedro con profundo cariño. No me lo pienso quitar en la vida, decidió repentinamente, y se lo encajó bien en la muñeca.

¡Qué lejos estaba la muchacha de sospechar siquiera la enorme importancia que aquel imprevisto incidente tendría para encauzar el destino que le aguardaba! Ella no podía imaginar por entonces que ya había cruzado exitosamente la primera puerta, mucho antes que apareciera su dura penitencia.

Episodio 5. Volcánica luna de miel

Era ya mediodía pasado cuando la dulce y atormentada Julia se despertó sola en el lecho conyugal, tras pasar su primera noche de casada en la alcoba matrimonial de la casita de Los Peñones. Por todas partes olía aún a churrasco, a vino tinto y a empanadas de cebolla. Su primer acto fue estirar la mano derecha, allí estaba, refulgiendo poderosamente en su anular: la gruesa alianza matrimonial, trenzada en oro, que ayer les había bendecido el obispo dentro de la sacristía, mientras temblaba la tierra.

En un minuto tuvo conciencia de todo lo que había pasado; había caído de pleno en un mundo desconocido, plagado de inquietudes y rodeada de gente que jamás había visto, obligada a convivir con personas que doblaban su edad y que hacían y decían cosas fuera de lugar.

Pero tenía que seguir adelante, cada nueva vicisitud que surgía en su trayecto era combustible que avivaba su hoguera interior. Abrió las cortinas de par en par y sonrió de felicidad al ver sobre su mesilla de luz la pulsera verde esmeralda que le había regalado el agradecido Pedro, llena de reflejos, como un brillante recuerdo de cuando lo conoció el año pasado. Se quedó un instante admirada pensando en que su providencial intervención en el intento de asesinato de Pedro sucedido en la viña la pasada primavera había sido crucial en su vida y que, gracias a ello, había conseguido lo más arduo, cruzar victoriosa la segunda y tercera puerta. Se la puso en la muñeca y se dijo satisfecha: ¿quién iba a decirme entonces que, solo unos pocos meses más tarde, yo iba a acabar en este lecho matrimonial con el mismo hombre al que ayudé a salvar?

De golpe, Julia, se estremeció. Se llevó la mano a la boca; ¿y Pedro? Gritó hacia la puerta del baño:

—Pedro, ¿estás ahí?

Pero no hubo respuesta, ¿qué había pasado? Hacía unas horas, sin saber todavía si había soñado o no, había visto a Pedrito Segundo en la puerta de su alcoba, intentando entrar... ¿para besarla? ¿Eso había ocurrido? Sacudió la cabeza enérgicamente y se restregó con fuerza la mano por los labios, rechazando semejante pensamiento dislocado. ¡Imposible que hubiera ocurrido en la realidad!

Pero, ¿dónde estaba ahora su flamante marido?

En respuesta, un gran estruendo estalló súbitamente dentro de la habitación nupcial, seguido de inmediato por un amoroso:

—Buenos días, cariño. —Era la cabeza de Pedro Marcial cómicamente asomado por el borde de la cama para mirarla con divertida expresión.

—Pero, tío, usted no habrá dormido en el suelo, ¿verdad que no? —repuso Julia a punto de echarse a reír.

—No exactamente —contestó el marido incorporándose con rapidez y precipitándose, vestido y calzado, dentro del cuarto de baño.

Otra vez unos ruidos infernales. Julia se asomó a la ventana y se rio a carcajadas al ver a un numeroso grupo de personas encendiendo cohetes y petardos, mientras otros sostenían una sábana pintada que rezaba: ¡También hay que comer!

Nada más salir del cuarto de baño, Pedro se le acercó por detrás, la besó con suavidad por el cuello y, abrazándola cariñosamente frente a su público que aplaudía enardecido, le susurró con picardía:

—¡Buenos días otra vez, tesoro! ¿Has dormido bien?

—Fenomenal, pero, ¿y usted cómo ha entrado aquí, tío? Y estos, ¿quiénes son? —preguntó Julia señalando hacia el bullicioso grupo congregado bajo la ventana.

—¡Ahh! Unos amigos bromistas... Anoche me dieron una fiestecita de despedida, imagino que no te habrá molestado.

—No, yo no sé nada, pero yo pensaba que...

—Todo eso ya es historia, mi dulce esposa. ¿Sabes que estamos casados? Vamos ahora con nuestros planes. —Cerró las ventanas sonriendo y saludando—. Escúchame atentamente, te tengo una gran sorpresa. ¡Nos vamos de luna de miel al sur! Será un viaje estupendo.

—¿Al sur? ¿Y por qué a un sitio tan feo? —rezongó Julia apenada—. ¿Y cuándo saldremos?

—¿Feo? Iremos en un crucero que recorre islas maravillosas, fiordos nunca vistos y volcanes salvajes, no tienes ni idea de lo fantástica que será nuestra luna de miel en un gran barco.

Según se lo iba contando, Pedro se dio cuenta de la conmoción que la noticia estaba produciendo en su esposa. ¡Y dale con llamarme tío!

—¿Es que no te entusiasma mi sorpresa? Por eso se llaman así, porque no se pueden contar antes.

—Odio los barcos y los marinos —dijo Julita con un mohín de disgusto—. Solo sirven para separar a los que se aman... pero qué le voy a hacer, tengo que acompañarlo, *nomá*.

—Así es, mi niña bonita, debes acompañarme siempre, pero caramba, ¿por qué diablos lloras con las buenas noticias? Será de alegría de vivir, digo yo...

—Es que... Ahora que me acuerdo, yo quería hoy ir a visitar a papá al sanatorio, me lo prometió usted... ¿se acuerda?¡Mi viejito lindo! Pobrecito, ni siquiera sabe que me he casado de esta manera...

—¡Diantre! Es cierto, perdóname, lo dispondré todo para salir mañana por la mañana, sin falta. —Y salió de la habitación llamando a Enrique a voces.

Para consolarse, ella abrió su flamante y abundante armario para buscar unos bonitos vestidos de viaje. Pero precisamente ropa de viaje en barco al sur no encontró nada. Pantalones y chaquetas, los más gruesos, blusones de algodón y todos los *sweaters* de cuello cerrado disponibles serían su equipaje para este largo viaje.

Al cabo de un par de horas, Pedro entró en la habitación y le dijo a Julia que ya se había ocupado de todo para la visita a Nicolás Rivas en el sanatorio.

En seguida se dedicó a levantar su ánimo para lograr que ella se entusiasmara todo lo posible con su planeado viaje nupcial.

Para eso le mostró los billetes de embarque y le leyó detalladamente una larga descripción del itinerario, escrito por la naviera para sus clientes.

«Nuestro paquebote, el magnífico Orcas Queen, es un espléndido y espacioso vapor de recreo de más de cinco mil toneladas y con capacidad para 218 pasajeros —de ellos, 89 de primera clase, 54 de segunda y 75 de tercera— el que les llevará a realizar sus sueños de visitar sitios de incomparable belleza, donde poquísimas personas han contemplado la naturaleza en su estado más salvaje. Le llevaremos hasta los más recónditos lugares de nuestro país, siempre dentro de un ambiente esmerado, aristocrático y preferencial.

»El viaje se inicia en el Puerto y, tras dos escalas comerciales, comienzan las visitas al archipiélago de las Ostras orientales, donde podrán degustar los espléndidos productos autóctonos de los indianos de la región de las islas. Dos días más tarde, el gran vapor hará un increíble recorrido por los principales fiordos y bahías, los más hermosos escenarios naturales del país, solo comparables con los de los remotos países escandinavos, ¡pero sin tanto hielo! Y tras esa visita, desembarcaremos en la Isla Afortunada para disfrutar de dos noches románticas con visitas al maravilloso lago Las Esmeraldas cuyo majestuoso volcán es uno de los más activos y peligrosos del mundo. Pero nuestros pasajeros podrán contemplar su majestuosidad y su imponente potencia desde varias millas de distancia, mientras disfrutan de nuestra cena especial de bienvenida, la "Vulcano especial".

»Durante todo el viaje van a disfrutar de la más esmerada atención gastronómica y de una tranquilidad inédita, solo comparable a las vacaciones en su propia casa. Nuestros esmerados servicios de a bordo satisfarán hasta sus más pequeños caprichos y aficiones. Les prometemos las más maravillosas puestas de sol que haya visto nunca y una experiencia que tardaran muchísimos años en olvidar.»

Con satisfacción, Pedro constató que había logrado emocionar a la chica, pues su cara reflejaba ya el ansia por hacer realidad tan emocionante viaje, el primero de su corta vida. Y para acabar de conquistarla, le dijo que trabajaría hasta muy tarde con las cuentas del negocio y que dormiría en la habitación de invitados para que ella descansara tras tantas semanas de intenso ajetreo. Notó de inmediato lo mucho que eso le complacía a Julia.

Por la mañana muy temprano, el automóvil se detuvo en la escalinata principal del gran edificio blanco del Sanatorio de las Flores Silvestres y descendieron Julia, Pedro, el doctor Samuel Rivas y su esposa Sabina. Un oficial médico les atendió en su gabinete y les dio esperanzadoras noticias.

—Como creo que recordarán, el agravamiento del teniente coronel Rivas el mes pasado nos hizo temer mucho por el desarrollo de su enfermedad. Sin embargo, ha conseguido una notable mejoría y ha abandonado la sala de infecto-contagiosos. Bien es cierto que no deben ustedes someterle a ningún agobio emocional durante la breve visita que voy a autorizar, pues su estado sigue siendo delicado y no quiero que nada interrumpa esta magnífica recuperación. El enfermero les conducirá hasta el pabellón de observación donde se encuentra hospitalizado el teniente coronel Rivas.

Mientras iban a su encuentro, Samuel le pidió a Julia que no dijera a Nicolás ni media palabra sobre su matrimonio, que ya se lo diría él en el momento más apropiado.

—Podemos producirle un debilitamiento de las defensas —añadió, mirando a Pedro, quien asintió cerrando los ojos.

Julia protestó indignada y se revolvió en su interior, pero en cuanto vio el estado de su padre, comprendió que no se le podía explicar un acontecimiento tan emotivo como su apresurada boda, sin correr el riesgo de una mala reacción de su delicado organismo. Nicolás había adelgazado considerablemente, como si todos los años venideros se le hubieran presentado de golpe, dejándole una severa huella, el pelo lacio, la piel cenicienta colgando alrededor de los pómulos y la voz quebrada y vacilante. Julia hizo grandes esfuerzos para no llorar mientras le abrazaba. De pronto, ella no pudo contenerse más y, en medio de la visita, le mostró a su padre la pulsera esmeralda y se cogió del brazo de Pedro tan fuerte como pudo. Nicolás la miró con ojos opacos, pero ella creyó ver un resplandor de entendimiento, él pareció entender que algo sentimental, o amistoso al menos, estaba ocurriendo dentro del corazón de su hija, porque sonrió débilmente y le dijo que ahora se sentía más tranquilo; y la abrazó con toda la poca fuerza que todavía le quedaba.

Una vez fuera, Julia pareció flaquear, pero se recuperó enseguida. Se apoyó brevemente en el brazo de Samuel y siguió adelante. Mi vida tiene que continuar, porque no es la mía la que defiendo, pensó la chica con amargura, apretando sus pequeños puños.

—Tenemos que esperar tres semanas para ver el efecto de un tratamiento que le hemos puesto —confidenció Samuel abrazando a su sobrina—. Mientras tanto, no se le puede visitar. Puedes irte tranquila de viaje, mi amor.

El bonito vapor español atracado en el muelle civil del puerto militar mostraba su imponente superestructura, con altísimas chimeneas negras luciendo la CM roja de la naviera, los cuatro largos y relucientes manguerotes anclados sobre el puente principal, sus dos sólidos mástiles brillando de barniz marino recién aplicado y el abundante aparejo preparado para desplegarse en las arboladuras. El capitán Hidalgo desde la toldilla observaba con atención los preparativos del oficial de pasaje, que volaba por las dos cubiertas, haciendo ver a los clientes la disciplinada diligencia del personal del Orcas Queen y se desvivía conduciendo a los numerosos pasajeros y sus abundantes equipajes hasta sus respectivos camarotes. En medio de esa algarabía, Julia subió pesadamente por la elegante pasarela entoldada cargando con esa nueva penuria sobre sus débiles espaldas, nada le podía impresionar más que lo que había visto el día anterior en el sanatorio.

Apenas fueron conducidos al suyo, Pedro ya tenía clara su misión en el viaje; conseguir que su frágil esposa se repusiera de la fuerte alteración que le había producido la visita a su padre, de todo el cansancio acumulado en las semanas previas y los bulliciosos acontecimientos nupciales recién vividos. Solo a ello prometió dedicarse durante toda la travesía, mientras el muelle se alejaba lentamente.

Durante las dos primeras noches de la travesía nupcial, la cabecita de Julia hervía de inquietudes; se debatía entre el impulso por sumergirse en sus profundas añoranzas y sus ansias crecientes de olvidar, de disfrutar de un viaje increíble, estudiado precisamente para distraerse y soñar despierto. Poco a poco, su cuerpito hecho de cuerdas de arpa se fue relajando, los labios tensos y los ojos fijos fueron dando paso a una mirada interesada y serena, más brillante. Pedro fue labrando pacientemente dentro de su ánimo decaído la mejor ocasión para lanzarla al camino de la verdadera felicidad conyugal. Sin embargo, las fuertes corrientes costeras en la zona empezaban a frenar la velocidad del barco, por lo que el capitán decidió navegar mar adentro para conseguir respetar los horarios del viaje. Al amanecer, un fuerte cabeceo de la embarcación durante un largo rato tuvo un pésimo efecto en el alterado organismo de la sufrida Julia, provocándole un fuerte mareo lo que la obligó a recluirse en el camarote la mayor parte del día para reprimir las náuseas y vomitonas que le sobrevenían, aun sin probar nada del exquisito menú de primera clase. En esos momentos, todo lo que fuera estar rodeada de agua era para Julia el equivalente a estar ahogándose. Pero resistió estoicamente, e incluso fueron tantas las atenciones que le prodigaba su marido, que hasta se sorprendió riéndose de él en algunas ocasiones. Esa válvula no la salvó, sin embargo, de la angustia que la invadía por estar viviendo aquella extraña situación.

Transcurrieron dos días horrorosos hasta que, por fin, en la mañana del tercero, apareció una bola fulgurante que prendió de prisa sobre toda la superficie del océano. Pedro, acodado en la cubierta con su inefable habano, le dijo con alegría, al verla salir por fin del camarote.

—¿Ya te sientes mejor, cariñito? Me alegro de que hayas decidido disfrutar de la cubierta. Ven, cúbrete con este charlón. Es una lástima que esta luna de miel sea tan helada, por Dios, qué frío estoy pasando, así se nos va el verano, en un abrir y cerrar de ojos, conque vamos a intentar disfrutar de lo poco que nos queda.

—Por suerte yo no he pasado tanto frío como usted.

—Normal, Julita, normal, si has estado encerrada en el camarote desde que salimos. Pero en cuanto regresemos a casa, nos iremos a Los Peñones a organizar la vendimia, quiero que sea una fiesta como no se recuerde otra en toda la región.

—Por favor, cómo se gasta usted la plata, ¿no?

—Te he dicho mil veces que no me trates de usted... Tampoco soy tu tío, ya soy tu marido, por el amor de Dios —masculló, y se levantó bruscamente de la silla de lona para acercarse a la borda—. Me dan ganas de regresar ya mismo, ¡qué viaje más cagón...! Y la pareja más fría que el mármol...

—Don Pedro, muy buenos días, una mañana hermosa, ¿no es así? —Era una voz amable que venía desde la toldilla.

Se trataba del segundo oficial de a bordo, un antiguo conocido español, que le saludaba con toda familiaridad.

—¡Qué tal, Alberto, qué gusto verte nuevamente...! Supongo que tú eres el responsable de estos espantosos balanceos que tienen a mi mujercita de lo más contenta.

—Buenos días, señora, ahora mismo me ocupo de abreviar estas molestias.

—¡Faltaría más! —replicó el elegante oficial despareciendo dentro de la cabina de mando tras el saludo reglamentario.

Al cabo de quince minutos se notó que los cabeceos habían cesado casi por completo.

Julia no pudo menos que sonreír admirada cuando el oficial se asomó de nuevo para preguntarle si ya se encontraba mejor. Al preguntarle qué clase de magia había practicado, él contestó:

—A una señora tan guapa como usted no se le puede negar nada. Cenaréis conmigo esta noche, ¿vale?

Pedro lanzó el resto de su cigarro al mar y se metió al camarote dando un par de vueltas por dentro para enseguida echarse en la cama con una manta en las piernas. Mirando fijamente al ojo de buey, comenzó a repasar todo lo que iba a hacer en cuanto volviera de la travesía. Lo primero, montar la mayor fiesta del año para celebrar la mejor vendimia de la historia; había sido una añada excepcional, por la gran calidad y cantidad que se estaba vendimiando. Cuando tuvo todo en orden dentro de su cabeza, comenzó el desfile de su vida familiar, desgranado los días de gran terrateniente y viñatero en el que se había convertido, gracias a los constantes desvelos de don José durante tanto tiempo. Nada perturbaba su plácida existencia hasta que el año pasado, cuando el tiempo se remansó un poco a su alrededor, había comenzado a sentir el manto helado de la larga soledad que le había dejado la muerte de su adorada esposa Ludi, hacía ya dieciséis años, al nacer su hijo Pedro Segundo. Nunca hasta entonces Pedro había considerado el volver a casarse, empecinado en que el vástago creciera lo suficientemente fuerte y duro para encargarse del gobierno del viñedo cuanto antes y, por ello, no descansaba en el empeño de enseñarle todo lo necesario, un afán en el que desgraciadamente sentía que estaba fracasando. El magro resultado conseguido empezaba a hacerle mella en el ánimo y a despertar en él una sensación de abatimiento constante.

¿Por qué Pedrito se mostraba tan renuente a aceptar el destino que había determinado para él?, se preguntaba en cada momento.

Apenas empezó ese verano, Pedro decidió que lo suyo sería mandar al chico a pasar unas largas y entretenidas vacaciones a la costa, para ablandar su resistencia. La ocasión propicia se le había presentado cuando en Talcuri su amigo Samuel Rivas le había contado que pronto viajaría a la caleta de Las Cañas para visitar a su hermano y a su sobrina Julia. Sin pérdida de tiempo, Pedro le había rogado que se llevase a Pedrito con él. Eso sucedió el doce de enero, hacía unos dos meses.

¡Bendita decisión que tomé!, se dijo Pedro incorporándose de la cama para beber agua.

Pedro se acordó de la extraordinaria circunstancia, pues ese mismo día, el coche de Samuel había recalado sorpresivamente en Viña Sol, llevando a bordo a Julita y a su padre Nicolás Rivas de camino al hospital de Talcuri, para someterlo a unos exámenes médicos urgentes.

—Se jorobaron las vacaciones, amigo —le había contado desconsoladamente el médico—, conque si no te importa, voy a dejar que Julita se quede aquí contigo una semana o dos, de vacaciones forzosas, mientras me ocupo con urgencia de mi hermano en el sanatorio. No quiero que ella lo vea internado, porque además sería hasta arriesgado que lo acompañara, por el riesgo de contagio que existe.

Por segunda vez en menos de un año, la simpática chica se había cruzado abruptamente en el camino de Pedro Gonzales.

Sus amorosas divagaciones las interrumpió Julia al prorrumpir dentro del camarote, transida de frío.

—¡Brrr! No aguanto más en cubierta —exclamó, con su carita amoratada—. Está usted muy pensativo, tío... Bueno, perdón, oye, tengo que llamarte, ¿cómo?, ¿marido?, ¿esposo?, ¿compañero? Mira, ¿sabes qué? Voy a tomarme una pastillita para la jaqueca... Me está doliendo horrores este huesito del ojo...

—Ven, ven aquí, mi amorcito, qué paciencia hay que tener contigo. Espero no haberme precipitado casándome contigo, algo debí ver en ti entonces —le contestó Pedro por lo bajo, con un gesto picarón—, aparte de tu hermoso traste.

Le tendió los brazos para que se recostara a su lado, y cubriéndola con la manta, le trajo una taza de té y la medicina. Luego la abrazó fuertemente hasta que cesaron sus tiritones, Pedro, sonriendo ante su rendición, le acariciaba su cansada cabecita apoyada en su hombro y, al contemplarla con emoción, le vino a la memoria el día de su primer escarceo amoroso con ella.

—No lo olvidaré jamás —le susurró.

Ella se acurrucó bien bajo su brazo, dispuesta a entregarse por completo a un profundo regaloneo, adormilada con sus suaves palabras.

Pedro siguió recordando en voz baja, como si le contara un bello cuento de hadas.

»Me llamó tanto la atención ese día que llegaste para quedarte a mi cargo, en tus tristes circunstancias, porque no eras más que una muchacha desaliñada, apenada y compungida, abatida por la suerte de un padre enfermo. Yo te acogí con los brazos abiertos porque eras aquella misma chiquilla que habías conquistado todo mi agradecimiento. El año pasado, ¿te acuerdas, verdad? —le musitó al oído, contemplando las nubes arremolinadas dentro del ojo de buey. En esas dos semanas que pasaste con nosotros en la viña, solo eras la sobrinita del doctor Rivas, de vacaciones en mi casa. Entonces fue cuando tuviste que volver corriendo a tu casa y a tu regreso, después de dos o tres noches, me di cuenta claramente que tu expresión ya no era la misma, ni tu mirada ni nada, ni siquiera tu pelo, *mecachis*… "¡Pobrecita!, y eso que todavía no sabe el verdadero alcance de la mala salud de su padre, jodido y sin esperanza, no le queda más de medio año, y yo aquí disfrutando de la vida, sin poder decirlo"…, nunca llegue a entender la razón de semejante cambio, supuse que a tu edad, esos cambios de actitud son muy normales. En fin, el caso es que una tarde de mucho calor, no sé si lo recordarás, te obligué a bajar a bañarte al río y le pedí a mi hijo que te acompañara. Al terminar mi trabajo, decidí bajar al remanso para darme yo también un chapuzón refrescante y, al llegar a la orilla, te vi nadando vigorosamente hacia donde yo estaba, entonces me escondí detrás de un sauce para darte un buen susto. Pedrito nadaba detrás, pero no podía con tu ritmo. Saliste del agua y te echaste a reír, llamándole caracol de agua y no sé qué más… Entonces, algo me retuvo oculto detrás del árbol. Me quedé mirándote con atención, y no era por tu descolorido traje de baño. Sentí que no estaba solazándome con la simpática sobrina de mi buen amigo Samuel, sino con los encantos de una atractiva mujer, y avergonzado de la ola libidinosa que me invadió, me di la media vuelta y volví corriendo a casa donde pasé el resto de la tarde confuso y ofuscado. Después apareció Samuel para recogerte y llevarte con él a su casa en Talcuri, y eso me alteró, interrumpí mi rutina, sin poder entender muy bien a qué venía esa sensación. Era sábado y, antes que nada, nos dispusimos a comer una parrillada disfrutando de un largo *weekeend* en casa. Entre todos nos esforzamos por mantenerte alegre y distraída lo máximo posible, tratando de que esos momento …»

—¡Pero si ya te has dormido! —masculló Pedro, observándola con dulzura.

La acomodó con delicadeza en los almohadones, la besó amorosamente en el pelo y salió a cubierta para fumar; luego se encaminó poco a poco hacia el comedor de primera clase. Al regresar al camarote, comprobó que su esposa seguía durmiendo plácidamente, mecida por un mar amable, aunque el sol no tardó en buscar refugio dentro de las nubes. Se tendió en un sofá y mientras se iba quedando amodorrado, le volvieron los recuerdos de las pasadas semanas, intentando hallar el momento en que toda su vida dio un vuelco definitivo. Entonces saltó la chispa, tan luminosa que se puso a escribir para rememorar todos los detalles de aquel episodio de amor naciente, algo que no había logrado experimentar de nuevo en ninguno de sus largos años de viudez.

«Pero todas mis atenciones contigo para animarte fueron inútiles, y llegó el domingo por la noche, sin que pudiera alentarte, así que tuve la idea de hacer un último intento haciéndote ver lo bien que te lo ibas a pasar viviendo una temporadita en la gran ciudad, sin obligaciones, ni trabajos ni deberes, para lo cual entré en tu habitación cuando ya estabas acostada, llevándote un buen vaso de leche con cacao. Yo buscaba aliviar tu pena, consolarte, bueno, mis intenciones eran santas, me crees, ¿verdad, cariño? Yo solo quería que descansaras y dejaras de pensar en tu suerte. Estabas leyendo, aunque tenías los ojos encapotados, me senté a tu lado en la cama... ¿te acuerdas? Para hablarte de la vida nueva que ibas a empezar en una gran ciudad, de lo maravilloso que sería para tu ánimo tan decaído... Y cuando te estabas cayendo de sueño, me acerqué a ti para darte un besito cariñoso en la frente, y en vez de eso, me salió un beso en la cara y al hacerlo, sin querer, mi mano se apoyó sobre tu muslo bajo la sábana de hilo y allí me perdí; tú nunca lo vas a reconocer, pero estoy seguro que te hiciste la loca y hasta creo que te vi una expresión placentera. Me dejaste así, un instante, como si no lo notaras, en esa posición, para que yo lo disfrutara, para torturarme bien, que yo supiera lo breve que son los placeres de la vida, y peor aún, la fuerza que tiene la marca del amor. Se suponía que yo entendería muy bien el mensaje, estaba muy clarito el jueguito tuyo y solo entonces retiraste delicadamente mi mano de tu pierna, me besaste la mejilla cerca de la boca y te cubriste hasta las orejas con la colcha durmiéndote enseguida. Yo apagué el candil y salí corriendo de la habitación a rumiar sobre lo que acababa de pasar. ¡Uff! Esa fue la noche más insomne de mi vida, no pude dormir hasta que cantaron los gallos y los pavos y no me tranquilicé hasta convencerme de que habían sido tonterías vergonzosas de un adulto frente a una niña inocente...»

El escritor se llevó un susto mayúsculo cuando dos manitas frías taparon sus ojos.

—¿Escribes a Pedrito? —Era la voz meliflua de Julia.

—Sí, bueno, aunque seguro que llegará mucho después de acabar el viaje —replicó Pedro escondiendo la hoja escrita con mucha naturalidad—. Vamos a arreglarnos para cenar con el teniente Péres, mi amigo; le vendí varias cajas de Merlot y quiero saber que aceptación está teniendo.

Se cambiaron y se fueron al comedor de donde no regresaron hasta pasadas las doce, tras comer abundantemente y beber dos botellas entre los tres. Al día siguiente muy temprano, en cuanto Pedro se hubo despertado, reparó en que Julia apenas había cambiado de posición y que roncaba ruidosamente, ocupando casi toda la extensión de la cama. El barco se dirigía hacia una isla, en busca del puerto donde tenían que desembarcar por la mañana. Se levantó sigilosamente y reanudó la escritura.

«A la mañana siguiente, ¡milagro!, apareciste en el comedor vestida como de figurín, ¡qué cambio, madre mía! Esa boina tan bonita caída sobre el pelo, igual que la primera vez que te vi, una blusa ajustada y, sobre todo, tu carita tan juvenil y expresiva, sin huella alguna de pesares. Eras otra persona, sin duda, me quedé anonadado por tu facilidad para pasar de un estado a otro, sin pestañear, y encantado porque mi influencia hubiera sido tan beneficiosa, aunque me dio por pensar que tu repentina irrupción en mi vida, de esa forma tan peculiar, era como una conspiración del cielo, una especie de aviso premonitorio para que reflexionara sobre mi soledad como hombre, únicamente volcado en hacer güevadas importantes, sin hacer caso a nada ni a nadie más...»

El placentero soliloquio de Pedro se vio bruscamente interrumpido por un fuerte mazazo en la puerta del camarote, lo que despertó sobresaltada a Julia.

—Son las nueve, vamos a desembarcar en dos horas, prepárense. Por favor, lleven ropa de abrigo. —Era el pesado y brusco camarero de la primera clase que les había tocado en suerte.

Todo el pasaje desembarcó en la isla para dirigirse hacia un hermoso hotel balneario situado a orillas del extenso lago color esmeralda, donde ocuparon habitaciones con terrazas panorámicas sobre el imponente volcán que se alzaba al fondo del espejo de agua.

Hacia las diez de la mañana junto con los demás, bajaron a desayunar a la terraza de teca del Hotel Del Lago, con vistas al hermoso paisaje que estaba dejando la luminosa mañana. Los comentarios de admiración monopolizaron el ambiente durante un buen rato, porque pese a las nieves que se derramaban desde su cumbre, el gran volcán humeaba constantemente, dejando oír, a intervalos, unos lejanos estruendos subterráneos.

Julia y Pedro, abrazados, estuvieron largo rato contemplando el extraordinario espectáculo de la naturaleza, mientras llegaba el gran desayuno humeante.

Cuando terminaron, Julia le dijo amorosamente a Pedro:

—Anoche me estabas contando una bonita historia, pero creo que me dormí, estaba tan cansada con el bamboleo eterno de este barco tan cargante. ¿Me la volverás a contar? —Y le cogió la mano dulcemente por primera vez.

—Claro, cariño, es que estaba rememorando los días importantes de nuestra nueva vida y, sin poder explicarme todavía, cómo la suerte nos puso el uno frente al otro, para que así nos pudiéramos casar, ¿no te parece mágico? Si no fuera porque yo de romántico tengo lo mismo que de chino, creería que fue obra de alguna de esas diosas griegas del amor— contestó Pedro.

—Hay cosas que parecen inexplicables, pero que al final se descubre que tenía que haber salido así, porque la forma de comportarse de las personas lo hace fácil —dictaminó Julia aplicada a una gran torta de chocolate con gran apetito—. No sabría cómo explicártelo, pero es el carácter de cada cual lo que te lleva en una dirección o en otra, hasta que uno se

agarra al hilo dorado de la existencia, es lo que decía una revista de modas…
—Una dulce e inocente provinciana que pasó por la puerta de un hombre atribulado, eso fue lo que hizo que la Viña Sol de mi padre se salvara— prorrumpió Pedro, haciendo que algunos se giraran para mirarle.
—Puede. Oye, ahí viene el pesado de la excursión otra vez, dile, por favor, que yo no me levantaré de esta rica poltrona en todo el día. Necesito quitarme el dolor de la cadera. Ya estoy agotada de solo pensar en hacer la excursión de hoy. Si prefieres, tú puedes ir a dar tumbos por las piedras, ¿no?
—No, no, nos quedamos aquí los dos, como unos abuelos, frente a esta rica chimenea; mientras esperamos para comer, acaba entonces esa bonita historia. Mozo, tráigame otro té bien cargadito, por favor. ¡Ahh! Y también otro *estrudel* de esos, con la crema bien calentita, por favor.

Pedro recobró el hilo del relato de sus remembranzas, sonriendo complacido por el amoroso y nuevo talante que mostraba Julia; acomodándose, le habló con cariño y dulzura:

—Bueno, como te iba diciendo, ese lunes por la mañana que tu tío te llevaría a vivir en Talcuri, a finales de enero, creo…
—Claro, me acuerdo perfectamente —apuntó ella.
—Yo decidí que era un buen momento para hacer una breve visita guiada por la viña y hablarte de la vendimia que estábamos haciendo. Ese día no fui el director, sino que me convertí, gustosamente, en tu cicerone particular. Primero te llevé a la bodega Tres donde tengo almacenados los crianzas, que son los más afamados de la viña, donde pasó lo del Jacinto, ¿recuerdas? Para que vieras las grandes cubas, los toneles de roble americano y, especialmente, para que entendieras la enorme importancia que tiene la buena madera en la elaboración del vino de calidad, ya sea de roble o de haya. En eso estábamos cuando repentinamente apareció mi hijo y, mira tú por dónde, lo que me llevó meses conseguir, lo logré en un minuto: que se interesara por la bodega. De repente llegó y escuchó todo como si fuera de su mayor interés, ¡qué chiquillo! Me dieron

ganas de tirarle de las orejas, pero ya ves, a mí me compran con muy poquitas monedas de cariño... Soy demasiado barato y muy blando. *Mecáchis...* Bueno, el caso es que a mí me pareció que, precisamente esa mañana, entre tú y yo sucedió lo que los novelistas cursis llaman el flechazo mientras yo te hablaba del vino. —Pedro no osó referirse a la noche en que entró a su dormitorio y prefirió continuar con un monólogo empalagoso—. Al parecer, los efluvios de Baco consiguieron encender nuestros corazones, ¿te acuerdas, cariño?

—No sé quién es ese Paco —respondió Julia distraídamente—, pero sí que recuerdo muy bien que cuando entré en esa bodega, me dieron mareos de solo oler ese aguardiente hediondo que flotaba en el aire, así es que no me parece que esa mañana haya pasado nada poético o para recordar especialmente, más bien al contrario, casi salgo corriendo, pero por respeto a mis mayores, aguanté todo lo que pude.

—¿Ah, sí?

—Oye, marido, tengo que ir corriendo al cuarto de baño, discúlpame un momentito.

Pedro no dijo nada. Asintió y se acercó a la ventana para contemplar el volcán humeante. Se quedó pensando, muy malhumorado: ¿aguardiente hediondo? Esta no sabe lo que dice. Mira que no voy a acordarme yo de lo particular que tuvo ese encuentro y de lo bien que me seguías la corriente cada vez que yo te hablaba...

Y se quedó recordando la escena llena de encanto de aquella mañana pedagógica que había tenido lugar en la viña, junto a la chica. Y se oyó a sí mismo explicándole qué hacer.

—*Mira, Julita, pasa la manita por esta zona, es suave, ¿verdad? Y ahora acerca la carita y trata de oler la madera —decía el hombre, empujando suavemente su cabecita hacia el tonel de la pila—. ¿Qué se siente?*

—*Nada.*

—*¿Cómo que nada? Esta es la parte mágica del vino de crianza, niña.*

—*¡Ah, ya!*

—*Hace siglos que se inventó la elaboración del vino de esta manera y hoy, sin embargo, seguimos haciendo lo mismo, ¿no te parece asombroso?*

—*Anticuado, más bien, ¿no?*

—*Observa, dame la mano otra vez y pasa la yema de los dedos, no, cuidado, por ahí no, esos flejes son muy filudos, por aquí mejor, acércate un poco más.* —Pedro asió suavemente la pequeña mano de la chica y frotó con el dedo cordial la superficie de una duela—. *¿Ves qué suavidad?* —Y cambiando de dedo lo pasó brevemente por la mejilla de Julia—. *Una buena madera de tonel tiene que ser como el rostro de una chica encantadora y bonita.*

—*¿El chacolí lo meten ahí dentro también?* —preguntó Julia vagamente interesada.

—*La propiedad del roble* —prosiguió Pedro imperturbable— *es la de ser una madera porosa que permite la entrada del oxígeno dentro del líquido de su interior, modificando sus propiedades, en cuanto olores, sabores, estructura, etc.*

—¡Pedro, ya es hora de almorzar! —La suave voz de Julia que regresaba del toilette rompió la ensoñación de su marido. ¡Vamos a la terraza, hace un día estupendo! —añadió.

Mientras ambos estaban allí, charlando con algunas parejas jóvenes acerca de la extraordinaria vista del lago con el volcán de fondo, uno que parecía un profesor comenzó a explicar cómo se generaba una erupción:

—El misterio de las entrañas infernales de la tierra y de sus eternos vómitos de fuego —apostilló otro, que parecía más bien un poeta.

Pedro se acercó a su esposa y ella tiernamente lo abrazó por la cintura. La conversación se volvió animada y muy pronto giró sobre aspectos de la vida de cada pareja con ingeniosas y alegres intervenciones de todos los participantes, hasta que llegó la hora de pasar al comedor.

La animada conversación prosiguió en el comedor del hotel, alrededor de una mesa muy bien dispuesta, almorzando todos juntos. Allí nadie desentonaba porque solo había parejas jóvenes. Julia coincidió con una chica que vivía en el puerto donde ella había estudiado y así pudieron intercambiar muchas historias conocidas de ambos. En un momento dado, Julia, temerosa, le preguntó si por casualidad conocía a una persona, y le dijo un nombre cuando Pedro no podía oírla. Pero la pasajera no había oído hablar de ella.

Más tarde, se despidieron todos con promesas de visitarse en el barco durante el viaje de regreso para jugar un poco a las cartas. Julia y Pedro se quedaron solos en el comedor. Él se sumergió en la lectura de un periódico muy atrasado y muy pronto se quedó completamente dormido.

Julia se quedó mirándole y empezó a preguntarse qué fue lo que pasó esa misma mañana, después de la famosa visita guiada a la bodega Tres; y entonces lo vio todo claro, su corazón le había dado un tremendo vuelco al llegar el momento de las despedidas para viajar a Talcuri con su tío Samuel. Cuando estuvo delante de Pedro, había advertido que este parecía querer decirle algo, pero no sabía qué. En esas estaba cuando, inopinadamente, se sintió empujada por una mano poderosa que la lanzó contra él y, abrazándolo fuertemente con interés y cariño, besó delicadamente la comisura de sus labios. Julia dio un respingo al rememorar esa escena, aspirando la fresca colonia de su cara; era la primera vez que se paraba a pensar en todo lo sucedido el mes pasado, por culpa de su anhelo constante por escapar del presente.

Así fue como había cruzado la segunda puerta, la del enamoramiento, y casi sin pensarlo, se halló al otro lado. Y tuvo que seguir el camino que se le abrió por delante. Se dio cuenta, pese a su inexperiencia, que en ese momento había respondido a Pedro de la manera que saben hacer todas las mujeres de cualquier edad, cuando desean hacer llegar al anhelante varón un mensaje pleno de expectativas.

Y con ese recuerdo abrazó dulcemente a su esposo dormido y le dio un largo y amoroso beso delante de todos los compañeros de crucero que regresaban jadeando de la excursión.

—Miren —exclamó una pequeña, señalando al lejano volcán—, se está formando un corazón de humo.

Esa noche, por fin, ambos tuvieron su noche de boda, dulce y apasionada, como estaba mandado. La cena fue de las mejores, ambos bebieron espléndidos vinos y tomaron regias tortas; Julia estaba feliz, la habitación del hotel era extraordinariamente acogedora, la cama era de primera clase y la música del mar, *acunadora*. Así pues, la complicidad era total y la noche fue perfecta, llena de romance y de suaves palabras sazonadas con delicadas caricias por todo el cuerpo, hasta que ambos se estremecieron de placer y de alegría por la satisfacción que mutuamente se daban. Hubo un momento en que ella abrió la ventana mientras su pareja dormía y, mirando a la noche, le preguntó: dime, ¿soy una amante tan miserable que le entrego mi cuerpo para que lo goce y, a la vez, afilo el puñal que le tengo que clavar?

Estuvo así, paralizada, hasta que el sol la hirió en la cara.

A media mañana regresaron al Orcas Queen para iniciar el viaje de regreso. Era finales de la primera semana de marzo, cuando la ventana a la felicidad se cerró bruscamente, porque Julia empezó a sospechar que algo en su interior no estaba funcionando como era debido. Unas arcadas terribles le anunciaron que una gran preocupación se estaba anidando en su interior. ¿O era solamente el cabeceo del barco? Pero yo no soy de las que se marean fácilmente, se dijo sonriendo y tocándose el abdomen suavemente, si ahora casi soy una grumete.

Ambos estaban en la cubierta aprovechando que por fin el tiempo se volvía algo más caluroso a medida que se alejaban de la isla. El barco iba costeando y el mar estaba plácido, invitando a dejarse envolver por las fragantes brisas salobres. Ambos se sentaron en sendas sillas de lona y comenzaron a evocar los breves días que transcurrieron desde que se enamoraron en Viña Sol hasta que decidieron casarse, a tal velocidad que dejaron a la sociedad talcurina con un palmo de narices. Ellos lo hicieron en tres semanas cuando el plazo normal entre la alta burguesía no bajaba de un año.

—Oye, Pedro, ahora lo recuerdo bien, fue cuando tú me hablabas explicando el trabajo de los numerosos obreros y recogedores que desfilaban entre las hileras de parras con los capazos a la espalda. Se te acercó un carpintero diciendo no sé qué de una prensa chica que no funcionaba... El caso es que tú saliste disparado para ver qué había pasado. Cuando regresaste conmigo, desarreglado y con el pelo al aire, en mangas de camisa, entonces me fijé en ti, y desde ahí ya no podía verte más como el cariñoso y amable tío Pedro, ¿entiendes lo que digo?

Con el ruido del mar y las máquinas, Pedro había escuchado solo la mitad de lo que le decía Julia.

Ya veo, pensó Julia, no te acuerdas. Ahora tendré que decírselo mañana otra vez. Bueno, ya veremos...

La pareja estuvo mirando fijamente la mar durante un largo rato, pensando en lo mismo, lo embarazosa que había sido la pedida de matrimonio por lo que ninguno de los dos se atrevió a romper el silencio cómplice para hablar abiertamente del episodio, pues cada uno tenía motivos propios. A Pedro todavía le daba un poco de vergüenza volver a rememorar esos días en que sus vehementes deseos se habían estrellado contra la firme oposición de Samuel. Y en cuanto a Julia, ella no era capaz de revivir con claridad lo que había ocurrido ese día, solo agradecía al cielo que aquello hubiera sido mucho más que un sueño y por haber escapado indemne de semejante fuego en su vida.

Son las emociones que quitan el aliento las únicas que te hacen vivir, le había dicho una vez su padre, al volver de una cruenta escaramuza militar.

Por encima de todo Julia ansiaba quitarse un peso del alma, esa extraña aflicción que la perseguía constantemente, la de estar viviendo una vida que no era la que le correspondía y que, sin pretenderlo, pronto se acabaría bruscamente. Esa extraña sensación se había anidado en su interior desde el mismo día en que le imploró a Pedro que la tomara en matrimonio de inmediato, cruzando así la tercera puerta de su camino al infierno.

Episodio 6. Una embarazosa pedida

Al acabar de comer, Samuel dispuso el coche para llevarse a Julita a su casa de Talcuri después de la corta estancia en Viña Sol. Pedro estaba bastante alterado cuando abrazó a Julia para despedirse.

—Espero que te haya gustado la historia del vino —le dijo por romper la vergüenza de la situación. Estaba tan tenso, que no sintió el beso tan tibio que ella le puso en la mejilla, casi en la misma comisura derecha. El severo patrón de la viña permaneció un buen rato en el porche tocándose el labio y mirando la polvareda levantada por el coche.

Tras la siesta cotidiana, doña Ester se encontró a su hijo mirando fijamente una gran copa de coñac.

—A Pedrito lo vi esta mañana correteando con el chico del Aravena —apuntó la señora. Se sentó pesadamente, llamó a Dorotea y continuó—, tu chiquillo está insoportable de carácter, ¡no sé qué ostias le ocurre! Ha pasado unas vacaciones de miedo con la chica de Samuel.

—Mira, madre, eso no me preocupa tanto como la marcha de nuestro plan, que está saliendo como el culo, me parece —manifestó Pedro con irritación.

—Eso también lo noto yo, hijo, al chico no le hace ni pizca de gracia la idea de vivir aquí con nosotros, es que no ha nacido para *viñeur*, no lo lleva en la sangre, tienes que hacerte a la idea.

—Eso me trae de cabeza, pero ya poco puedo hacer a estas alturas salvo obligarle, sabiendo que no serviría de nada; ahora mismo estoy convencido de que nuestra idea de mandarle interno un par de años a la Agronómica es lo mejor para él. Aquí tendrá un puesto de trabajo, en cuanto se gradúe;

y terminará aceptando su papel en la vida de esta familia… mal que le pese.

—Tu padre y yo hemos pensado en otra cosa bien distinta —confesó Ester.

—¿Qué cosa?

—Deberías pensar en casarte de nuevo y pronto. Sí, sí, no me mires así, deja ya esta vida tristona de viudo lamentable… Cásate con la sobrina del Aravena, por ejemplo, así te aseguras que tus descendientes van a proseguir con el negocio familiar… Aún eres joven.

—¿Casarme de nuevo? —Pedro se levantó como un resorte—. ¿Y con Lucía? Ni harto de vino, madre, si es más fea que el pecado mortal… No, no, por nada del mundo, esa no es una salida —dijo ofuscado y se marchó a trabajar, dejando a su madre muy contrariada.

Y así se quedó todo, en el aire. No obstante, el plan de Ester no cayó en saco roto como parecía a simple vista.

Cuatro días más tarde, mientras reforzaba unas espalderas recargadas de racimos, se clavó un alambre oxidado en la palma de la mano y tuvo que regresar a la casa para lavarse. En eso, apareció Pedrito y se puso a chillar al encontrarse a su padre con la camisa y la mano ensangrentadas, solo logró tranquilizarse al comprobar que era un accidente sin mayor importancia. Le abrazó aliviado y, dándole un sonoro beso en la mejilla, le hizo una cuidadosa limpieza, espolvoreó sulfatiazol sobre la herida ya seca y, a continuación, le puso una ostentosa venda en toda la mano.

En tanto su hijo le curaba, Pedro se lo quedó mirando con ternura.

¿Casarme de nuevo? ¡Qué disparate!, pero, ¿qué mosca le ha picado a mi vieja? Y acarició cariñosamente a su hijo, diciéndose: ¿Qué diablo voy a hacer con tu vida?

Y le vino repentinamente a la memoria la confabulación que habían tramado él y sus padres el año pasado para torcer la porfía de Pedrito y hacerle un buen viñatero cuanto antes.

Por aquel entonces se pusieron de acuerdo en que solo cabía hacer algo drástico y rápido para lograr que Pedrito aceptara vivir y trabajar en el campo: como meterlo interno en el Instituto de Agronomía. Sin embargo, doña Ester había tenido una visión de futuro muy diferente.

—Aquí falta pedagogía femenina y sobra mano dura de machos campestres, por eso vamos a enseñar al chico mediante el juego y la diversión, que es lo que verdaderamente le chifla —dictaminó la abuela.

Entusiasmado con la nueva idea educativa, Pedro le regaló a su hijo una potra alazana de dos años, a la que Pedrito, fascinado, bautizó como Chipita. Esa precisamente fue la mejor temporada en la joven vida del chiquillo, cambió su talante y comenzó a mostrarse dispuesto a trabajar en las viñas, pues hasta incluso había aceptado iniciarse de inmediato en los secretos de la vendimia.

Al comprobar el éxito obtenido, Pedro se compró otro caballo, Chopo, para así poder enseñar personalmente a su hijo a montar y aprovechar para llenarle la cabeza con las ventajas de llegar a ser un gran *viñeur* en su vida.

Sin embargo, poco duró el entusiasmo del muchacho, porque en cuanto vio la ocasión, se desentendió por completo del aprendizaje vitivinícola, a pesar de que Pedro le compró toda clase de entretenimientos para sobornarle; no hubo manera de que el hijo sacara nada útil de las largas visitas a Viña, se había vuelto completamente perezoso e indolente. Salvo para jugar, bañarse, pescar salmones desde el puente de los Tres Ojos y galopar por la orilla del río intentando ir más rápido que la espuma. Fue un clamoroso fallo pedagógico.

—¡Qué fracaso!, y ahora, ¿qué vamos a hacer? —se lamentaban los tres educadores del chico, viéndole saltar incansablemente con sus amiguetes desde el puente de piedra, haciendo caso omiso de las largas conversaciones sobre la composición del *terrarum* y la importancia del *solarium*.

Pedro tornó a contemplar a su terco hijo mientras terminaba su trabajo de enfermería y se lamentó profundamente, ¿a dónde van a ir a parar mis viñedos cuando yo falte? Aquí, si no creamos una saga, no habrá forma de sacar esto adelante y nuestro trabajo de toda la vida se irá a la mierda dentro de nada.

No habían pasado ni dos días descansando a causa de la herida de la mano, cuando Pedro perdió súbitamente la paciencia. Tiró lejos una copa de cata y ordenó a Enrique que preparara el automóvil para salir de inmediato; se vistió con un terno negro y se marchó a Talcuri a gran velocidad, dándole vueltas y vueltas a un pensamiento que le llenó la cabeza, provocándole aprehensión y agrado a la vez.

¡Pero si ella fue la que incendió el bosque! Yo no hice nada… Fíjate bien en lo que pasó el lunes con ella, ¿quién besó a quién? Piensa, piensa, Pedro Marcial, estabas obnubilado en la bodega, pero cuando llegó la hora de la despedida, ahí fue cuando se encendió la chispa. ¿No te diste cuenta? Entonces no caíste, pero piénsalo un poquito… Tú la tomaste delicadamente por el talle e intentaste besarla en la mejilla, pero de inmediato a ella se le tensó el cogote; en ese mismo instante, y sin separarse de ti, te besó en la cara muy cerca de la boca, ¿o es que no te acuerdas del calorcito de su aliento?

¡Lo ves!, ha sido ella, así que adelante muchacho, el campo es todo tuyo…

Ni hablar, pero qué estupidez, fue el beso que cualquier sobrina le daría a un tío al que considera…

—¡Un poquito más rápido Enriquito, va usted pisando huevos! Apriete, hombre, apriete, esto es un Daimler.

En cuanto llegó a la casona de la ciudad, corrió a la biblioteca. ¡Esto lo resuelvo yo en un periquete, Samuel es lo primero! Y le telefoneó rogándole que viniese a verle cuanto antes, haciendo hincapié en que debía acudir solo a la cita.

—Es muy importante —remachó.

Mientras tanto, paseaba en redondo por la estancia con la mano empuñada, hablando en voz alta.

—¡Se acabó! A la mierda esta vida rodeada de rotos sudados, polvos pestilentes, alambres oxidados, siempre embarrado hasta la cintura, año tras año, ¿es que nunca voy a disfrutar de la vida? Cuando me tiren al hoyo ya será tarde…

Sonó la campana de la visita. Era Samuel, alarmado, con el maletín facultativo colgando; lo hizo pasar a la biblioteca, cerró con llave y, señalando la butaca orejera, le espetó:

—Siéntate, si eres tan amable.

Samuel le miró con expresión interrogante, a la espera de una explicación.

Pedro llenó sendas copas de Jerez y ofreció un cigarro. Aspiró profundamente el humo y lo exhaló al techo.

De golpe, sin preámbulo alguno, Pedro le soltó lo siguiente:

—Oye, Samuel, me ha visitado la Covadonga.

—¿Qué dices? ¿Quién es esa?

—Nuestra Virgen.

—Tú no eres mucho de esas cosas, amigo —dijo Samuel con socarronería, apurando la copa.

—Porque parece que yo le gusto a tu sobrinita.

—Por supuesto, porque Julita nota que la quieres y ella te corresponde con cariño, te considera ahora como un tío, eso salta a la vista —respondió Samuel sin vacilar.

—Es de lo que quiero precisamente hablar contigo.

—¿De mi sobrina? ¿De Julita Rivas? ¿Para eso me traes aquí en secreto? —exclamó Samuel sonriendo.

—Sí, eso es.

—¿Y qué rayos tiene que ver ella en esta conversación?

—Mucho, demasiado quizá —manifestó Pedro con frenesí—. Escúchame bien, amigo mío, estoy completamente determinado a que ella entre en mi familia y yo en la tuya.

—¡Ah, badulaque, ya veo tu plan! ¿Tú quieres ser su suegro, y yo tu consuegro, entonces? —preguntó Samuel—, pero claro, tu chico solo tiene dieciséis, ¿no? Pues primero tendrá que graduarse... Pero bien, las cosas hay que planearlas con tiempo para que...

—¿Me quieres escuchar? No me refiero a mi hijo, zopilote, sino a mi futuro próximo, estoy hablando de que quiero dejar de ser el viudito joven y apetitoso al que persiguen todas las señoritas casamenteras maduritas de esta ciudad.

—¡Bueno, bueno, ya era hora de que te decidieras! ¿Y a quién le has echado el ojo, descarado? A Normita me imagino, ¡cómo te envidio! Te digo desde ya que estoy encantado, porque de esta manera...

—¡Te quieres callar, joder! No entiendes nada... Soy YO quien quiere ser tu yerno, yo, ¿entendís? —le espetó Pedro.

Samuel dio un respingo y, levantándose del sillón como un resorte, se le quedó mirando con sorpresa y vergüenza.

—¿*Túuu*? ¿Te quieres *ennovietar* con *miii* sobrina? Me estás agarrando *pal chuleteo*, ¿verdad?

—En absoluto.

—¡Pero si es una menor! —le espetó Samuel con fiereza.

Pero acto seguido le palmoteó en la espalda a Pedro, salpicándole de Jerez y soltando una estruendosa carcajada. Y se volvió a arrellanar en el sofá, mirándole con una enorme sonrisa.

—¡Qué bromista eres! Pero das miedo, amigo. Te diré una cosa, de payaso a payaso, a Julita le dan repulsión los agricultores, siempre huelen a cebolla y a repollo. Y en tu caso, a fudre... ¡Ja, ja, ja!

—Samuel, escúchame, huevón, que estoy hablando en serio; yo no puedo seguir así, esclavizado en este trabajo. Necesito una familia, ¿dónde se ha visto un patriarca que no tiene ni perro que le ladre? Que se me pasa el arroz, como diría mi madre.

—¡Qué tonterías dices, tienes a Pedro Segundo, ten paciencia!

—¡Huy, paciencia! Ya veremos lo que sale de ahí. ¿Sabes?, cada vez encuentro a Julita más encantadora —insistió Pedro—, y a ella no parece que yo le disguste, por eso, querido Samuel, quiero tu permiso para cortejarla, es decir, desearía visitar a tu sobrina. Te lo solicito con todo el respeto y por el gran aprecio que te tengo. No te negarás, espero.

Samuel, estupefacto, comprendió que Pedro hablaba muy en serio y le miró con odio. Golpeó los brazos de la butaca con toda su fuerza y se quedó mirándolo fijamente, abrió la boca para soltar una atrocidad, pero dijo en vez:

—Oye, Pedro, perdóname, no puedo seguir esta conversación, en serio. No sé muy bien cómo diagnosticar lo que te pasa por la cabeza, pero hablaré con un colega del *frenopático*... porque me parece que tú ves en Julita algo muy diferente a lo que vería un jovenzuelo enamorado, y no digo que sea una obsesión, pero se le parece muchísimo.

—Mírate, amigo mío, un día cualquiera te pillarás una de esas enfermedades raras con las que te codeas y vai a parar las chalas de repentito, ¿y qué te va a pasar?, que tras de ti no quedará nada, nada, solo silencio. Te queda solamente una persona en el mundo y es esta sobrina... Y ella no tiene donde ir... Se puede quedar huérfana mañana mismo. ¿Crees que le será fácil encontrar un marido así? Espera, Samuel, no te vayas...

—Ya he oído suficiente, no me imaginé que me dirías una cabronada así; cualquier perro callejero resulta más sensible a tu lado. Hoy mismo te mandaré una lámina de un pintor francés, un tal Redon, así comprenderás mejor lo que trato de decirte —espetó Samuel fríamente desde la puerta—, y ahora, déjame pasar, tengo mucho que hacer, discúlpame.

—Piénsatelo, *jetón*, tu familia sería mi familia, si a ti te sucediera algo, a ellas no les faltaría nunca nada... Lo que ahora mismo no es el caso, *boludo*— le chilló Pedro destempladamente.

Samuel no contestó, tenía un nudo en la garganta que no le dejaba ni tragar. Y sin más, salió airado de la casa de Pedro dando un sonoro portazo, que remeció los cristales. Luego de una breve vacilación, optó por irse andando hasta su consulta en el hospital. De camino, al atravesar el parque Ribalta, se tuvo que sentar un momento en un escaño para serenarse un poco y aliviar la palpitación que le asaltó. Se puso la mano en el pecho e inspiró todo el aire puro que pudo. Era un soplo, él lo sabía perfectamente, pequeño, pero un fallo al fin y al cabo.

Todavía sin lograr entender cabalmente lo que acababa de ocurrir, Samuel se sintió perdido. En la vida podía pensar que alguien perdiera la chaveta tan rápido y tan hondamente como le acababa de suceder a su querido amigo. Tengo que mandarle a que le hagan unas pruebas cuanto antes. ¡Pero si tiene el doble de su edad!, repetía una y otra vez. Ya verás cuando se lo cuente a Sabina... ¡Qué risa! Y la cara que pondrá Julita, bueno es que una cosa tan descabellada no puedo ni insinuarla.

El doctor Rivas tardó un largo rato en recobrar el pulso. Se incorporó pausadamente y decidió que debía concentrarse de inmediato en la consulta; una sala de espera atiborrada sería lo más adecuado para así pensar con más claridad. Ya casi de noche, tras marcharse el último paciente, se desplomó en el sofá y dormitó por unos breves instantes. Al abrir los ojos, el doctor Rivas empezó a temerse que Pedro sí que le había hablado muy en serio y con gran contundencia. Examinó fugazmente su vida; efectivamente, al frisar los cuarenta, más de la mitad de su existencia se le había escurrido entre los dedos; el tiempo cada vez pasaba más veloz por su lado sin poder aprehenderlo, sin poder hacer nada por dejar algo trascendente, alguien que le heredara. Entonces, sus pensamientos se volcaron en su querida sobrinita y tras considerarlo en frío, se hizo cuidadosamente una pregunta: ¿por qué no dejar que se comprometa en serio con un buen partido? ¿Qué tendría de malo? Es que tampoco es tan descabellado que lo piense. Por el contrario, ¿no sería acaso la mejor terapia que precisa esta niña después de la mala noticia sobre la grave enfermedad de Nicolás? Pero no con Pedro, está claro… sin embargo, ¡cuánta razón tiene este carajo!

Agobiado con sus reflexiones el buen doctor tuvo un escalofrío al pensar que en efecto, su hermano Nicolás estaba desahuciado y que cuando falleciera, la infeliz Julita se quedaría muy abandonada y, sobre todo, bajo peligro de un trastorno mental imprevisible, dado el complicado antecedente de su cuñada, una mujer con desarreglos mentales frecuentes, que un día se perdió en la niebla y nunca regresó, dejando a su familia hundida en la peor de las incertidumbres.

Al cabo de unas horas, Samuel empezó a convencerse paulatinamente que las palabras de Pedro, aunque hirientes, eran muy realistas, y suspirando de melancolía y confusión abandonó la consulta. Se fue rápidamente a su casa y nada más ver a su esposa la abrazó con fuerza.

A la mañana siguiente, tras una noche de perros, Samuel le contó a su mujer la experiencia vivida.

Ella no salía de su asombro escuchando pacientemente todo el ansioso relato de la conversación de su marido con Pedro y, cuando acabó, se quedó mirándolo con admiración para luego sentenciar:

—Gracias a Dios que ahora podemos hablar de esto y, como de costumbre, el buen juicio de nuestro buen amigo nos ha iluminado; por algo los judíos siempre han sido más sabios que los gentiles, ellos miran mejor el futuro.

Al escucharla, el doctor se dio una fuerte palmada en la frente.

—¡Tiene toda la razón!, ¡quién mejor que Pedro para opinar de estos asuntos! —Los esposos lo vieron todo muy claro y, presos de una fuerte agitación, hablaron largamente sobre lo que sería más conveniente para los destinos de su joven sobrina.

Y una y otra vez, ambos tuvieron que rendirse a la evidencia: el camino que pintaba Pedro era el más cuerdo, aunque fuera también el más difícil de aceptar.

—¿Y tú crees que, si es que va en serio, Pedro respetaría su palabra y sería el candidato de nuestra niña? —le espetó una atormentada Sabina.

—Eso he creído entender.

Los esposos estuvieron comentando el gran escollo social que representaría la abultada diferencia de edad entre Julita y su pretendiente, casi el doble, algo difícil de salvar. Tampoco sería la primera vez que se viera una cosa semejante, se dijeron los casamenteros y pasaron sin vacilar al tema de la fecha de un posible enlace.

—¡No antes de un año! Claro está, en el peor de los casos —apuntó Sabina respetuosamente.

—Lo que desgraciadamente está dentro de lo más probable —apostilló tristemente el médico—, y parece mentira que hasta hoy yo no hubiera pensado en el futuro de mi pobre Julita.

—Ya somos dos.

—Sabina, por desgracia mi hermano se morirá pronto, aunque ella no lo intuye siquiera, de manera que cuanto antes, mejor. Sería impensable casarla inmediatamente después de fallecer su padre.

Los tíos decidieron que sin pérdida de tiempo había que dar el paso siguiente, la tarea colosal de tener que convencer a Julita para que diese su consentimiento y se aviniera a aceptar el compromiso de empezar una relación seria de pareja, con Pedro Marcial, además.

—No sé muy bien, pero me *tinca* de que esta chiquilla tiene planes muy diferentes en su cabecita —añadió Samuel con preocupación.

—Pamplinas, ahora, por primera vez en mi vida, gracias a nuestro amigo Pedro, yo tengo muy claro lo que hay que hacer —manifestó Sabina con una insólita determinación— ¡Pero si a este extraordinario candidato nos lo han servido en bandeja de plata!, ¿qué más vamos a pedir? —se dijo alborozada, evocando admirada las más señaladas cualidades del viñatero.

Eso la espoleó en su misión de convencer a Julia de la necesidad de comprometerse ya mismo, con vistas a contraer matrimonio pronto.

—La tremenda importancia que tiene formar una familia solo tiene parangón con un padre modélico —le repetía Sabina a Samuel.

Este, igualmente imbuido por la inédita situación de tomar decisiones de padre, se dispuso a secundar totalmente a Sabina en su plan de felicidad para su sobrinita. Estoy convencido de que esto es lo mejor que puedo hacer por ti, hermanito, le rezó ardientemente.

Y sin perder un minuto más, ambos se abocaron a su delicado cometido, convencerla de que aceptara salir con Pedro.

—Hay que ir derecho al grano—recomendó Samuel y, haciendo de tripas corazón, llamaron a Julia al comedor. Tras tomar el té muy caliente, se lo expusieron con toda tranquilidad, sabiendo que su reacción sería furibunda.

Mientras los tíos hablaban, la vieron bajar la mirada y levantarse lentamente para acercarse a la ventana, descorrer la cortina y mirar al cielo durante un largo rato, con ambas manos posadas sobre su vientre.

Sabina y Samuel enmudecieron, atemorizados se tomaron de la mano, casi conteniendo la respiración y esperando que repentinamente su sobrina se girase con violencia y aún más, exponiéndose al lanzamiento de objetos contundentes. Transcurrieron largos minutos mirando la espalda de Julita, hasta que ella, volviéndose poco a poco, les habló suavemente:

—Yo estaría tan feliz de casarme con don Pedro...

—¿De veras? —exclamaron ambos, pasmados ante su inesperada reacción.

—Por supuesto que sí —dijo ella en voz baja.

—¿Es que él te ha dicho algo ya, se ha insinuado o portado poco caballeroso contigo? —inquirieron ambos tíos con la alarma pintada en los ojos.

—Para nada, ese señor se merece solo palabras de cariño y agradecimiento por su forma de tratarme y por ofrecerme su casa y su protección siempre que lo necesité. Y como tampoco tengo ya muchos motivos para regresar a mi vida anterior... —Su voz se empantanó—. Perdónenme un momento...

Julia abandonó el salón con los ojos humedecidos, susurrando entrecortadamente algo sobre sus dos hombres. En su dormitorio abrió la puerta de la terraza y acodada en la barandilla sintió por primera vez una brisa de alivio a su espíritu atormentado, mezclado con un lejano temor ante lo desconocido: esta es mi siguiente puerta, tengo que cruzarla ya o si no, podría ser solo un mal sueño y desvanecerse pronto, como una neblina mañanera, meditó desolada.

Preocupados por su excesiva tardanza, los tíos subieron también al dormitorio de su sobrinita, y al advertir que la puerta estaba entreabierta, entraron, pero retrocedieron de inmediato ante lo que vieron: ella, completamente desnuda, estaba delante del espejo de pie, con las manos enterradas en el pelo. Ambos se quedaron en el pasillo esperando a que se vistiera, cuando en eso, se oyó dentro un grito desgarrador que retumbó en toda la casa. Espantados, prorrumpieron en la pieza y la vieron con los brazos en alto, sosteniendo un cuchillo, en actitud de clavárselo en la barriga desnuda. Ella no les vio entrar y descargó el golpe con fuerza. El cristal del espejo saltó en mil pedazos ante el impacto. Julia exclamó:

—¡Ahí se queda toda mi vida anterior, rota en mil pedazos, pero estoy dispuesta a pisotearla para entrar desnuda en una vida nueva, llevándote conmigo!

Y cayó redonda sobre los cristales esparcidos por el suelo. Llenos de espanto, los tíos se precipitaron sobre su cuerpo y lo trasladaron a otra habitación, donde procedieron a quitarle los innumerables trocitos clavados en su cuerpo, la limpiaron cuidadosamente, secaron sus heridas y sacudieron su pelo; la cubrieron con una delgada sábana de hilo y la dejaron descansar. Con el alma en vilo, ambos se sentaron a su lado, cogiéndola de las manos.

Al cabo de una hora, la muchacha comenzó a volver en sí y ambos, emocionados, la abrazaron con todo su amor, suspirando de alivio. Samuel le administró en seguida una sustancia tranquilizante.

Sabina regresó a la habitación de la chica para limpiar los cristales rotos y ordenar la pieza. En el suelo, detrás del marco vacío del espejo, yacía el pesado Cristo de plata, lo recogió y, sin pensar más, lo volvió a colocar en la cómoda, sobre su pedestal.

Al día siguiente, Julia ya estaba completamente repuesta y llamó a sus tíos; muy azorada, les suplicó su perdón por haberles dado tamaño susto y les dijo con gran alegría:

—He pensado mucho en todo lo que me dijeron ustedes ayer, quiero que sepan que su amigo don Pedro Gonzales tiene toda mi aprobación para cortejarme, siempre y cuando tenga serias intenciones de llegar al matrimonio, en cuanto sea posible... Hoy veo mi vida de un modo tan distinto, es como si todo lo anterior hubiera sido tragado por la tierra.

Sabina y Samuel se miraron henchidos de satisfacción, un tanto admirados ante el rápido giro de los acontecimientos, pero sin pensarlo dos veces se abalanzaron sobre ella y la cubrieron de besos y caricias mientras ella balbuceaba agradecimientos.

—Hacemos todo lo que podemos por tu felicidad, sobrina, sabes que ahora eres nuestra hija... Quiero decir, que siempre lo has sido... —repuso el médico, acariciándole el pelo, mientras su esposa la felicitaba por su valiente decisión y diciéndole que a partir de ahora todo iba a cambiar, que se preparara para disfrutar de una vida plena de felicidad porque Pedro sería, sin duda, el mejor marido del mundo. Ellos no paraban de abrazarla y besarla con ternura, como si ya se hubiera desposado.

—Y si a ti no te perjudica que él tenga un hijo tan mayor... —musitó Samuel delicadamente.

Ambos la vieron cubrirse la boca y mirar hacia arriba, plena de satisfacción; y con gesto decidido, se levantó de la cama con toda su energía. La oyeron dar las gracias de todo corazón.

Sabina se abrazó a su sobrina y antes que la chica abriese la boca, le dijo con entusiasmo que iba a entrar en una gran familia de la ciudad, quizá la mejor, que tendría por tanto asegurado su futuro y el de sus descendientes.

—Porque yo supongo que tú querrás tener niños muy pronto, ¿verdad? — preguntó Sabina anhelante.

—Desde luego, tía…

Samuel las hizo callar un momento y les espetó:

—Alto, un momentito, ¿a dónde van ustedes tan rápido? Pedro no me ha pedido tu mano sobrina, solo desea entablar un noviazgo formal… según creo haberle entendido.

—Pero eso es para casarse, al fin y al cabo, ¿no? Pedro ya no está para jueguitos de mano.

Samuel con la mano en la frente, las miró preocupado.

—Esto se precipita demasiado, no vayamos a cagarla ahora que todo está saliendo tan bien —dijo sin que ellas lo oyesen y le susurró a Sabina agarrándola del brazo—. ¿Casarse? ¿Estamos haciendo lo correcto? ¿Qué hubiera hecho mi hermano Nicolás en este caso, si pudiera estar aquí, decidiendo?

—Nada, cariño, no hubiera dicho nada porque esto no hubiera sucedido de no ser por su enfermedad… —replicó Sabina queriendo tranquilizarle mientras alisaba su cabello con amorosa preocupación.

—Debo ir a ver a Pedro ahora mismo y disculparme por las barbaridades que le solté, eso es lo primero —exclamó Samuel, abandonando la habitación.

Desde la puerta, contempló el cuadro: su sobrina algo pálida, con sus diecinueve añitos bien puestos en su cara y en su cuerpo de mujer, en tanto Sabina la sostenía por el hombro y, sonriéndole con arrobo, la tomaba a su cargo como una madre. Se las quedó mirando hasta que su mujer, con un rapidísimo movimiento de ojos, lo mandó ponerse en movimiento. Una oportunidad así para ellos, no iba a permitir que se les escurriera de entre los dedos.

En tanto caminaba presuroso hacia la casona, Samuel no pudo evitar que una imagen se cruzara por su cabeza: la de su consulta médica atiborrada de nuevos y acomodados pacientes.

Apenas tuvo a su amigo delante, le cogió del brazo con toda la fuerza que pudo y con la derecha le apuntó con un largo índice acabado en punta de flecha y le chilló:

—A la más mínima cagada que yo vea en esta relación, te machaco, ¿lo entendió bien el caballerete? Segunda condición, nosotros...

—Un momentito, para el carro amigo, no tan deprisa, ¿estamos hablando de lo que tenemos que hablar?, ¿de Julita? ¡Ha dicho entonces que sí! Contesta, matasanos de mierda...

—Hay condiciones muy duras antes de echar las campanas al vuelo, siéntate que te voy a *cantar las cuarenta* —le amenazó, manteniendo como podía la expresión de severidad con la que quería atormentar previamente a su amigo.

—¡No *empecí a güeviarme*! Te lo advierto, gallo —respondió Pedro con furia—. ¿Qué ha dicho Julita, entonces?

—Oye, Pedro, perdona, pero mi sobrina es menor de edad, entiéndelo bien, que no se te vaya a olvidar, recién acaba de terminar el bachillerato, y además, me parece que ya tiene un pololo en la caleta. Y ya que lo preguntas, la vi agradecida, aunque no precisamente feliz.

—¿No me engañas, miserable?

—Que no, hombre, si es una broma, ¡por supuesto que ha aceptado! Pero no lo olvides jamás, ha sido gracias a mí, que me empeñé en que ella viera las cosas desde una perspectiva madura y responsable para que tú...

—Te creo, amigo, te creo. Y no sabes cómo te lo agradezco, estoy muy feliz con la noticia. —Y dando un alegre salto, le propinó a Samuel un abrazo y un beso en la mejilla—. Entonces, ¿ya puedo empezar a visitarla? Esta misma tarde me acerco.

—Hay algo más —repuso Samuel.

—¿Qué pasa ahora?

—Espera un poco, lo más grave es que hace falta el consentimiento de su padre —prosiguió Samuel fríamente—, y ya sabes lo enfermo que está el pobre Nico, no va a salir de esta, así que ahora yo tengo que asumir esa representación, ¿entiendes?

Y se arrellenó en el sillón adoptando la grave postura de un severo padre. Tras un silencio impostado, le reconvino solemnemente.

—Óyeme bien, Pedro, ahora en serio. Quiero que quede muy clarito, ella ha consentido en la relación, pero debo preguntarte algo, ¿tú le has dicho algo a ella acerca de tus pretensiones? ¿Por qué crees que tiene algún interés en tu tipo de vida? ¿Piensas que esto acabará en matrimonio? Ahora no te podrás echar atrás, ¿no? —continuó diciendo Samuel, poseído por su nuevo papel.

—No, no sé, yo no pensaba comprometerme tanto todavía, pero esto no es solo una cuestión de cabeza... Ya me dijo mi madre... cómo quería que fuese la candidata... Esto no le va gustar ni una pizca; en cuando se lo diga va a estallar —repitió incoherentemente Pedro, sin levantar la cabeza de la copa.

—¿Te refieres a la abultada diferencia de edad?

—Eso no importa. Se han visto cosas peores en la vida, lo que de verdad cuenta es que yo siento que la quiero; algún día uniremos nuestras familias, alcornoque, ¿no te das cuenta? Verás, pasado mañana iremos a tu casa para formalizar la relación y volveremos a hablar —dijo Pedro secamente y se levantó, apagando el cigarro dentro de la copa de jerez.

—Espera, Pedro, tú lo que me pides es permiso para salir con ella, un noviazgo en serio, ¿no es así? Pues a mí me parece que Julita ha entendido otra cosa... Quieto, te explicaré, ¡ella cree que tú quieres pedirle matrimonio ya mismo...!

Pedro se sentó de golpe. Si se muere su padre, que Dios no lo quiera, tendremos un año para prepararlo todo, pero si no, no sé qué haré, se dijo. Ahí se dio cuenta de que acababa de desatar un torbellino familiar por su causa. Ese no era el plan, masculló. Y, como acostumbraba a hacer con todos sus asuntos, lo decidió de golpe y porrazo. ¡Sería ahora o nunca! Y puso en marcha un alocado reloj.

—¡Pues que así sea! Si ella quiere, pues yo también... Voy a pedírtela entonces, prepáralo todo, amigo. Seremos familia antes de lo que piensas— apuntó Pedro alborozado.

Aquella tarde señalada, Pedro llegó a casa de Samuel, acompañado de sus padres, vestidos los tres como para un banquete. La criada les hizo pasar a un salón muy luminoso que ya estaba caldeado y oliendo a flores ajadas. No provenía ruido alguno del piso de arriba, solo los pasos de la mucama que les trajo una bandeja de limonada que todos bebieron con fruición. Pasaron diez minutos mirándose entre ellos. Pedro se paraba ante el espejo para atusarse el pelo cada dos por tres y quitarse la transpiración de la frente. José no decía nada y Ester se notaba que estaba frenética con la situación y, no obstante, por haber sido severamente aleccionada, solo hablaba de necedades.

Justo entonces se abrió la doble puerta del salón y entraron Samuel y Sabina cogidos del brazo. Iban vestidos de casa, nada especial, pero Sabina sí que llevaba la pulsera que le regaló su madre al cumplir los dieciocho. Pedro, con las cejas, preguntó por Julia, y Samuel contestó afirmativamente con las pestañas. Una vez que todos agotaron el intercambio de cortesías habituales sobre el tiempo y el último suceso policial de la semana, se produjo un largo y embarazoso silencio salpicado de toses falsas. Samuel se levantó con algo de parsimonia y dijo, tragando saliva:

—La novia, es decir, mi sobrina, ya baja. Cosas de la costurera... Mientras tanto yo querría recordar que en calidad de padre... —pero se detuvo en seco al ver entrar a Julita en la habitación, vestida de esa guisa.

Para la ocasión, Julia se había preparado a conciencia siguiendo las pautas de lo que había aprendido en Talcuri el año pasado, donde siempre ella se veía reflejada en los dibujos y fotos que se publicaban en el *Burdamode*. Su gracioso pelo castaño brillante, de recio grosor y algo ondulado por la parte de atrás, era justo lo apropiado. Se lo había arreglado más bien corto y delante, con el hormapelo muy caliente, se hizo una suave y notoria onda que luego bañó con extracto de corteza de salvia. Después colocó encima una hermosa boina de lana cruda con una flor de seda bordada, que le había comprado su tía como regalo de bienvenida, dejándole una coqueta caída sobre su oreja izquierda. Era justo el tipo de peinado que le venía bien a su blanca cara ovalada y a sus ojos ambarinos. Un conjunto formado por una falda larga azul cielo resbalando sobre una crinolina almidonada y una anticuada chaquetilla de seda de cuello alto completaba su atuendo. El resto lo aportaba su figurita juvenil y la alegría inconsciente de vivir los diecinueve a cada instante, convencida de su inmortalidad.

Ansioso, Pedro se abalanzó a su encuentro, le dio un ostentoso beso en la mejilla e intentó asirle la manita, pero ella se zafó con delicadeza para subirse el cuello. Entonces, la escoltó hasta una silla, la ayudó cortésmente a sentarse y se quedó de pie, a su derecha.

—Discúlpame, Pedro, pero tengo que bajar un momento al herbolario, volveré en nada —farfulló Samuel y haciéndole una seña a su mujer para que le acompañase, ambos salieron prestamente de la estancia. Detrás salieron también doña Ester y don José.

Apenas se quedaron solos, Pedro no tardó en romper el fuego, animado por la circunstancia de estar a punto de lograr algo que, últimamente, se había convertido en una imagen acuciante para sus sentidos.

—Señorita Julita, la razón para estar hoy aquí es doble: tú y yo. Verás, te he conocido ya lo suficiente para darme cuenta de que eres una jovencita educada, juiciosa, inteligente y hogareña. Y muy valiente, todo hay que decirlo. Son cualidades que yo admiro mucho en las mujeres, por encima de sus cualidades físicas… que en tu caso… bueno, nada que objetar, si me permites la libertad. Bueno, ya me estoy enredando, en definitiva…

—¿Sí? —suspiró Julia mirándole anhelante.

—Verás, he venido hasta aquí para pedirte que salgamos juntos durante un tiempo…

—Ah, ya. ¿Solo eso? —dijo Julia con estudiada indiferencia.

—Bueno, yo… Más adelante podremos formalizar… Y si tú estás de acuerdo, podría llegar a casarme contigo, Julita.

—Ese plan sí que me gusta, porque a mí me agradaría mucho formar familia con usted, don Pedro. Y cuanto antes, mejor.

—¿Cuánto antes? Parece que no te he escuchado bien ¿De veras? ¿Este año, por ejemplo?

—Cuanto antes don Pedro, este mismo mes, si usted lo desea. —Y Julia se incorporó con decisión del sofá, con un sonoro crujido de su ropa interior, mirándole como las mujeres saben hacer cuando mandan un mensaje perentorio —. No hay por qué perder el tiempo si uno tiene las cosas claritas en la cabeza... y no desea hacer otra cosa... Por mí, ya no hay más que hablar.

Pedro, obnubilado, avanzó rápido hacia ella, la abrazó con fuerza y la besó dulcemente en la mejilla durante un largo instante, hasta que ella lo estrechó contra su delicado talle, girando imperceptiblemente la cabeza. Él hizo lo propio; sin mirarse, hablaron los labios de la pareja y lo que se dijeron mientras se bebían con fruición nunca se sabría. Esas fueron las mejores palabras, las que nunca se pronunciaron.

Al volver a contemplarla, Pedro lo decidió al instante, celebrarían la vendimia ya casados. Corrió a la ventana y la abrió de par en par, gritando a todos que entraran presurosos en casa. Se había terminado para siempre su lamentable estado de viudedad.

En cuanto todos volvieron ansiosamente al salón, Pedro les hizo sentar y, sin decir una palabra, se arrodilló ante Julita para presentarle una delgada caja de terciopelo azul. Ella la abrió y su expresión de seriedad y nervios se transformó en un prolongado ¡ah! de profunda sorpresa. El estuche cayó al suelo y en su mano quedó un hermoso collar de turquesas, que Pedro con rapidez abrochó suavemente en el cuello y que ella se palpó con fuerza, queriendo decir que la joya no volvería a salir desde su pecho en toda su vida.

Todos estaban boquiabiertos, el día se asomó por la ventana y se quedó observando la escena. Cuando por fin recuperaron el aliento, suspiraron aliviados, excepto doña Ester que, en cuanto pudo reponerse de la sorpresa, se levantó iracunda de la silla y no había terminado de abrir la boca cuando la mano del viejo

José, con gran agilidad, la volvió a sentar, y poniéndose por delante, declamó:

—Querido hijo, ya tienes la edad y la experiencia para haber aprendido todo lo que te enseñé y, principalmente, que hay un tiempo diferente para sembrar, otro para podar y otro para cosechar, ¿verdad? Ahora, de lo bien que se haga cada cosa y de que sea en su tiempo dependerá la calidad de lo que se obtenga; a veces es un barrillo vinagroso y otras, un néctar que intranquiliza a los mismísimos dioses. No tengo más que añadir. Y se sentó muy satisfecho.

—Sé lo que quieres decir, mi querido padre, para vuestra tranquilidad debo confesar que esta relación no empezó ayer, hace ya un tiempo que ella y yo nos… entendemos, por decirlo de algún modo. —Y miró a la chica con dulzura.

Ella asintió sonriendo con un pequeño y apropiado rubor, dando las gracias a Pedro por lo bien que había salvado la situación frente a sus padres. A sus tíos no se atrevió a mirarlos, aunque entendió rápidamente que era mejor así para todo el mundo.

—Todavía hay algo más —exclamó Pedro, sacando una cajita de nácar del interior de su chaqueta y presentándola a la chica.

Allí había un par de hermosas y gruesas argollas de compromiso hechas de oro trenzado.

—Mañana las llevaremos a la iglesia para que las bendigan y nos las pondremos allí, estáis todos invitados.

—Vamos a toda leche con esta ceremonia —le dijo José a su mujer.

—De esta jugada vertiginosa no habíamos hablado nada, ¡eh, amigo! —se quejó Samuel por lo bajo, propinándole un fuerte codazo a Pedro.

—Cierto, pero tengo demasiado trabajo como para detenerme en protocolos, como te gusta a ti. No sufras, todo va espléndidamente bien, ella está de acuerdo en todo, no ha puesto el menor reparo a mis planes ni se ha escandalizado al oír mis ideas, por eso esta mujercita me encanta cada vez más. No tiene miedo a nada, no sé a quién habrá salido, supongo que, a algún general de la familia, porque si por ti fuera… aún estaríamos a verlas venir —le decía Pedro Marcial tomando de la mano a Julita.

Y así fue, pues al día siguiente, ya en casa de vuelta de la breve e íntima ceremonia religiosa, Sabina les invitó a todos a pasar a la terraza para tomar onces. Pedro respondió con notoria zalamería, reteniendo la mano de la chica más de lo necesario. La dueña de casa se disculpó y se dispusieron a tomar con profusión bizcochos, pasteles y dulces variados. Un delicioso té frío con limón, acompañado con humeantes tostadas de pan de masa cocidas en horno de piedra, fue celebrado por los asistentes.

Pedro se calló y se puso de pie tras la silla de Julita, mirándoles a todos con algo de desafío y con mucha determinación y explicó que estaba complacido con esta primera reunión familiar, de pocas personas dijo, pero que en el futuro sería muy diferente, aseguró.

—Deberíamos aprovechar para hablar de fechas —apuntó Sabina—, porque una boda no se prepara en tres semanas.

—Pues miren ustedes, esta vez sí, porque me casaré el 28 de febrero, —advirtió Pedro—, en ninguna otra fecha.

—Un año es un plazo más que prudente, hijo —terció la despistada Ester, sonriendo complacida.

—No, madre, en tres semanas más. No veo por qué hay que enredarse por más tiempo.

Entonces doña Ester se atoró con el biscocho de claras y tuvo que tomar largos sorbo de té con leche, recostada en la bergère, mientras Samuel le frotaba la espalda suavemente. Julita se levantó algo alarmada para prestar ayuda, pero cuando se acercó a la vieja Toledo, esta la recibió con un rayo fulminante que se lo impidió.

Una vez que la conmoción hubo cesado, José Gonzales adujo:

—Si tenemos que hablar de boda, habrá que preparar la casona de forma adecuada. Pero ya habrá tiempo para ello, ¿no es así, hijo?

—No, padre, no hay tiempo que perder, por eso el banquete nupcial se celebrará al aire libre, en la viña, en la casita Los Peñones. A ti te gustó mucho esa casita, ¿verdad, Julita?

—Mucho, muchísimo. Le tengo un cariño muy especial, como usted sabe

—Pues dentro de poco será también tu hogar.

—¿Cómo dice, tío?

—Y yo dejaré de ser tu tío para convertirme en tu marido —añadió Pedro sonriendo juvenilmente, pero muy rotundo—. Ahora hay mucho que hacer y muy poquito tiempo, el que no me agrada perder inútilmente, así que vamos retirarnos todos ahora mismo. Samuelito y Sabina, gracias por todo, muy rico. Ustedes serán mi nueva familia… ¡Qué emocionante! Los miro y no me lo creo. — Les dio un fuerte abrazo.

Cuando se marcharon todos, Samuel se quedó a solas con Julia y le dijo:

—Mira, sobrina, no salgo de mi asombro, me tienes perplejo con todo lo que está pasando. Hoy me vino a la cabeza una conversación que tuvimos tú y yo no hace mucho, no recuerdo a santo de qué venía, pero el asunto salió al contar lo buen partido que era Pedro para las señoritas casamenteras de esta ciudad…

—¿Ah, sí?

—No lo recuerdas, claro, pero entonces tus furibundas palabras fueron:

"Oiga tío, por favor, no se lo tome a mal, pero en cuanto a mi vida tengo la cosa muy clarita, solo tengo dieciocho años y mucho carrete todavía. En cuanto a ese señor, parece que usted me habla del padre, ¿no? ¿O se está refiriendo a su hijito, el de las ojeras moradas? Bueno, cualquiera de ellos me da lo mismo. Yo voy a pasármelo bien todo lo que pueda antes de comprometerme en serio con un pretendiente. Él me pareció muy amable y muy serio, le tomé mucho cariño cuando le conocí, es cierto, pero yo nunca voy a casarme con un bodeguero, ¡puaff! Por muy rico y *encachao* que sea. Además, es un viudo con un hijo y tiene más años que yo, pos, tío, ¿a qué viene esa tontería?"

—¿Y ahora vienes y te comprometes con el mismo viudito? Ojo, yo no te critico, sobrina, tú eres una persona muy juiciosa para la edad que tienes. Pero ¡pshsh! Este mundo no tiene pies ni cabeza, muchos van por ahí contando mentiras que creen verdades —se lamentó el médico con amargura.

En la habitación de invitados en casa de Samuel y Sabina, había una Virgen del Carmen en mármol, una reproducción que habían comprado en la Capital hacía tiempo. Tenía alguna telaraña en su brazo extendido que Julita se ocupó de limpiar cuidadosamente.

Se inclinó delante de ella para rezar profundamente por su padre querido y le pidió perdón, con el corazón contrito.

—Eres el primero en saberlo, papá, y el primero que espero sinceramente me perdone por lo que estoy haciendo.

Al levantar la mirada, se le cruzó por la cabeza la necesidad de rezar por alguien más.

—No, no lo merece —se dijo, y salió de la habitación con la alegría pintada en los ojos. Había pasado una prueba muy difícil. ¡Y fue tan fácil gracias a tu bondad! Gracias, madre mía, por darme tan buen empujoncito y salvarnos la vida a los dos.

Apenas dos días después de la apresurada ceremonia de petición de mano que hiciera Pedro a Julia, la rutina de ambas casas, la de los Rivas y la de los Gonzales, se quebró por completo, pasando de ser una reposada y rutinaria vida hogareña sin agobios a transformarse en un incesante ir y venir de gente con los cometidos más diversos. La puerta de la calle ya no estaba nunca cerrada, pues era inútil agitar la campanilla y creer que algún criado acudiría al momento.

Pedrito Segundo regresó a la casona familiar de Talcuri tras sus vacaciones y se encontró a bocajarro con su padre hablando con varias personas en el jardín, mientras por su lado pasaban empleados cargando sillas y mesas. El muchacho se le acercó para darle un beso y preguntar por tamaño trajín en la casona; el padre le susurró que necesitaba hablarle con urgencia.

—Luego iremos tu yo a la plaza Sucre a tomar unos helados donde la italiana, de esos que tanto te gustan —le animó cariñosamente y salió disparado detrás de un capataz.

Una vez sentados delante de sendos copones cargados de helado de plátano con crema *chantilly*, Pedro, usando una voz grave e impostada, rompió el fuego con Pedrito Segundo.

—Hijo, ya es hora de que me vuelva a casar, porque tu educación es lo más importante para mí; ya está todo hablado, mientras tú estabas de vacaciones en la viña. Y será muy pronto —masculló rápidamente su padre, pasándole la mano con cariño por el cabello, mientras Pedrito le mira incrédulo, pensando que no hablaba en serio y que intentaba ponerle celoso con algún oculto propósito.

—¿Casarte? Es otra de tus adivinanzas, ¿cierto, papá? —se quejó el chico, acomodándose nerviosamente en el extremo de la banca.

—Sé que es una gran sorpresa para ti, pero es de las mejores que puede ofrecer un padre a su hijo querido, porque así por fin tendrás una compañera ideal que se ocupará debidamente de ti… A mí me espera mucho trabajo en la viña y en mis cosas durante los meses que vienen y ya no puedo estar todo el tiempo pendiente de ti, además ya eres grandecito para ocuparte de tus historias, ¿verdad?

—¿Ahora soy grandecito? No hablas en serio, no me lo creo mucho. Pero, papá, ¡qué lesera se te ha ocurrido! ¿Y por qué tienes que casarte otra vez? Si así estamos tan bien… —reclamó débilmente el estupefacto muchacho—. ¿Y no me vas a decir con quién?

—Es que, si te lo explico como adulto, no lo vas a comprender, porque solo tienes dieciséis añitos—dijo Pedro paternalmente arreglándole de nuevo el pelo con la mano.

—Bueno, tengo menos que tú, pero entiendo perfectamente lo que quieres decirme. Yo sé muy bien lo que es el amor —replicó con orgullo el chico entornando los párpados y quitándole la mano de su cabeza con brusquedad.

—¡Desde luego que sí, hijo! Yo solo tengo el doble de experiencia que tú, nada más. Bueno, a la noche te contaré más detalles. —Y miró el reloj—. Ahora debo hacer una visita importante, tú quédate a tomar lo que quieras. —Y puso un montón de monedas sobre la mesa.

—¡Pero, papá, tengo que preguntarte unas cosas! —protestó el muchacho con energía—. ¿Dónde me voy a sentar en la mesa del comedor ahora?

—¡Uff! Esta noche hablaremos más despacio, chao, cariño. ¡Y tómate todos los helados que te apetezca!

Mientras caminaba por el parque a grandes zancadas, de vuelta a la casona, Pedro meditó en la manera en que abordaría con su hijo la necesidad de casarse y, especialmente, la razón de hacerlo con Julita. Sin cesar de darle vueltas a la verdadera e inconfesable razón, se pasó a lo que era su verdadera obsesión familiar: el futuro de Viña Oro y su descendencia masculina. Y sonrió satisfecho. Ya había resuelto el problema de un plumazo. ¿Y Pedro Segundo? Que haga lo que quiera, me rindo.

Porque apenas su adorado Pedrito hubo cumplido los doce, el padre y los dos abuelos habían decidido llevarlo a vivir una larga temporada en la viña, para que empezara cuanto antes el duro aprendizaje de «todo el maravilloso y mágico proceso de crear el más extraordinario producto humano del paladar a partir de la humilde y simple uva», le repetían una y otra vez con emoción, empecinados en despertarle lo que ellos creían que tenía que ser una parte inseparable de su alma y de su sangre, una veneración por la vitivinicultura. Con pasmo, todos ellos habían constatado que el chico no poseía ni por asomo vena agrícola alguna.

—¿Y para qué tengo yo que trabajar como un peón cuando hay tantos sacando la vuelta por ahí por el campo? —les había preguntado Pedrito con extrañeza, ante el repelente destino que su propia familia se empeñaba en enchufarle—. Nada de embarrarse estas manos, ya que están para escribir bonito en papel blanco —les había manifestado con toda rotundidad a los desolados parientes cuando dejó el colegio.

Pedro Marcial, sentado en la barbería, evocaba esas esperpénticas conversaciones con su hijo, cabizbajo, hundido ante la evidencia de su fracaso como progenitor. Ese día, al cabo de un interminable período de cuatro años, Pedrito Segundo había logrado acabar unos estudios con un triste diploma de perito agrícola, logrado a trancas y barrancas.

—Espero que cuando seas mayor entiendas la importancia del destino que un día quise trazar para ti —se repetía desazonado, de camino a casa de su amigo Rufino.

Al caer la noche, Pedro regresó apresuradamente a la casona para contarle a su hijo sobre la tremenda aventura matrimonial en la que se acababa de embarcar.

¡Dios, no tener un heredero que tome a su cargo tan espléndido legado de la naturaleza es un castigo divino, el de los que mueren sin dejar huella alguna de su breve paso por este mundo!

No voy a consentir que todo el sacrificio que hemos hecho durante tantos años vaya a parar a las manos del cabrón sinvergüenza de Ata, eso sí que no, antes lo quemo todo hasta los cimientos y después le pego un tiro; bueno... o algo así... Por eso, nada mejor que este matrimonio, para darle savia joven a mi existencia, cada año tendré un hijo, hasta asegurarme de que todo se quedará en la familia para siempre...

El ofuscado padre entró como un ciclón en la alcoba de su hijo; cerró con fuerza la puerta y se sentó a los pies de la cama del muchacho para soltarle su tremenda revelación.

—Y se me acaban de abrir los ojos a un nuevo amor, dicho con respeto a tu queridísima madre, pero claro, ya son casi dieciséis años de viudez, creo que ha llegado mi hora. Como ya te dije, mi vida dará un gran vuelco. La gran noticia para ti es que me casaré próximamente con Julia Rivas, la sobrina del doctor Rivas, ¿qué te parece?

El chico puso los ojos como platos y se quedó alelado ante la demoledora revelación que le hacía su padre, pero se tranquilizó enseguida, por un momento fugaz pensó que era una de sus bromas, para que supiera que este se daba cuenta de la buena relación que se había creado entre él y Julita.

—¿Con Julita? ¿Tú? Sí, claro, *estai* ya un poquito *cucufato*, ¿no? —le contestó con una media sonrisa.

—Te equivocas, nunca he estado tan sereno como hoy, es que yo veo bajo la tinta, chico. Te repito, me caso.

—¡Papá! Pero si ella es como de mi edad... y es mi amiga... Pero, papá, ¿es cierto lo que me dices? —Pedrito paralogizado ante la tremenda noticia recibida hablaba con un hilillo de voz.

—Hablo muy en serio, hijo. Y te diré otra cosa, si no lo hago ahora mismo con esta oportunidad, no creo que volviese a animarme en toda mi vida y eso no lo permitiré. Por eso será un matrimonio muy rápido.

Y, seguidamente, el padre le soltó una larga perorata sobre la obligación de una herencia familiar estable, del lugar destacado que la familia tenía en esta sociedad y «mi interés por tu suerte en esta vida, hijo». Y añadió:

—En cuanto al asunto de la diferencia de edad, conozco a más de una señorita de mi edad que me parece que todavía juega al papá y a la mamá.

Al advertir que su hijo estaba anonadado con la noticia de su casamiento, decidió retirarse para que la digiriera en calma. Mañana lo entenderá perfectamente y además, me felicitará, se dijo y se fue a casa de sus amigos acompañado de su joven prometida, satisfecho por el deber paternal tan bien cumplido.

Sin embargo, el muchacho ya no le prestaba atención, su cabeza estaba llenándose de imágenes penosas y de preguntas desesperadas. ¿Julita, su buena amiga y compañera, era una traidora? ¿Se casaba con su padre sin haber tenido siquiera la decencia de hacérselo saber, después de haber pasado tantos buenos momentos juntos? ¿Es que acaso había jugado cruelmente con sus sentimientos y ahora se estaba burlando? Fue entonces cuando comprobó, por primera vez en su vida de mozo, lo que eran las manifestaciones inequívocas de la hombría.

Sin terminar de creerse lo que su padre acababa de revelarle, el joven saltó de la cama y abandonó la habitación a toda carrera. El suelo de la calle retembló bajo sus pies, tanto como el latido de sus sienes. También su corazón galopó porque iba hacia donde pertenecía, hacia la encantadora Julia. *Su* Julia. Pero mientras más corría, ella se alejaba riendo, cada vez más lejos de su alcance.

No se detuvo hasta desplomarse en un asiento de la plaza Sucre donde, mortalmente herido por el desengaño, se dispuso a no regresar nunca a su casa. Allí se quedó sentado, frente a la heladería, apretadas las piernas contra el pecho, temblando de indignación y de frustración, hasta que apagaron las luces del local. Las brisas húmedas de la noche le empujaron a volver a su casa, arrastrando los pies, contrito y enfadado.

Al contemplar su casa desde la esquina, dentro de su cabeza solamente subsistió una idea fija: sería ella personalmente quien se lo explicara; y eso iba a pasar ahora mismo.

Entró a la casa como un ciclón y subió la escalera en cuatro zancadas gritando su nombre.

—¡Necesito hablar contigo de inmediato!

Pero Julita ya estaba de vuelta en su casa, abrazada a sus dichosos parientes.

El muchacho, completamente desorientado, se apoyó con toda su fuerza en la barandilla, miró abajo al *hall* de la entrada y remeció la madera con rabia. De pronto, le pareció que una llave giraba la cerradura de la puerta de la calle, entonces cogió un jarrón de cristal y lo lanzó desde arriba.

Y sin más, se precipitó dentro de su cuarto y cerró la puerta con doble llave para contemplar su tesoro más preciado.

Abrió cuidadosamente su arcón personal para sacar desde el fondo su *cuaderno de verano*, donde había apuntado todo lo que le pasó, desde que a ella la habían dejado a su cargo en la viña durante un par de semanas, mientras trataban a su padre en el sanatorio.

Sus fuertes latidos apenas le dejaban respirar, se tendió en su cama y leyó con atención, buscando con ansia la explicación a la traición de Julia, estrujándose la cabeza para no pasar por alto ninguno de esos días de verano tan maravillosos que él y la chica habían disfrutado juntos en Los Peñones, el recién pasado mes de enero.

Episodio 7. Vacaciones horribles

Unos días que habían comenzado durante la celebración de la cena familiar del año nuevo en la casona, cuando su padre le prometió que lo mandaría a pasar todo el verano a la costa, a casa de Julia, en la caleta Las Cañas.

—Tú te acuerdas de ella, ¿verdad, hijo? Esa simpática chica que cayó del cielo el año pasado, cuando los sicarios casi matan a Jacinto en la viña. Samuel te pasará a buscar este sábado en su coche. —Y añadió satisfecho—. ¿Eh, qué te parece la idea?

La cara del joven Pedro Segundo se iluminó de gozo con la idea, porque nunca antes había estado en la costa y mucho menos en compañía de una jovencita. ¡Qué caballo! Estas tienen que ser las mejores vacaciones de mi vida, a lo mejor hasta gano el primer premio de la hermandad si me busco una aventura bien caliente, pensó esperanzado, besando alegremente a su padre por la estupenda noticia. Su primer pensamiento fue que unas semanas disfrutando del sol y del mar junto a una chica tan admirable como Julita, seguro que le iban a brindar la ocasión de pasárselo bomba, aprovechando que la desnudez y el calorcito veraniegos lo pondría todo en su favor. Ya que el año pasado, cuando ocurrió el doloroso accidente de Jacinto, tuvo apenas la oportunidad de granjearse la amistad de la muchacha.

El día 9 de enero, el tío Samuel Rivas detuvo su coche en Viña Sol para recoger al joven Pedrito y a su liviano equipaje: dinero, un pantalón de baño, varios vaqueros, camisetas y una gran caña de pescar. En cuanto llegaron a la casa de Julita en lo alto de la rada Las Cañas, Pedrito se quedó encantado del lugar, pues era ideal para unas vacaciones especiales; la panorámica sobre el océano era imponente. La vivienda de los Rivas formaba parte de un antiguo emplazamiento de la marina, usado como punto de observación, aunque luego allí se construyeron contadas viviendas, destinadas exclusivamente para el descanso y recuperación de héroes y condecorados de guerra. El teniente coronel Nicolás Rivas fue uno de esos afortunados que recibió una vivienda definitiva, por su condición de herido en una osada acción de batalla.

En cuanto el muchacho se hubo instalado, abrió las ventanas y, al ver los frondosos bosquecillos de alerce que rodeaban la casa, comenzó a urdir su propósito de disfrutar de la compañía de la chica con total intensidad, haciendo planes especiales para sorprender a la provinciana Julita, llevándola a pasear por esos perdidos rincones de los montes, para recoger los frutos desconocidos que tanto ansiaba probar.

Muy rápido llegó la primera noche. Al disponerse para cenar, el chico se olió que algo andaba mal en esa casa, muy mal. El aire estaba casi detenido, pesado, desde luego no flotaba aroma alguno de una rica comida. Enseguida lo notó cuando se acercó a saludar educadamente al dueño de casa. Al darle la mano a don Nicolás, recibió un brazo flaco, unos ojos vidriosos, una boca que apenas le contestó con dos palabras convencionales de bienvenida y un pelo que se le volaba con la brisa matinal, detrás suyo estaba Samuel que se lo llevó a una apartada butaca del salón, hablándole cariñosamente.

Entonces entró al comedor y desde allí vio a Julia en la cocina, con un delantal mojado, lavando unos platos dentro de un balde. Dio un respingo al verla, él la recordaba como una elegante y amorosa chiquilla de su edad y aquí se encontró con una mujer; estaba horrible, fea, mal vestida, vacilante, débil y temblorosa, y apenas había pasado medio año desde entonces. Aunque lo que más le impresionó fue la insoportable acogida de Julita, fría y distante, como hastiada de verle. Como evitando el encuentro.

Durante la silenciosa comida, Julia habló de bajar todos al muelle para tomar unos aperitivos por la mañana.

Al día siguiente, dejaron al fatigado Nicolás en casa y los tres bajaron hasta el muelle de pescadores para almorzar lo típico de la caleta, el rico jurel recién pescado y el blanquísimo congrio frito con ensalada de tomate y cebolla. Al chico le pareció que algo terrible flotaba en el aire, pues apenas hablaron entre ellos y ni siquiera comieron demasiado. Cansado del mal ambiente reinante, comió todo lo que le pusieron por delante y, seguidamente, se fue a pescar al muelle él solito. No tardó en encontrar compañía lejos de allí y pasó una tarde muy divertida, por la buena pesca lograda. Silbando encantado, regresó al quiosco de comidas con sus dos capturas, pero no encontró a nadie. Dio la vuelta por detrás y de pronto vio a Julita sentada en el suelo, apoyada contra unas cajas de pescado, con una cara malísima, semidesvanecida, mientras el tío Samuel estaba intentando reanimarla como podía.

—¿Qué le ha pasado a Julita, tío? —preguntó alarmado señalando unos raspones sangrantes en la mejilla y en la frente de Julia.

—Un tropezón.

Gran parte del día siguiente Pedrito lo pasó de aquí para allá, vagando como un ánima perdida, puesto que a él nadie le prestaba especial atención. Hasta que ya por la tarde consiguió al fin sacar a pasear a Julita entremedio de los bosquecillos que rodeaban la rada, sin embargo, esa tarde no pasó nada de lo que había imaginado hacer con la chica, más bien todo fue bastante aburrido. Ella, evidentemente, no estaba para muchas conversaciones. Apenas regresaron a la casa cuando empezó a anochecer, Samuel les estaba esperando en la puerta para informarles de que se le habían acabado las vacaciones. El médico tenía que viajar urgentemente a la ciudad junto con su hermano para internarlo en un sanatorio por su alarmante estado de salud. El chico se giró rápidamente para preguntar a Julia si ella le acompañaría, pero ella estaba ya abrazada a Nicolás, su padre.

Pobrecita, su padre está enfermo y por eso ella no se puede dedicar a mí, pensaba mientras empaquetaba nuevamente el bañador y la caña, desilusionado por el fracaso del viaje a la costa que tanto prometía. Aquí no hay manera de hacer una crónica, concluyó desconsolado, no hay material para una buena aventura, vaya mierda de veraneo.

Sentado en el pescante al lado del conductor, el regreso de Pedrito fue largo y aburrido; no era culpa de ella que unas prometedoras vacaciones de verano se hubieran ido al garete, pero estaba furioso al pensar qué demonios iba a hacer durante el resto del largo verano que quedaba.

El paisaje caluroso transcurría con lentitud en tanto viajaban de regreso a la viña para desembarcar a Pedrito; el amurrado mozo no se giró ni siquiera una vez para contemplar a Julita, que viajaba en el asiento trasero abrazada a su padre dormido, muy abrigado con un largo chal. Por fin llegaron a la viña para dejarle en la casa de su padre y descansar todos un poco antes de proseguir el viaje hacia Talcuri. Con visible enfado, el joven soltó una apresurada despedida para correr enseguida a su pieza y sentarse en su cama, enfurruñado. Al mirar por la ventana hacia el jardín, vio que todos seguían todavía ahí, en el patio; su padre y Samuel estaban hablando, pero él no podía oírles.

De pronto, vio que aquél se bajaba del coche, abrazaba a Pedro y levantaba repetidamente el brazo hacia los montes de Río Amarillo; acto seguido, entró al auto y dijo algo a su sobrina. Entonces Pedrito sintió que le volvía el ánimo a su corazón: Julita bajó del auto con su maleta y los dos hermanos desaparecieron por el camino rumbo a la ciudad. Cuando Pedrito vio que su padre acompañaba a la chica dentro de casa, salió corriendo de su habitación.

—Julita se queda unos días con nosotros —informó Pedro alegremente a su hijo, mientras este le cogía la maleta de su mano.

Tras dejarla descansando en la habitación de invitados, Pedrito vio que su padre ponía cara seria para decirle:

—La chica posiblemente se quede aquí unos cuantos días, mientras Samuel se ocupa del enfermo en el sanatorio militar. Aquí estará mejor cuidada y atendida que sola en Talcuri, muerta de calor, conque te pido que te esfuerces al máximo en atenderla, porque ella es mi invitada personal y aquí todos estamos en deuda, yo especialmente; ahora tengo un porrón de trabajo y no puedo ocuparme de otra cosa, ¿has entendido? Esfuérzate con ella y ten paciencia, pues está muy deprimida.

Pedrito saltó alborozado. Mejor encargo que ese, imposible. Las cosas se ponían de nuevo a su favor. Milagrosamente, había vuelto su gran ocasión, así que Pedrito decidió aprovecharla y adoptó con alegría a la chica bajo su cuidado y protección personal hasta que regresara el tío Samuel a recogerla.

Comenzó entonces una semana plena de acontecimientos maravillosos para el muchacho, teniendo a su lado a una persona que le gustaba, aunque todavía ella no se mostrara abierta ni amistosa. Es normal, le preocupa enormemente la salud de su papito, se dijo el chiquillo, convencido. Por eso, él intentó animarla desde el primer momento.

—Bueno pues, las vacaciones en el mar se fueron *a las pailas,* pero yo te prometo que aquí en la viña lo vamos a pasar estupendo; arregla esa carita, Julia, ya verás que entretenido es todo esto, te gustará pasar un tiempo con nosotros.

—Puede, pero yo no voy a quedarme mucho por aquí, en mi casa tengo mucho que hacer y me esperan muchos problemas, ni te imaginas. No estoy para juegos, chico. Este tampoco es para nada el verano que yo había imaginado. Y tú, ¿qué edad tienes? —le preguntó Julia despreocupadamente.

—Ya he cumplido los dieciséis.

Pero a Pedro Segundo este desangelado inicio no lo desanimó en absoluto.

—Bueno, disculpa, sé que estarás preocupada por tu padre, yo lo entiendo.

Cosas de las mujeres, se dijo, aunque no pudo pasar por alto el tono de firmeza que ella empleó, como el de una adulta; otra vez tuvo la rara sensación de que ella ya no parecía la misma chica que había conocido meses antes. Tampoco podía haber cambiado tanto, y esta reflexión lo desconcertó un poco.

Al día siguiente, el mozo no se amilanó y habló sin parar a su compañera de la infinidad de cosas que podrían hacer juntos. El sol de enero apretaba lo suficiente como para desear el paseo en barca y el baño en el río y él, muy animado, consiguió al fin llevársela por la tarde a caminar por el abrupto y largo sendero del río hasta que llegaron al puente de los Tres Ojos. Cuando estuvieron en este, Pedrito, ante la sorpresa de ella, se descolgó por el murete, sacó una gruesa cuerda oculta en una oquedad de la piedra, la agarró firmemente por el extremo y, ante el espanto de Julia, se lanzó al agua, sin embargo, apenas llegó a rozarla. Se dio el impulso necesario para balancearse colgado de la cuerda, mientras gritaba como loco pidiendo auxilio. Julia se quedó paralogizada cuando hizo como que se caía y se lanzó de cabeza al río, con zapatos y todo. Cuando asomó la cabeza fuera del agua varios metros más allá riéndose a gritos, Julia estalló en una tremenda carcajada, la que marcó el final del hastío de la chica y el inicio del plan de conquista trazado por el joven Gonzales.

Gracias al vasto meandro que el río Amarillo había creado delante de la viña familiar, surgieron altos juncales y extensos jarales por sus orillas que, con el tiempo, dieron paso a una entrada de agua y a una playa de fina arena negra debajo de una hilera de viejos sauces llorones. En cuanto Pedro hubo tomado posesión de los negocios familiares, mandó erigir una caseta de botes y un pequeño embarcadero, lo que después se convertiría en el sitio favorito de su hijo adolescente. Por las tardes, allá llevaba a Julita para animarla a remar y pescar; aunque las primeras veces ella rehusó quedarse demasiado rato, acabó disfrutando del lugar junto al excitado chico que no cesaba de inventar juegos y entretenimientos para ella, pero se negó en rotundo cuando Pedrito la invitó a bañarse juntos en el río. Caminando, cabalgando, riendo y hablando, el talante de ella se fue dulcificando cada día; poco a poco se creó una corriente de simpatía que Pedrito cuidó de cultivar con gran dedicación, no hacía otra cosa durante el día. Aún no llegaban los momentos de sosiego y de corazón abierto que abonan el crecimiento de una amistad, y aunque ella no estaba precisamente locuaz, se reía con ganas de sus tonterías y comía vorazmente los sabrosos picnics que este preparaba. En otras ocasiones, ambos dieron largos paseos a caballo llegando casi hasta el pueblo Río Amarillo desde donde veían bellos atardeceres tras los cerros de la costa. Había momentos en que Pedrito la veía cómo contemplaba la puesta de sol con tan honda y lejana melancolía, daba la impresión de que su alma ya no estaba dentro de su cuerpo.

—Yo tengo la suerte de verlo cada día, hasta que se lo traga el mar —suspiró ella una tarde, señalando al sol. Momento en que el atento Pedrito aprovechó para tomar su mano con increíble suavidad y ternura—. Mi casita, mis cosas y mi adorada juventud están allá detrás también y aún más lejos, donde la moneda de oro se pierde dentro del tapiz azul, siempre habrá un jirón de trapo blanco alejándose cada día más —declamó con los ojos empapados—. Es un poema que me escribió alguien que ya no está conmigo —explicó ella tristemente.

Pedrito, conmovido por su pena, la abrazó y, sin darse cuenta, empezó a apretarla suavemente contra su cuerpo, mientras la cabeza de ella reposaba en su hombro, llorando con delicadeza, hasta que espantado, el chico advirtió que estaba experimentando una inevitable y notoria erección. Avergonzado, se volvió de espaldas, subió al caballo y la retó a una carrera salvaje hasta la casa. Espoleó a Chipita como nunca antes había hecho.

Pasó así una semana placentera y feliz para Pedrito, que nunca había disfrutado de tanto tiempo en exclusiva de la compañía de una chica tan mayor, tan bien parecida y tan inteligente. Y sin rendir cuentas a nadie, porque en la casa todos estaban ocupados y absortos preparando la próxima vendimia, la que este año prometía unas cualidades excepcionales, y eso le dejaba al muchacho el campo libre para disponer planes de veraneo a su antojo. Esto es vida, se decía alborozado por las noches, tendido en su *pajera* cama, mientras escribía sin parar en sus cuadernos de campo.

A la semana siguiente, mientras tomaban refrescos tendidos en el césped a la orilla del río, Pedrito le contó a Julia episodios divertidos que había vivido durante su vida estudiantil en la Escuela de Peritos, momentos en los que su padre había estado junto a él. Cuando lo mencionaba, era con un timbre de orgullo. Por ejemplo, le dijo:

—El día que aparecieron los primeros *tram-du-sang* en la ciudad, él me llevó a pasear en ellos casi todo el día, lo pasamos pipa. —Y acto seguido le contó que él era el único chico de su edad que sabía llaves de *jiu.jip.su*, y Julia se reía a carcajadas cuando Pedrito le hizo una complicada demostración sobre el césped, pero de repente, el chico saltó sobre ella y la tendió de espaldas sobre el pasto, con los brazos entrelazados a su espalda y riendo, acercó su cara todo lo que pudo hasta que ella se quejó de su peso. El muchacho obedeció y, sacudiéndole la ropa, se disculpó por su brutalidad, ella se rio nuevamente a carcajada limpia.

En un arrebato de confianza, Julita le contó que una vez había estado en la desembocadura del río Amarillo, donde se forman lagunas de agua dulce pobladas de altos juncos.

—Allí es estupendo salir los domingos a hacer paseos en bote con los amigos. —Dicho lo cual cayó en un mutismo del que no salió en el resto del día.

Al día siguiente, a mediodía, Pedro Segundo pasó delante del gabinete de papá justo cuando llamaban insistentemente en la campanilla del teléfono y, como su padre no estaba cerca, descolgó la bocina; era el doctor Rivas pidiendo hablar con urgencia con Julita.

Cuando ella colgó la bocina, el muchacho la vio vacilar y la tuvo que ayudar a sentarse, porque estaba descompuesta. Se quedó un instante con las manos en la frente y las rodillas temblando, presa de una gran agitación. Pedrito, muy impresionado, se sentó en el suelo y la miró en silencio.

—Tengo que ir al sanatorio cuanto antes, avisa por favor a tu padre... —le dijo sollozando.

El chico salió disparado en su busca y cuando regresó, la vio mirando la chimenea vacía, en actitud de vomitar. Corrió hacia ella y la abrazó durante largo rato, sin decir palabra. Él la estrechaba cada vez más, emocionado por la tristeza de la chica. De pronto, ella rompió a llorar suavemente.

—Julita, Julita, ¿qué diablos ocurre? ¿Qué te ha dicho Samuel? —exclamó Pedro entrando en la habitación.

—Que papá tendrá que quedarse un tiempo largo, muy largo en el sanatorio... y que vendrá a buscarme este fin de semana..., pero es que a mí me gustaría estar con mi papá cuanto antes, ¿puede llevarme al sanatorio ahora? Si no es mucha molestia...

Ante su dolida súplica, Pedro la abrazó tiernamente, le acarició el cabello con dulzura, la beso en la frente y le dijo que saldrían de inmediato. A las pocas horas, el Daimler se detuvo en la entrada del Sanatorio de las Flores Silvestres, donde los esperaba Samuel, con una cara de enorme preocupación.

La tarde fue muy triste porque la chica no pudo estar en contacto directo con su padre, ya que según dijeron los facultativos militares que al estar Nicolás enfermo de tisis, existía un alto riesgo de contagio, y se tuvo que conformar con verlo a través de una ventana y a no poder hablarle, hasta que el médico ordenó el fin de la visita. Fue una triste despedida y de nuevo un frío presentimiento se cruzó por la sala, aleteando de pavor; era la primera vez que se separaba de su padre, con la triste sensación de que en adelante lo vería cada vez menos. Y sufrió otra vez un fuerte vahído.

Pedro, que por suerte estaba todo el tiempo a su lado, la sujetó por la cintura para que no cayera, tendiéndola en un banco del corredor. Samuel se hizo cargo de la situación y se ocupó de reanimarla. Pedro Segundo asistió compungido a la escena, sin saber cómo intervenir, compadeciéndose sinceramente de la desconsolada chica. Él estuvo todo el tiempo intentando hablarle y distraerla mientras regresaban al mediodía a Los Peñones. Vio que Julita apenas cenó, ni tampoco estuvo habladora como en días anteriores.

Desolado, contempló como de pronto todo su trabajo de acercamiento a la muchacha se había ido a la mierda.

Durante el desayuno del día siguiente, la situación cambió radicalmente, pues el joven se dio cuenta de que ella había recobrados los colores de su cara, comía todo con gran apetito y sonreía como nunca. El muchacho se alegró sinceramente del cambio y le ofreció de inmediato un paseo a caballo hasta el pueblo Río Amarillo, pero ella replicó con firmeza:

—Escúchenme, por favor, debo regresar ahora mismo a mi casa para cerrarla por un tiempo, porque viviré en Talcuri con el tío Samuel, hasta que… —Su voz se quebró un momento, pero prosiguió atropelladamente—. En la caleta tengo que hacer muchas diligencias, pedir permiso en mi trabajo, encontrarme con varios amigos y luego empaquetar algunas cosas.

Pedro asintió y ordenó al chofer que la llevaran de inmediato a Las Cañas. Pedrito dijo que él también la acompañaría, que no podía viajar sola, pero Julita rechazó amable y decididamente su compañía. Ambos se despidieron con cariño y estuvieron abrazados un instante.

Transcurrieron tres noches, alimentadas con el recuerdo de los estupendos días que el mozo había pasado junto a la chica, hasta que el estado del padre irrumpió su relación amistosa.

Aburrido a más no poder, se fue un momento a la viña vecina para invitar a pasear a caballo al hijo de Aravena. Mientras ambos cabalgaban por el camino a lo largo del río, Pedrito se desahogó con su amigo y le relató la tarde más especial que había disfrutado junto a Julita unos días antes.

—Nos fuimos los dos a bañar, después de insistirle toda la mañana. Es que ella es bastante terca cuando quiere. Yo escogí el remanso porque es tranquilito y nadie nos molestaría nadando bajo los sauces. En cuanto nos metimos al agua, ella gritó: «¡Te echo una carrera!» Y se alejó nadando vigorosamente hacia la orilla, yo intenté ganarle pero no sé nadar muy bien y no podía seguirla con la misma rapidez. Entonces ella salió del agua y se rio de mí por lo lento que era. Me puse a nadar a toda máquina, pero me frené en seco cuando la vi de pie en la orilla, en traje de baño. ¿*Sabís* qué me pasó entonces? Que me quedé alelado mirando su cuerpo, yo jamás había visto a una *galla* de mi edad sin ropa de calle, y muchísimo menos casi desnuda; pensé en lo delgadito que era su cuerpo, aunque no se le veían las pantorrillas, seguro que tenía las piernas largas y el *poto* bien alto, como me gusta a mí. Pero ella no se dio ni cuenta que la miraba con insistencia; se vistió tranquilamente y se rio de mí. Después regresamos a casa para jugar a las cartas y ella se marchó a su cuarto muy temprano, me dijo que tenía que leer y descansar, pero yo la vi muy impaciente.

—¡O sea, gallo, que *vai* como ese bicho que da dos pasos *pa'delante* y otro *pa'tras!*

El viernes, Julita por fin regresó a la viña en el coche familiar, que entró lentamente al jardín de Los Peñones haciendo sonar con vigor el claxon. Pedrito fue el primero en darle un estrecho abrazo de bienvenida y en preguntarle educadamente si todo había ido como esperaba en la visita a su casa.

Cuando el muchacho se fijó más atentamente en ella, la chica estaba otra vez muy abatida, como si se le acabara de morir un ser querido. Notó que ella estaba haciendo grandes esfuerzos por sonreír y que hacía esfuerzos para ocultar su pena a los demás. Sin embargo, sus ambarinos ojos estaban rotos, manchados de rojo. Habló de las cosas con muy poco entusiasmo, sus gestos eran lentos y pesados. De los días pasados en su caleta, no quiso hablar. Se vio que su corazón viajaba con los pájaros, y cuando caminó parecía que se iba a desmadejar y desplomarse, como siempre le ocurría cada vez que la zozobra la acompañaba. Naturalmente, él se quedó sin saber absolutamente nada de lo que había pasado en la casa de la caleta en esas tres noches que ella pasó fuera. A Enrique le interrogó, pero como este estuvo alojado en una fonda del puerto, no le dijo nada de interés.

Ella no salió de su habitación hasta el sábado.

Fue cuando llegó el tío Samuel para recogerla y subir a Talcuri, al parecer se irían el lunes por la tarde, les oyó decir.

Y así lo contaba Pedrito en sus cuadernos del verano:

Domingo. «Me fui asimismo a mi habitación donde me aburrí soberanamente porque no tenía nada de sueño. Todo el día sin hacer nada, hablando y hablando, bebiendo y comiendo. Al anochecer, yo estaba en mi pieza mirando el techo, jugando con un avioncito cuando al poco rato oí que papá entraba en su habitación para desearle buenas noches y para tranquilizarla, pensé lógicamente. Nunca había hecho eso antes, pensé. Pasó un buen rato y me levanté a ver si escuchaba la conversación; entreabrí con cuidadito mi puerta pero vi que la puerta de ella estaba cerrada. Por más que puse la oreja, no conseguí entender nada, el viejo hablaba muy bajito y ella, al parecer, no decía nada, total que me aburrí, me metí en mi cama y me quedé dormido al tiro. No tengo ni idea qué hora sería cuando él salió de la pieza de Julita.»

Lunes después de almuerzo. «Mi padre la llevó al galpón Tres para visitarlo, supongo, y yo me fui con ellos. Estuvieron ahí güeviando y hablando puras *cabezas de pescao* todo el rato, total, que me aburrí un montón, pero me quedé a su lado.

Llegado el momento de partir, me despedí de ella con un abrazo tremendo, le apreté sus grandes senos todo lo que pude y la besé en la mejilla con lengua. Me dio penita que se fuera, es una cabra muy chora y me gusta todo de ella. Me quedé mirándola fijamente, me tomó de las manos y me juró que nos volveríamos a ver muy pronto, en mejores momentos. Yo cerré los ojos para recibir su estupendo y calentito besito en la cara, pero cuando los abrí, ya estaba lejos de mí. "Pórtate bien", me gritó.

Me dio tanta rabia que se fuera, que me escapé a la pieza y estuve *agüaitándola* por la ventana mientras abrazaba y cuchicheaba con papá durante un buen rato, antes de subirse al coche.»

Ya muy entrada la madrugada, Pedrito, agotado con tanta lectura de los sucesos del verano vividos con Julia, montó en cólera y lanzó lejos el largo cuaderno que acababa de repasar. Se quedó mirando el techo mientras las reflexiones atronaban dentro de su acalorada cabeza.

«Joder con la bomba que estos dos me tenían preparada, qué calladitos se lo tenían. Es una traidora, mientras yo me aburría, solo en la viña, ella se preparaba calladita para casarse con mi padre; le hablaré muy seriamente, que me lo diga a la cara, si es tan buena amiga me contará la verdad, con todo lo que me preocupé por ella, la estuve cuidando y entreteniendo… Yo no me creo que quiera casarse y menos con un viejo como el mío, a no ser que haya pensado en la plata que tenemos. ¡Sería el colmo de la *patudez*!»

Episodio 8. El polluelo saltó del nido

Después de todo lo ocurrido las pasadas semanas y a partir del esperpéntico anuncio del casamiento que le hiciera su padre, Pedrito pasó de golpe de ser protagonista a mera comparsa en el nuevo escenario que se estaba alzando sin descanso alrededor de la gran ceremonia que se preparaba. La tranquila casona se volvió una jaula de grillos; cada vez que Pedrito quería hablar con su padre o con Julia, siempre los encontraba ocupadísimos en dos o tres cosas a la vez. Confuso e iracundo, se plantó en casa del tío Samuel para intentar hablar con la novia, pero fue en vano.

—No puedes verla, está probándose.

—No puedes verla, está retratándose.

—No puedes verla, está peinándose.

Entonces Pedro Segundo intentó hablar con su padre, que estaba o bien fuera de casa o encerrado en el gabinete. No había manera de encontrar la ocasión.

Entraban los pasteleros y salían los músicos. Entraban los enólogos y salían los pasteleros. Salían los enólogos y entraban los banqueteros.

Y si no entraba nadie, estaba agobiado con las listas de invitados, tanto a la ceremonia como al banquete privado señalado para celebrarse en Los Peñones, la casita de la viña, el 28 de febrero próximo.

Un día a la hora de desayunar, en una mesa de comedor casi siempre desierta, Pedro Segundo se encontró a su abuela Ester tomando un té con leche; ella siempre era un consuelo disponible, afable y comprensible para el chico. Se sentó a su lado y a punto estuvo de preguntarle sobre Julita, cuando en eso entró el vendaval Gonzales y se puso a discutir agriamente con la abuela, sin siquiera reparar en la presencia de Pedrito.

—¡Me jode que no la aceptes tal y como es, o sea, sincera e inteligente! —argüía el padre.

—¡Te está arrastrando hacia donde ella quiere, te vas a arrepentir amargamente de haber rechazado a la señorita Violeta, toda una dama conocida y decente! —clamaba Ester con su dedo reivindicativo.

Así pues, los últimos días de febrero fueron extremadamente largos y agrios para Pedrito. Para la parejita, en cambio, todo eran entretenidas citas y quehaceres preparatorios para la boda más grande jamás vista en Talcuri, y en la que el primogénito no tenía ninguna tarea asignada. Fueron días hoscos, a duras penas él lograba un saludo lejano de su padre o de Julia pues siempre estaban rodeados de gente desconocida. El principito del castillo vio desolado cómo las puertas de la corte se iban cerrando poco a poco; allí al príncipe ya le quedaba poco por hacer. Sin comprender para nada el motivo de tan súbito casamiento de su padre y sin que mediara explicación alguna de Julita, sino solo vagas referencias de su padre a que «tú ya no puedes seguir solo», o bien «ahora tendrás una hermana mayor que te guie y te ayude», y sin tener a nadie a quien pedir explicaciones, sintió que ese castillo de su infancia era ahora una fea construcción llena de gente que nunca había visto y, lo peor, que no contaban con él. La sensación continua de que sus pertenencias habían dejado de ser suyas lo dominaba casi por completo.

Y así, de sopetón, llegó el gran día, los novios se casaron a la misma hora del terremoto y, pese a todo, celebraron su descomunal banquete, como estaba previsto. Por todo lo que le había ocurrido hasta entonces, el desconsolado y confundido muchacho se enfrentó a Julita, su amada y odiada prenda, en la madrugada aquella de la boda, para enrostrarla y vociferarle que nunca, nunca la podría perdonar.

Dos días más tarde, huérfano del cariño de su querido padre, perdidas las esperanzas de platicar con Julia, el mozo decidió desaparecer y renunciar a todo lo poco que le iba quedando en la vida. No creo que ni siquiera me echen de menos, pensó con tristeza. Hizo una pequeña maletita con un mínimo de cosas y se lanzó a la calle desesperado y sin rumbo. Cuando pasó por la plaza Sucre, optó por detenerse a tomar un helado donde la italiana y allí, ¡oh, fantástica sorpresa!, estaba sentada, sonriéndole con amor, nada menos que la estupenda morena de la pasada *kermesse*.

—Soy Rosa, tu Rosa —le dijo con dulzura, relamiendo la redonda guinda.

A Pedrito se le abrió el cielo con esa aparición; ahí estaba ella, como si se hubieran citado ayer, justo cuando más extraviado se sentía; resplandeciente, como respuesta a una invocación había aparecido la princesa dulce y consoladora: la flor más codiciada. La oportunísima visión de la mujer, ofreciéndole su amistad y su mano, fue para el perturbado joven todo lo que precisaba para acabar con su angustia vital y su pérdida completa del favor del rey.

Hipnotizado, se lanzó sobre ella para abrazarla fuertemente, por lo que no reparó en que detrás de él pasaba el hijo mayor de Dorotea, la vieja, caminando presuroso hacia la casona.

Pedrito, enceguecido y dócil, se entregó con alivio a todos los caprichos de la bella morena de ojos cautivadores.

—Yo haré que recuperes el cariño perdido, ten paciencia y confía en mí —le susurró al oído mientras lo abrazaba suavemente, envolviéndolo con su cuerpo cimbreante—. Iremos a una gran fiesta para curar tu mente conturbada, nadie te echará en falta ahora —le dijo y lo arrastró por la ciudad hasta una residencia en las afueras de la ciudad—. Es la casa de unos parientes míos —le explicó, mientras se entregaban a la música, al baile y a la bebida con total desenfreno, rodeados por una multitud de parejas desconocidas que reían y gritaban sin parar, dentro de una suave penumbra producida por una multitud de farolillos rojos.

Era pasada la medianoche cuando ambos, muy emborrachados, subieron a un cuartucho del entretecho y se amaron apasionadamente. Pedrito, sin dejar de besarla salvajemente, rodando por el suelo, creyó haber llegado el momento de acabar con su virginidad, con la suya, la única que de verdad le trastornaba. La inesperada aparición de una señora con un candil impidió la consumación del acto en el momento preciso, para dejarle casi enloquecido de temores, ansiedad y pasión desbordada.

Cuando el joven regresó a casa después de semejante e increíble aventura nocturna, el sol ya estaba desparramándose en todos los tejados y por muchos ruidos que hizo al entrar, nadie de la casa dijo nada.

Pedrito se acostó en su cama, retorciéndose de placer inacabado, saboreando el recuerdo real de que por fin había probado la engañadora pócima del amor frenético de los jóvenes; a partir de ahí, se prometió con ganas que todo su horizonte se limitaría y concentraría en vivir esos momentos pasionales cada día y para siempre.

Y así estuvo, un largo rato, sin poder conciliar el sueño. Tengo que contárselo al Mauri, decidió repentinamente y salió disparado hacia la casa de su amigo. Allí, todavía emborrachado de alcohol y pasión, le relató con pelos y señales el inesperado y extraordinario encuentro con Rosita.

—¡Un momentito! Creo que te estás saltando los tres pilares del erotismo... Primero, ¿te sobó la pichula?

—Sí — contestó Pedrito sin titubear.

—Segundo, ¿le pusiste las manos abiertas sobre los pechos?

—Eran unos melones tuna, *gallo*.

—Y, por último, ¿le viste la *chuchita*?

—Sí, fue de verdad la primera que veo en mi vida.

—Entonces, me quito el sombrero ante ti, oh, gran Casanova, ahora sí que vai a ser el jefe de la hermandad, pues, *güevón*, porque una hazaña como esta no la ha vivido nadie que yo conozca, estate seguro. ¡Qué suertudo que *eris, cabro culiao*! ¡Qué lástima que ella no se te apareciera antes! Ahora ya te la *habriai pescao*...

—Porque si no, no hubiera tenido que aguantar el veraneo con la pesada de Julia, que no se dejó tocar ni la uña del pie y mira esta, que regalito me ha hecho hoy la morena...

—¡Te envidio! —exclamó el experto Mauri.

—Ya está claro, será Rosa quien sea mi Julia...

—Así me gusta que pienses.

—¡Mierda! Me tengo que ir porque mi padre se va mañana de viaje de novios y pienso cantarle las cuarenta a los dos antes que salgan.

Sin embargo, se engañaba a sí mismo, porque en su más íntimo pensamiento, el chico seguía prendado de Julia; algo debía producirle esa chica ya que aún soportaba la bola de fuego que se había instalado en su estómago desde que su padre le hizo el alocado anuncio del casamiento.

Pedro Segundo ni siquiera sospechaba que, en su interior, un Pedro diferente estaba naciendo y que su feliz y sosegada vida juvenil iba a trastornarse por completo a partir de su rebelión interna. Como igualmente ignoraba que ya se le había ido la corona de heredero para siempre y que ya no la volvería a recuperar. Para él daba comienzo una existencia muy distinta de todo lo que había conocido, un verano de su vida que nunca olvidaría junto con el comienzo de la ruptura con todo su mundo conocido, que le era tan añorado y que, lo peor de todo, le marcaría para siempre su carácter de adulto. Para bien y para mal.

Una rebelión que comenzó precisamente cuando la pareja de recién casados se disponía a salir de casa para embarcar en el viaje nupcial, en medio de una alegre despedida de los amigos. Pedrito estaba decidido a decirle algo muy importante al viejo, antes que se fuera. Se había sentado en un rincón, esperando que apareciese para despedirse, asido firmemente a una copa de vino blanco, envalentonado, ufano y muy seguro de sí mismo. En cuanto lo vio aparecer le llamó y le invitó a sentarse con él en la terraza, a solas. Y sin más preámbulo, el mozalbete le soltó su plan para casarse cuanto antes, pero ocultando la existencia de Rosa y toda su aventura de la noche pasada. Pedrito se había preparado para sostener una conversación de hijo a padre, pero ya de hijo adulto, y para eso había meditado unos razonamientos que pensaba exponerle en la larga charla que estaba convencido ambos sostendrían esa tarde. Y rompió el fuego, antes que su padre abriese la boca.

—¿Sabes, papá? Te veo feliz con tu matrimonio, lo que es bueno para el espíritu, salta a la vista: una bonita mujer propia. Por eso, creo que yo también debería casarme cuanto antes, ese será mi destino, no los malditos estudios de viñatero...

Lamentablemente, su querido papá zanjó la cuestión en seguida; antes que el hijo acabara la frase su reacción fue iracunda y tronante, se levantó de la silla y, echando el vino en las plantas, apagó el habano con fuerza dentro de una torta y le gritó a voz en cuello que eso sí que no, que de casarse, nada de nada, que lo primero era lo primero, o sea, acabar los estudios, graduarse como vitivinicultor, trabajar duro en la viña y que luego ya se vería, porque para eso era demasiado joven y tendría que aprender mucho de la vida, antes de embarcarse en semejante aventura alocada. Y a continuación le espetó:

—Además, ya tenemos un plan de vida para ti, que comenzará en cuanto Julita y yo regresemos de nuestra luna de miel.

—¿Un plan de vida? Y eso ¿qué diantres es, papá?

—Es muy simple, yo te enseñaré personalmente todo nuestro proceso y lo repetirás hasta que te lo aprendas y te guste, es decir, preparar la tierra, plantar los esquejes, abonar, azufrar, podar, recolectar, prensar, mezclar, rellenar, embotellar y envejecer.

—¡Uff! O sea, un plan culiao.

—Y escucha otra cosa, te voy a meter en el internado si lo veo necesario o, simplemente, te mandaré a la escuela de infantería para que te eduquen debidamente —atronó el padre, con la paciencia y el tiempo ya agotados.

Tras lo dicho, la pareja se subió al coche y partieron en dirección al Puerto para abordar su crucero nupcial.

Después de tan fría despedida, a Pedrito le atronó la cabeza un clarín que le llamaba a la libertad. Perdido el amor de su padre, perdido el cariño de Julita, el mozo atisbó solamente un camino para viajar hasta las remotas tierras donde cada uno busca y rebusca lo mejor de sí mismo hasta ser libre por completo. Escapar. Así se lo habían enseñado Mauricio y Antonio, los dos mejores cofrades de su hermandad, que ya vivían lejos de las ataduras de los padres.

Había transcurrido una semana desde que Pedro y Julia se embarcaron para su viaje nupcial, Pedrito estaba en su cuarto de la casona, rumiando la forma de realizar la idea de hacer un cambio drástico de vida, tendido en la cama, apoyando su mirada en el gastado techo de su habitación monótona, cuando sorpresivamente entró Dorotea, la vieja, con un sobre en la mano.

—Te acaban de traer esto, *mijo*.
—¿Quién?
—No lo sé, tocaron la campana y lo botaron *pal 'piso*.
«Te espero ahora mismo en la plaza Sucre. Tu Rosa.»

Con semejante misiva en ese preciso instante no podía sino inflamar las sienes del mozalbete predispuesto a todo. La mecha ya estaba ardiendo. Era cuestión de horas para que toda la casa ardiese por los cuatro costados.

Rosa, Rosita, repetía mientras corría por las calles y de un brinco se plantó en la plaza. Allí estaba ella, esperándole con una gran sonrisa, estupendamente vestida y peinada, detrás de una enorme copa de helado. Delante de esta magnífica oportunidad de cimentar su relación con ella, Pedrito se propuso formalizarla sin pérdida de tiempo; pero ella levantó el brazo y le sorprendió cuando le pidió alegremente:

—Mi madre me ha dicho que te quiere conocer... —dijo la moza tras propinarle un largo y ardoroso beso en la seca boca del mozalbete.

—¡Pues ya era hora, porque hace dos semanas que despareciste de tu casa!

—Por eso, mi amor, ella es la que manda en mi vida y yo le obedezco en todo lo que me pide, es la mejor madre del mundo.

Rosa Juana Heredia era una simpática chica pueblerina de edad indefinida, algo tosca y de modales un poco bruscos, pero todo eso Pedrito no lo advirtió, sino que se dejaba llevar irreflexivamente por su cuerpo cimbreante y llamativo, sus extraordinarias armas de mujer. El chico estaba emocionado, era un paso muy serio en una relación y eso lo llenó de emoción.

Cuando la pareja llegó al domicilio, en la puerta estaba esperándoles una oronda mujer. ¡Qué señora tan estupenda! ¡Y qué ojos tan dulces y serenos!, fueron los primeros pensamientos del joven al acercarse. Ella se le aproximó con los brazos abiertos y una amplia sonrisa en su regordeta y morenaza cara, realzada por dos argollas de oro de gran diámetro, colgando de sus enormes lóbulos, todo ello bañado por una abundante mata de crin azabache.

—¡Qué bonito peinado lleva, señora, tan arreglado como el de su preciosa hija! —Le sonrió zalamero el joven recién llegado.

—Soy la señora Artemia Contreras de Heredia —subrayó la mujer, ofreciendo su brazo regordete al recién llegado para llevarle dentro de su casa.

Esta era bastante grande, tipo mansión, amplia y bien amoblada, con gusto por los detalles y por los conjuntos de tonalidades y colores, en fin, perfectamente de acuerdo con su clase social, excepto que olía mucho como a azumagado, algo que en los sentidos recalentados del joven pasó desapercibido. La dueña de casa lo hizo pasar directamente al comedor y le sentó en la cabecera de la larga mesa; apenas se hubo colocado la servilleta sobre las rodillas, hizo su entrada una sirvienta mapuche portando una bandeja humeante.

—¡Pastel de choclo! —exclamó Pedrito—. Es mi plato de la suerte.

La gruesa mujer sonrió disimuladamente y comenzó un largo parloteo:

—Los Heredia venimos de una pequeña ciudad del sur, está muy lejos, y allá *tenimo* una propiedad que se llama 'Las Hualtatas' con montes de pinos y lagunas —le contó al mozalbete. Seguidamente se embaló contando anécdotas de su hija Rosa, en las cuales resaltaba la simpatía, la fidelidad y la inteligencia, como las virtudes más prominentes de la chica. Pedro Segundo estaba impresionado y complacido, era más de lo que esperaba de su parejita, se quedó mirándola arrobado. Ella permanecía silenciosa, asintiendo a todo lo que decía su madre, sonriendo encantada y bajando los párpados con candor ante las historias de su madre.

—¡Es que los dieciocho es la edad de los ángeles! —exclamó la vieja acariciando amorosamente la mano de la hija.

Por su parte, Pedrito les contó acerca de los estudios que terminó el año pasado en la Escuela Agrícola y de su gran interés por explorar montes y bosques en el futuro. Omitió deliberadamente su interés por escribir vivencias propias. De improviso, Artemia le cortó el relato y comenzó a interrogar al joven sobre la casita Los Peñones y sus recientes vacaciones, lo que inquietó levemente al joven, porque ella parecía saber al dedillo todo lo que le había sucedido al joven durante su veraneo en la Viña. Eso tampoco lo captaron enteramente sus sesos, enfebrecidos por el juego de estar por primera vez juntito a Rosa, como un adulto libre de todo yugo familiar.

—¡Manso ni que casorio que se montó tu padre con esa despatarrada de la caleta! —le soltó de repente la mujer, riéndose estruendosamente.

Pedrito, aunque estaba profundamente desilusionado de Julia, sintió que esa burla no le agradaba. Y fingió sonreír, pero no habló del asunto. Eso sí, percibió claramente que, bajo la mesa, Rosa le daba un puntapié a su madre por aquella torpe alusión. Sin embargo, la mujer, haciendo caso omiso de la advertencia, se dejó llevar de nuevo por la lengua y empezó a hablar de su marido fallecido, un conocido patriarca de la zona sur. Fue Rosa la que entonces tomó la palabra, interrumpiéndola bruscamente, para seguir con el interrogatorio de Pedrito, mientras le ofrecía toda clase de frutas y embelecos para comer.

—Tú te bañarás en ese río a cada rato, ¿no es cierto?

—Claro, claro, en verano ya iremos juntos y lo conocerás, pronto, espero. Tenemos un bote de remos también para pasear.

—A mí no me gustan los ríos para bañarme porque el fondo es siempre muy pedregoso y tengo miedo de romperme una pata.

—No, de eso nada, en la parte nuestra hay arena finita en el fondo, y en la playa es amarillita y brillante, porque tenemos playa propia en el remanso con pasto, un embarcadero y un cobertizo para la ropa. Mañana vas a venir conmigo, Rosita, a conocerlo todo y usted también, señora, está invitada. Ahora no está mi padre, pero ya se lo presentaré otro día, si a usted no le importa.

—¡Claro, estará retozando con la colegiala, los dos en el barquito ese! —desparramó la atrevida vieja sin dejar de mostrar un molar de oro.

Suerte que el embobado Pedrito no oyó el comentario.

Se había echado encima la medianoche cuando el imberbe se despidió de Artemia para regresar a su casa. Sonriendo pícaramente, ella dejó a la pareja sola en el jardín y se retiró discretamente a una ventana con la luz apagada del segundo piso. En la cómplice oscuridad de los arbustos del jardín, el impaciente Pedrito disfrutó al fin de su anhelado premio y abrazó y besó tiernamente a su Rosa, tentando de nuevo las dulces mieles de la chica; durante algunos minutos enfebrecidos, aplastada contra la pared, el muchacho la manoseó de arriba a abajo, pasándole la lengua por el cuello y por la cara, mientras ella hacía como que le gustaba, aunque miraba impaciente hacia arriba. Por fin se oyó la chillona voz de Artemia llamando ansiosamente a su hija, entonces ella cortó el *atraque* en seco y, dándole un beso amoroso pero breve, se compuso el vestido y el pelo, sonrió y cerró la puerta de la calle en las narices de Pedrito.

La madre, cuando la vio subir, le guiñó cariñosamente un ojo.
—¡¿Por qué tardaste tanto en llamarme, vieja bruta?! Este gallo me ha *langüetiao toa*, ¡qué asco tan grande! Me voy a bañar…, y deja de tomar tanto de esa mierda de aguardiente.

Por la tarde del siguiente día, Pedro Segundo regresó a la casa de la plaza Sucre llevando pasteles y helados para invitar las onces a la madre y a su hija, pero allí nadie respondió a sus insistentes llamadas. La casa parecía cerrada a cal y canto. Desconcertado, se acomodó en un escaño de la plaza esperando ansiosamente que alguien llegara o saliera de la casa hasta que ya, rendido a la evidencia, tiró los derretidos helados y los pasteles a la basura para regresar a la casona, lleno de rabia y frustración.

En los días que siguieron siguió visitando la casa y esperando inútilmente una señal de vida. De nuevo, parecía que a Rosa se la hubiera tragado la tierra, y siguió golpeando inútilmente la puerta, lleno de cólera. No obstante, no por ese inconveniente el chico cejó en su ciego empeño por amancebarse con la tentadora y dulce Rosa, cuanto antes y todo lo posible. Sus sentidos ya estaban irremisible comidos por el llamado *mal de la pichinga*, la adolescencia que se le escapaba a chorros cada día era su peor síntoma. Rosa se había limitado a mostrarle un horizonte paradisíaco y estaba dispuesta a llevarle hasta allí de la mano, pero el ritmo lo iba a marcar ella, estaba muy claro, excepto para el enamorado jovenzuelo.

Transcurrieron cerca de cuatro días desesperados para el amartelado chico sin conseguir ver a su morena del corazón, lo cual no hacía más que aumentar y aumentar sus apetencias por tenerla a su lado. El pobre muchacho, espantado ante tan iracunda avalancha de mala suerte y por el cuadro de destino que se le presentaba ante sus ojos, se paseaba enfurecido dentro de la leonera donde mal dormía.

Esa noche, insomne, volvió a la plaza para encontrarse con su Rosa; ¡cuánto necesitaba refugiarse en su pecho suave y protector! Allí se quedó, de pie frente a la casa durante horas, casi convencido de que por fin llegaría corriendo y le imploraría el perdón por haberle abandonado. Se solazó mirando el muro de hiedras contra el que la había aplastado la última vez, mientras la besuqueaba sin parar. Pero la espera fue inútil y se tuvo que rendir. Frustrado y cabizbajo, se encaminó de regreso a la casona, sin conseguir entender nada de lo estaba sucediendo.

Por eso no advirtió que se había abierto una puerta lateral de la casa de

Rosa y que, de allí, salía un hombre alto, con chambergo de ala ancha y envuelto en una capa gris que subió presuroso a un landó negro detenido en la calle. El vehículo arrancó enseguida hacia el oeste, buscando el camino de Río Amarillo. Por las persianas verdes de los dormitorios del segundo piso, Rosa lo seguía con lánguida mirada, vestida en camisón de dormir, mientras abajo en el living, Artemia, algo borracha, se terminaba de arreglar. Antes que despuntara el domingo, Rosa y su madre abandonaron la casa y salieron raudas hacia la estación de FFCC, portando dos maletas. Las dos mujeres ya no estaban tan elegantemente vestidas ni parecían darse ya tantas ínfulas.

Entretanto, Pedrito llegó a su solitario caserón, abrió la puerta para entrar al salón de los ecos perdidos y empezó a llamar a la gente. Los abuelos, en el campo, el padre, de viaje de bodas y los criados, de vacaciones. Estaba completamente solo, sin nadie a quien acudir, en medio de una zozobra continua, sin saber qué hacer, ni qué dirección tomar ni a quién pedir consejo. Y de pronto se detuvo, miró una foto del matrimonio y se decidió. Subió a su habitación con un trozo de habano y un vaso de chicha espumante y se sentó a escribir hasta que, rendido, durmió todo el día siguiente.

Al despertarse, revolvió completamente su habitación buscando el papel escrito y, cuando lo halló, lo clavó en la pared, sobre el cabezal de su cama.

Luego metió cuatro cosas en una bolsa de lona y se sentó en la terraza con un vaso de vino blanco hasta arriba. Cuando un lejano campanario dio las ocho de la tarde, salió de casa y echó a andar hacia la estación; a medida que se acercaba oyó el silbato estrepitoso y el pesado arrastrar de los vagones del Flecha del Sur. Apretó el paso y, en cuanto llegó a la estación, compró un boleto para 'Las Hualtatas'.

En ese mismo instante, a bordo del Orcas Queen que navegaba a muchísimos kilómetros de distancia, Pedro conversaba con Julia, delante de ella había una gran copa de coñac.

—¿Qué estará haciendo mi Segundo a estas horas? ¡Qué abandonado lo he tenido, pobrecito mío! Te juro que en cuanto lleguemos volveré a dedicarme de pleno a él y a sus malditos estudios; y pensar que lo amenacé con mandarlo a un cuartel, ¡qué bestia soy!

—Pobrecito, ni siquiera tuve el tiempo de agradecerle por lo buen amigo que fue en la viña y por cuidarme tan bien... Oye, ¿tú crees que mi pobre papito estará bien? Yo tendría que estar en el hospital.

—¿Para qué? Si no te dejarán ni acercarte, estamos en manos de la virgen... En cuanto lleguemos, una de las primeras cosas de las que me voy a ocupar es de la Escuela de Agronomía, ahí el rector es muy buen amigo de Rufino y lo arreglaré todo para que en un par de años tengamos un buen técnico agrícola que empiece a tomar las riendas de todo, ¿qué te parece mi plan?

—Yo creo que ese plan tuyo va a ser lo mismo que nada… o sea, yo no le veo a Pedrito haciendo nada que sea trabajar o mandar, él es de una onda totalmente diferente, no tiene nada de ti, mi amor —carraspeó Julia al hablar con tanta sinceridad a su gran marido.

Pedro Marcial se quedó mudo. La miró como si estuviera de acuerdo con ella, pero en vez de hablar, se echó el resto del coñac a la garganta y se recostó amurrado en la silla de lona.

A lo lejos, muy lejos, quejándose y tosiendo, el Fecha del Sur se alejaba de Talcuri. Pedro Segundo acababa de saltar del nido para volar por su cuenta.

Tras unas cuantas horas sin dormir, por estar pendiente de que el tren no se saltara su estación, por fin se detuvo temprano por la mañana en 'Las Hualtatas' que esa era toda la información que tenía, el nombre.

Pero al mozalbete le empujaban la testosterona, el rencor familiar y una sed inconmensurable de libertad. Así es que, sin dudarlo, se fue andando en dirección al cercano pueblo portando su valija y un abrigo al brazo; anduvo largo rato dando tumbos por las calles del pueblo, preguntando por la casa de los Heredia. Nadie los conocía. Algo desanimado, se sentó a pensar en su suerte, en cómo se había derrumbado tan estrepitosamente el palacio donde habitó siempre, lejos de cualquier sufrimiento e inquietud, bajo la protección amante de su adorado padre que tanto se había desvivido por él.

De pronto vio el cuartelillo de los rurales, allí le explicaron cómo llegar a la calle Mardones.

—Donde hay una posada con un farolillo rojo en la puerta, allí seguramente te darán su dirección —informó un funcionario observando al elegante y despistado joven con suspicacia. Efectivamente, allá se la proporcionaron y se rieron mucho cuando Pedrito les describió una gran finca en la montaña, propiedad de los Heredia.

Cuando el ansioso joven dio con la dirección, se encontró con una pequeña vivienda de una planta, un estrecho y descuidado jardín delantero y un perro flaco que le ladró todo el tiempo mientras agitaba una campana que apenas sonaba. Ya casi gritando de impaciencia, se abrió una ventana y apareció Rosa, a medio vestir, con la cara de quien está viendo una aparición fantasmagórica.

—¿Eres Pedro Segundo? —preguntó extrañada sin poder distinguirle muy bien entre los altos matojos que ocultaban la puerta de la calle.

—¡Rosa, Rosita, soy yo! —replicó el joven encaramándose sobre la empalizada enfrente de la ventana —. ¡Ábreme!

—¡Pedrito, mi amor! Pero ¿qué es esta maravillosa sorpresa? Ahora mismo te abro, espera un minuto.

Tras una larga espera en la calle, el joven la vio por fin aparecer, muy peinada y vestida. Aliviado, se echó a los brazos de su amada, quien, con un nudo en la garganta, le abrazó cariñosamente; ambos estuvieron un buen rato fundidos el uno contra el otro, con sincera alegría por el reencuentro.

Hizo pasar al mozo a un sencillo saloncito, con unos pocos muebles muy usados repartidos sin gusto alguno y lo sentó enseguida en una vieja mecedora. Pedrito solo se tranquilizó al acabar de comer unos bocados de pan y queso y una gran porción de torta con abundante té caliente recién hecho. Entonces tomó las manos calientes de Rosa y, mirándola ardientemente a los ojos, le confesó que había decidido escapar de su casa para casarse en secreto con ella.

—¡¿Qué estás diciendo?! —exclamó ella, haciendo un gran esfuerzo para no llamarle imbécil, mordiéndose la lengua con fuerza—. ¿Por qué le dijiste al viejo que te querías casar?

—¿Acaso no estamos enamorados?

—¡Mierda! —farfulló la mujer.

—Lo que oyes, mi amor, es que te extraño tanto —repuso el joven dulcemente, dispuesto a recibir una avalancha de tiernos besos y caricias por su heroico acto de amor.

Para su asombro la chica se mostró demudada, le soltó la mano con rabia y se apartó bruscamente de su lado.

—¡Oye, chico! ¿A ti qué mierda te pasa? Antes de habérselo soltao a tu papito, tenías que consultarme a mí, ¿no te parece? Supongo que tu papito se quedó de piedra con tu gran idea. La has cagado bien cagada, Pedro Segundo... ¿Cómo eres tan pelotudo?

—¿Qué? Pero, Rosita, mi amor, escucha, yo tengo todo un plan de sorpresas para ti, pero no apareciste por tu casa en toda la semana, fue horrible, todo estaba tan cerrado —respondió Pedrito anonadado por la furibunda reacción de la joven. Y tomándola por la cintura, intentó ponerle la mano en su esbelto *traste*.

—Sí, yo veo bien tu plan, es bastante estúpido —replicó ella exasperada, apartando secamente su mano exploradora—. Mamá y yo tuvimos que venirnos aquí por cuestiones familiares urgentemente, no me dio tiempo a buscarte, ¿entiendes? Te esperé toda la tarde en la plaza, pero no te vi.

—¡Yo también te buscaba! Uff, estoy muy cansado, Rosita, y un poco perdido, ¿puedo quedarme aquí para dormir esta noche? Mañana veremos...

—No hay nada más que ver, está todo muy claro. —Era la estentórea voz de Artemia quien, prorrumpiendo en la habitación se fue hacia el muchacho aparentando alegría de verle nuevamente, aunque una gruesa arruga de honda preocupación cruzaba su frente.

—¡Uy, señora Artemia! Me alegro tanto de verla otra vez; yo es que vine por la....

—¡Ya me imagino para qué viniste hasta aquí! Para intentar casarte. —Estaba claro que la mujer era de la clase de las *escuchantas*, y seguramente estuvo un rato tras la puerta mientras los jóvenes hablaban—. Pero van a ver, *nomás*, yo no le doy permiso a mi Rosita. Como no sea que tu papito la acepte y pague todos los gastos, incluido los de abusar más de tres veces de mi hijita, que es virgen. ¿Lo entendiste bien, cabrito?

Rosa se compadeció al ver al chico gravemente conturbado, hambriento y cansado; la mandó callar de pronto, temerosa que por causa de sus exabruptos, Pedrito optara por echarlo todo por la borda, renunciando a su ansia por casarse. Le oyó mascullando por lo bajo mientras apretaba los brazos de la silla:

—Por la *recresta*, ¿qué le pasa a toda esta gente ahora?

Ella se le acercó lentamente para consolarle con amor, pero su madre la cogió del brazo y retorciéndoselo con disimulo se la llevó aparte y le preguntó con dulce y meliflua vocecilla:

—¿No te parece, hijita, que sería una peligrosa ofensa para el padre si se enterara de que su único hijito está aquí con nosotras para casarse secretamente? Tu *eris* tan *güevona* como tu padre. —Y le dio un pescozón en el brazo—. Hasta puede que se imagine que nosotras tenimo algo que ver con este *huarifaifeo*. Eso que los pacos llaman *controbernio*

—Cierto, mamá, no lo había pensado, es muy cierto, hasta puede que nos acusen de que le *querimo* levantar al hijo para cobrar dinero o yo que sé —exclamó Rosa, aterrorizada ante la perspectiva de ser arrestadas por rapto.

Entonces Rosa se volvió hacia el azorado Pedrito y, sonriéndole amorosamente, le acarició la cara diciéndole con suavidad:

—Mira, Pedrito, lo mejor será que ahora comas y descanses y que mañana tempranito te llevemos a la estación, ¿no te parece lo más lógico? Te vuelves a tu casa y yo viajaré unos días más tarde para hablar con tu papaíto...

—¡No pienso regresar a esa casa! Ni tampoco puedo, porque seguro que me mandarían al cuartel, muy lejos —estalló el muchacho, aterrorizado ante la perspectiva de tal prisión, se revolvió contra las mujeres y contra la vida—. Allá tengo ahora muy poco y ya casi nada es mío... Ya no tengo a donde ir. Debo quedarme aquí contigo para siempre, mi amor...

La muchacha se volvió hacia su madre, con la mirada despavorida, masculando:

—Este sí que es un tete, de los gordos, además.

Las dos mujeres entendieron que estaban ante un serio peligro, o reaccionaban o lo perdían todo. Le cogieron por los brazos, lo sentaron suavemente en el sofá y le pusieron un chal floreado sobre las piernas. Era necesaria una profunda terapia de relajación y de convencimiento para que el joven recuperara la cordura, y en eso se emplearon las dos mujeres el resto de la noche. Una tizana de menta, cedrón y hierbabuena bien dulce, tocadita de aguardiente, más las caricias de la chica, obraron el resultado que buscaba. Por fin el chico estaba profundamente dormido. Y ellas pudieron registrar sus pertenencias.

A media tarde la joven Rosa prorrumpió en la salita:

—¡Arriba! —le gritó destapándole por completo y remeciendo el balancín con fuerza—. Es hora de comer. Seguro que te tragas una vaca con cuernos y *too*...

De la casa vecina venía un humo blanco cargado de aromas de parrillada de carne y chorizos, unos diez vecinos estaban congregados alrededor de la barbacoa, con buenos vasos de vino rojo en la mano y fierritos de prietas en la otra.

Tras comer y beber abundantemente durante casi toda la tarde, Rosa se sentó al lado de Pedrito y le contó su idea para enfrentarse a la situación en su casa.

—Te vas a hacer tú mismo la persona más importante del mundo para tu padre —le dijo golpeándole la espalda con cariño—. Él vendrá a buscarte personalmente y aquí lo hablaremos todo, como una familia, será fantástico. Y hasta que no venga, vivirás conmigo aquí en mi casa del pueblo, más adelante iremos a la finca, para que veas todo lo que tenemos, amor mío. Y ahora, tú y yo vamos a escribir una cartita muy amorosa para tu papá.

Rosa observó complacida lo impresionado que se había quedado Pedrito con su plan y se dejó besar larga y fuertemente por el chico, lo necesario para cebar el anzuelo. Cuando el joven quiso pasar a una etapa más avanzada de caricias, ella se lo impidió e inmovilizándole los inquietos brazos, le llevó a la terraza para que le diera el aire y a mojarle la cabeza un poco.

—Muy bien dicho, Rosita, así no tendré que regresar con la cola entre las piernas, arrepentido, pidiendo perdones que no me darán nunca. Desde lejos es cómo se maneja mucho mejor a la familia —se dijo Pedrito, admirado por la clarividencia de su chica, mientras empuñaba la pluma para escribir su dictado.

Entretanto, en la casona de Talcuri se estaban viviendo momentos de gran aflicción que empañaron totalmente la felicidad de Pedro y Julia al regresar de su estupenda *tournée* nupcial.

Cuando el vehículo cargado de maletas y baúles de viaje, llevando a la pareja de recién casados, entró por el camino del jardín a la casona de la calle Chacón, en la puerta de la mansión estaban todos, parientes y amigos, excepto Pedro Segundo. Todos aplaudieron cuando la pareja, bien agarrados del brazo, se dirigió a la entrada y comenzaron a saludarlos. Habían sido veintiún días embarcados por los mares sureños y los lagos principales, y el cansancio ya hacía poderosa mella tanto en ella como en él. Sin embargo, todos se dieron cuenta de algo extraordinario: Julia había ganado en años, los mismos que había perdido Pedro, pasando así de ser una pareja constituida por el patrón y su ayudanta, a ser marido y mujer. Nunca un viaje de bodas había producido un efecto tan beneficioso en dos personas tan diferentes, casadas en circunstancias tan difíciles. Por añadidura, a ambos se les veía ahora como a personas a las que se las hubiera dejado de ver durante un tiempo, pues reflejaban un talante desconocido, tan diferente del de aquellas semanas frenéticas que vivieron antes de su boda, irritables y agobiados. Los ojos brillaban, las sonrisas, tranquilas, y los gestos, relajados y llenos de simpatía y de tranquilidad, ya no había ni desacuerdo ni desconfianza, parecía que los dos hubieran crecido juntos, se notaba la complicidad en la mirada y en los pequeños ademanes de cariño.

Además de feliz, Pedro, sobre todo, estaba deseoso de abrazar a su primogénito.

—¿Y Pedrito? ¿Por qué no está aquí todavía? —le preguntó directamente a Dorotea, la vieja.

La empleada, perversamente, se cogió el delantal con ambas manos y le espetó:

—Cuando nosotras regresamos, él ya no estaba... Se nota que aquí no durmió casi ninguna noche... Andará de *parranda* con esos dos amigotes que tiene..., con permiso.

Pedro y Julia se miraron con extrañeza, pero mantuvieron el talante y la sonrisa para con los abuelos y todos los amigos que allí estaban celebrando la vuelta a casa. Hasta que, en un momento, la pareja subió al cuarto del chico. Aquello era una leonera vacía, todo desordenado y maloliente. Clavado con un alfiler en la pared, encima del cabezal, advirtieron que había un papel manuscrito.

«Papá, me he ido en busca de la persona que más me quiere y me necesita, porque ni tú ni Julia me echarán de menos, ya están lo suficientemente alejados como para ni siquiera darse cuenta de que yo existo. Ya nada de lo mío importa, no te gusta nada de lo que hago, ni me apoyas en esos malditos y pesados estudios que me obligas a seguir, y se ve clarito que quieres tenerme lejos para que no te moleste, pues bueno, ahora sí que estaré bien lejos, a ver si te gusta más así. Aunque me muera de frío, no quiero vuestro calor.»

Era la letra pulcra de Pedrito, sin duda.

Consternado, Pedro cayó sentado a la cama y constató que su único polluelo acababa de abandonar el nido.

—¡Maldita sea mi estampa! Mira lo que he provocado por desatender tanto los asuntos de mi hijo, le obligué a volar con sus propias alas. ¿Y si estuviese en peligro? Nunca me perdonaré haberle amenazado —repetía, agarrándose la cabeza con las manos.

Julita, hondamente preocupada, releía la nota de despedida una y otra vez, intentando comprender tan desesperada misiva del imberbe hijo de su marido. Esas no parecían las palabras de un hombre.

La noticia cayó como una bomba entre la familia y los invitados, llenando la casa de aflicción y tristeza por la insospechada desaparición del primogénito.

En cuanto recuperaron un poco la calma, Pedro y Julia se dispusieron a no dejar piedra sin remover hasta dar con el desaparecido y comenzaron pidiendo a los más íntimos toda la ayuda posible, dentro de la mayor discreción. Rufino dijo que, de momento, la policía no debía saber nada, para evitar el escándalo social, especialmente entre sus influyentes amigos.

—¡Qué idiotez, Rufo! El intendente Riesco tiene a toda la policía bajo su mando y en cuanto yo se lo pida, pondrá a cincuenta agentes a mi disposición para buscarlo por toda la región.

—No te lo discuto, pero veamos, ¿cómo piensas justificar ante el intendente la huida de tu único hijo? ¿Y tu crédito como padre ejemplar y persona de gran responsabilidad? ¿A dónde iría a parar tu buena imagen? —le interpeló Rufo con gran sensatez.

—Por no hablar de nuestro gran amigo del Diario Regional, que se iban a cebar bien con el escandalillo. Escucha, hijo, Rufino tiene mucha razón, esto lo arreglaremos entre nosotros—dictaminaron José y Ester, sus padres.

—Aquí dice que está lejos y que pasa frío —intervino Julia levantando la misiva del chico, que en esto de despedidas tenía una amarga experiencia—. Eso se llama sur, y las tres únicas maneras de irse para allá son el Flecha, el barco o un coche de posta. Hay que empezar por la estación...

—Porque barcos no hay previstos —apostilló Pedro, mirando satisfecho a su esposa.

En cuanto llegaron allá, Pedro se bajó del coche y se dirigió al jefe de circulación, aparentando mucha tranquilidad.

—¿Cómo te va, Bartolo? Tanto tiempo, ¿no? ¿Qué tal la familia? Mira, hazme un favorcito, he mandado a mi hijo en el tren para visitar a unos parientes y nos hemos desconectado por culpa de mi largo viaje nupcial. ¿Me podrías informar qué día embarcó?

—A Pedrito Segundo no lo he visto por aquí... pero en el saco postal de esta mañana ha llegado una carta expresa para ti, te la iba a llevar ahora mismo —repuso el funcionario rebuscando entre sus papeles—. Sí, aquí está.

Era la letra de Pedrito. Pedro la agarró al vuelo y gritando gracias, salió corriendo de las dependencias con el alma en vilo.

De vuelta a la casona, a medida que Pedro iba leyendo la carta que le remitiera su hijo, su semblante se fue transformando, desde la angustia, pasando por la consternación, hasta la ira. De pronto, la arrugó y la arrojó al suelo, resoplando de rabia. Y le chilló a Julia:

—¡Este chiquillo de mierda no se va a reír de mí! Es el colmo de la desfachatez

Julia, con enorme curiosidad y gesto divertido, desarrugó la carta y la leyó ávidamente.

«Querido papá: Estoy en el sur, alojado en casa de unos muy buenos amigos que ya le presentaré. Perdone por el tamaño disgusto que le debí causar, pero yo jamás pensé en que me iba a alejar de su lado para siempre, sino que fue una de esas cosas que uno hace, bueno, que me ataranté un poco. Solamente quería que usted se fijara un poquito en mis cosas y escuchara mis ideas, ya que últimamente se ha vuelto muy difícil hablarle en primera persona. Como ya le dije en casa, pienso seriamente en casarme y ojalá que usted no me lo prohíba, porque la chica a la que quiero es una gran persona. Fíjese que ha sido ella quien me ha aconsejado que regrese de inmediato y que nunca se debería desobedecer a los padres.

Su hijo que le quiere y le abraza con amor, pidiéndole perdón. Le avisaré de mi pronta llegada.»

Al acabarla, Julia le dijo:

—¿Y por qué tanta rabia? Debes alegrarte; lo primero porque Pedrito está bien. Tienes que dar gracias a Dios. Pero, claro, tú ni siquiera piensas en él, sino en ti mismo. Si solo te pide tu permiso para casarse... De acuerdo, es un tanto alocado, pero sigue el ejemplo del padre al pie de la letra. A mí me parece normal, lo que pasa es que no se atreve a decírtelo personalmente, porque sabe que tú no dejas hablar a nadie.

—¿Qué yo no dejo hablar? Bueno, eso es porque no me conoces bien todavía. Yo soy un gran conversador, Julia.

—Ya, pero yo hablo de otra cosa, me parece.

—Está bien, no quiero discutir contigo, este no es un asunto familiar tuyo, solo quiero decirte que no pienso darle mi consentimiento. —Se sentó con brusquedad y puso el puño bajo el mentón—. Esto me pasa por haber sido tan condescendiente en su educación, más palos y menos zanahorias, eso nunca falla. ¡Mira cómo me paga el ingrato! Con la traición y el abandono.

—Pedro, perdona, eso no es lo que está pasando, tu hijo no quiere estar alejado de ti, sino que pide a gritos que le quieras, como siempre —sentenció la joven con bastante perspicacia—. ¿Es que no lo ves? Yo creo que conozco bien a tu hijo, me parece. Escucha, él es una buena persona, todavía un poco niño porque seguro que lo consentías demasiado. Yo también soy hija única, por eso lo sé.

—¡Conque esas tenemos! Verás los ojos que se le van a poner a este chiquillo cuando lea la contestación —dijo Pedro empuñando la pluma con vigor y escribiendo con decisión—. No será mi propio hijo quien me ponga en ridículo frente a todo el mundo.

—Dile antes que nada que estás muy contento de saber que está bien. Y que eso es lo que más te importa —le dictó Julia con amorosa voz.

—Observa, mi vida, como se le pone el cascabel a un gato arisco...

—Bueno, mira, ¡haz lo que te dé la gana! Pero te equivocas y mucho —le espetó Julia antes de salir de la salita, sin haber probado el té ni las galletas.

—Verás cómo se vuelve mansito, después de un mes en la *capacha*.

—¿Qué estás diciendo? ¿Vas a mandar detenerlo? ¿A tu propio hijo? —Julia se paró en seco en la puerta al oírle musitar la última amenaza—. La sal marina te debe haber sorbido el seso.

—¡Soy su padre y él es menor de edad! A mí nadie se me sube a la chepa.

—¡Eso que estás haciendo es una... canallada! Si mi padre me hiciera una cosa así, le odiaría para el resto de mi vida. —Le apuntó con el dedo, con una extraña determinación, sin sombra de temor ante el iracundo y ahora estupefacto Pedro.

—¡A ver! Tú que tienes tanta experiencia en la vida, ¿qué es lo que harías en mi lugar?

—Yo solo te digo que si mi papá, mi pobrecito, si él estuviera aquí, jamás me haría pasar por lo que tú propones —repuso Julia, asustada de estar discutiendo con Pedro, de igual a igual, por primera vez en su brevísimo papel de esposa sumisa.

Y continuó su parlamento, sin saber cómo le venían las ideas y las palabras que pronunciaba.

—Mi papá tomaría el primer tren y se iría a buscar a su hijo, a su único hijo, y cuando le encontrara, le abrazaría y después de llorar junto a él intentaría concederle todo lo que le pidiera.
—¡Tu familia es de otro siglo! —dijo Pedro con pasmo—. Eso es precisamente lo que haría un padre débil de carácter. Pero ¿a quién se le ocurriría un disparate como ese? —Y salió airado de la estancia mientras Julia le contemplaba con la satisfacción de haber igualado inesperadamente la estatura de su gran marido en materia de discusiones domésticas.

Esa noche casi ni se hablaron hasta que, a la mañana siguiente en el desayuno, súbitamente Pedro se encaró con Julia para decirle que había estado pensando mucho en lo que ella le había dicho la pasada noche y que, en primer lugar, lamentaba haberse atarantado con tanta facilidad, seguramente por causa de sus problemas acuciantes en la viña.

Julia le escuchó casi sin mirarle, pero en actitud sumisa, y le preguntó con una pizca de ironía:

—Está bien, pero ¿qué hará usted entonces, tío Pedro?

—¡Julia! —exclamó Pedro con un mohín de disgusto, ella asintió disculpándose—. He pensado en lo que haría tu papá, o sea mi suegro, y quizá tengas razón, pero te advierto que no estoy cien por cien convencido. Quería que supieras que estoy considerando tu sugerencia.

Incorporándose de la mesa se dirigió al otro extremo e hizo ademán de besar a su esposa en el cuello, como era su costumbre, pero Julia inclinó levemente la cabeza hacia la izquierda y Pedro solo obtuvo un cuarto de beso. Julia, ocultando su temor, le miró de reojo para observar la reacción, comprobando satisfecha que este no osó reintentar la maniobra amorosa, optando por un hasta luego para irse a una reunión en la alcaldía, llevándose con él un exceso de energía matinal sin consumir.

Cuando regresó para almorzar, su actitud era conciliatoria y la de Julia, expectante.

—Mira, mi cielo, respecto a Pedrito, lo he estado meditando y voy a seguir tu consejo. Me parece hasta sensato, lo he pensado bien y quiero que tu participes cada vez más en mis decisiones familiares, para eso eres mi esposa. —Tras el discurso le propinó un beso en la frente que ella contestó con un cariñoso frotamiento de su mano contra la suya.

—Muy bien dicho —repuso ella aplaudiendo.

—Pero, ¡nada de trenes al sur, ni lloriqueos maricas! Haré algo mejor, lo voy a convencer con un montón de plata, que es siempre un argumento de mucho peso —arguyó con sabiduría. Julia, incrédula, suspiró, miró al techo con resignación y se sentó a su lado, moviendo la cabeza de lado a lado; Jesús, María, dijo, pero no osó contradecirle nuevamente.

—Ya verás qué mansito regresa el potrillo a la querencia —concluyó Pedro abandonando presuroso la estancia.

En el pueblo Las Hualtatas, Pedrito, acompañado de Rosa, leyó la carta que acababa de recibir de su padre. Artemia escuchaba en silencio, no por inteligente, sino por analfabeta.

—Esto es mucho dinero —dijo ella cuando acabó la lectura, blandiendo el cheque.

—Mi padre es rico —dijo Pedrito con orgullo, mientras Artemia gruñía de gusto, pues ella del cheque sí que estaba perfectamente al corriente.

—Pero te obliga a ingresar en la Escuela de Agronomía si quieres disfrutar de ese dinero que te librará de tu papito, mi amor —le susurró dulcemente al oído—, pero de casarnos no dice nada de nada. Ni parece que vaya a venir corriendo a buscarte.

—¡Antes muerto que volver a una sala de clase! Pronto cumpliré los diecisiete y quiero empezar a trabajar en algo que me guste a mí y no a mi papá, como hacen todos mis amigos de la hermandad, especialmente ahora que soy cofrade mayor este año gracias a ti. Entonces, tú volverás conmigo a Talcuri para que nos casemos, como Dios manda. Así que su dinero no me hará ninguna falta.

—¡Un momentito, parejita! —Artemia se incorporó todo lo bruscamente que le permitía su corpachón y se interpuso entre los jóvenes—. Vamos a hablar en plata, ahora, antes de salir corriendo a casarse.

—Sí, mamá, yo siempre haré lo que tú me digas.

—Vamos a aprovechar bien esta plata —añadió Artemia con mucha resolución, arrebatando el giro postal a su hija—, como por ejemplo, arrendándole esta parcela nuestra para que tú puedas dedicarte aquí a lo que más te gusta y así contentar a tu padre, cuando acabes la escuela esa. Así ya tenemos donde vivir juntos, y poder preparar enseguida el casorio.

—Sí, ¡más vale pájaro en mano! —exclamó entusiasmada Rosa, besando a su madre en la frente con fuerza.

—Voy a escribir ahora mismo a mi papá —decidió Pedrito, contagiado por el entusiasmo de sus nuevas y adultas perspectivas—, no sea que luego se me eche *pa'tras*.

En la carta le escribió con júbilo el dictado de Artemia y su hija:

«Y la plata que me manda se la voy a cuidar mucho, se lo prometo. Con la ayuda de Rosa, que así se llama mi novia y que ya se la presentaré en cuanto nos veamos, vamos hacer que usted esté contento y feliz, porque se lo merece; ahora mismo vamos para allá para que conversemos y arreglemos todo. Me muero de ganas de que conozca a Rosita, es de muy buena familia, gente sencilla, como nosotros. Son muy cariñosos conmigo, me cuidan mucho y me aconsejan muy bien; están en todo momento a mi lado, nunca me dejan solo ¿comprende, papá? He encontrado una buena mujer y espero casarme pronto, en cuanto usted me bendiga.

Llegaré a tiempo para la fiesta de la vendimia y, cuando estemos juntos, usted me llevará al circo y a remar en el lago, como hicimos el verano pasado.

En cuanto regrese y le presente a mi novia, me matriculo en la Agronomía. Le mando un beso y todo mi cariño.

Pedro Segundo, su hijo que le quiere y le extraña.»

En la casona, Julia estaba de pie tras la *bergére* mientras Pedro leía con suma atención.

—¿Y qué te dice de volver? —le interrogó con impaciencia.

—Nada, que ya se viene para acá.

—O sea que ha picado el inquieto salmonete.
—Así es, usando un cebo dorado —repuso Pedro sonriendo satisfecho—. Aunque no me gusta nada lo de esa tal Rosa, y obviamente de casamientos ¡ni hablar! Pero, en fin, ya haremos el puente cuando aparezca ese río. En este momento, lo que de verdad me importa es que termine una jodida carrera y empiece a regentar estos viñedos. Cuanto antes, mejor, ya que esta es su única herencia.
—Me alegro de que todo se resuelva tal y cómo tú querías —le susurró Julia, poniéndole la palma de la mano sobre el cuello—. Y otra cosita, mañana quiero ir al sanatorio para visitar a papá. ¿Se lo dices a Enriquito, ya? Buenas noches.

Días más tarde, el Flecha del Sur iba rumbo a Talcuri a todo vapor, perforando la noche con sus estridentes silbidos. Entre los pocos viajeros del coche-cama estaban Pedrito y Rosa, en dos camarotes diferentes, por la dura exigencia de Artemia, quien no pudo acompañar a la pareja a causa de un repentino ataque de reuma en la víspera.
En la puerta del compartimento de Pedro Segundo resonaron unos discretos golpes de nudillo, varias veces, hasta que una voz somnolienta farfulló:
—¿Qué pasa, inspector? ¿Ya estamos entrando?
—Que soy yo, tontorrón.
La puerta se abrió de inmediato y se cerró con rapidez. Ella, aún con la ropa de calle, penetró en el camarote y se sentó en la cama de su pareja.
—Quiero que hablemos de lo que va a pasar mañana.
—¡Claro, cielito! —replicó él, y se sentó muy pegado a su lado, pasando su mano por la cintura de la joven.
Pero ella se incorporó como un resorte y, muy airada, le graznó:
—Mira, chiquillo, que te quede clarito, hasta después del casorio se acabaron las manitas y los arrumacos, ahora hay que pensar en muchas cosas muy serias...
—Pero los *pololos* siempre tienen que estar agarraditos.

Rosa le pegó un fuerte zamarreo y consiguió que el joven se centrara en la delicada cuestión.

Durante largo rato, la muchacha estuvo explicando cuidadosamente todo lo que iban a hacer y decir cuando estuvieran delante del padre del chico.

Sin embargo, Pedrito tenía la mitad de su mente sumergida dentro de la blusa de la mujer.

Pocas horas más tarde el convoy se iba deteniendo ruidosamente mientras entraba en el andén primero de la estación de Talcuri; Pedrito, con la cabeza asomada por la ventanilla del coche pullman, miraba y remiraba en pos de la figura de su padre, esperando verlo con lágrimas en los ojos ante el regreso de su hijo pródigo. Pero esa madrugada no encontró ninguna lágrima, ni siquiera una cara querida. Al bajar, en medio de los sonoros resoplidos de la locomotora, la pareja se quedó esperando un instante hasta que una figura emergió de la nube de vapor y se les acercó con rapidez. Pedrito soltó la maleta y a Rosa para correr a abrazar a su padre, pero se quedó paralizado porque quien apareció en realidad fue Enrique, para recogerlos en el coche.

Del padre, no se sabía nada de nada.

El coche se detuvo en la casa de la plaza Sucre para dejar a Rosa. Ambos se despidieron con emoción por los días que les había tocado vivir juntos en el sur; Pedrito le aseguró que volvería al día siguiente para conducirla a su casa y presentarla a su padre oficialmente como su prometida.

—Las cosas hay que hacerlas como Dios manda —remedó el chico, extasiado ante la perspectiva de tanta libertad—. Mañana sin falta —remachó y ella le contestó besándole con pasión. Enseguida abandonó la casa para correr a ver a su padre, que estaría esperándole con ansiedad, se dijo convencido.

Ya en la casona, Pedrito se bajó del automóvil y echó a correr hacia el porche gritando:

—Papá, papá, ya he llegado. —Pero solo un eco frío respondió a sus voces llenas de impaciente cariño.

Al poco rato, llegó Dorotea, la joven, acompañada de un peón, venía de la feria cargada con frutas y verduras y al verlo sentado medio dormido en el salón, le abrazó y le besó cariñosamente. Le dijo que los patrones estaban en Los Pinales y que regresarían tarde. Ese fue todo el cariño que el jovenzuelo obtuvo en el día de su retorno al nido. Se dio media vuelta y se fue a su dormitorio, en donde durmió dieciséis horas seguidas.

Entretanto, en la plaza Sucre, un pequeño coche de postín recogió a Rosa y desapareció al galope en dirección a Río Amarillo.

Episodio 9. Vendimia de sangre

A la mañana siguiente, el padre se encontraba sentado a los pies de la cama de su hijo, observando con una divertida expresión cómo estaba tirado, completamente dormido.

—¡Arriba, *flojonazo*! —le gritó Pedro, remeciéndolo—. Todos te estamos esperando ansiosos, hoy es el gran día... El día en que comenzarás una nueva vida en esta familia que tanto espera de ti.

Al abrir un ojo, lo primero que Pedrito logró ver fue la figura de su padre. Alborozado, saltó de la cama para abrazarlo fuertemente. Pedro recibió la avalancha de besos de su hijo sonriendo con satisfacción por haber podido recuperar sano y salvo a su primogénito, respondiéndole con un largo beso en su frente.

—Levanta, nos vamos de inmediato a la viña, así que come algo si quieres y recoge tu ropa. Estaremos toda la semana allí, hay muchísima gente esperando, habrá una fiesta como no se ha visto en este lugar en muchos años —seguía diciendo Pedro entusiasmado, mientras recorría la habitación a grandes zancadas.

—¿La pedida va a ser allá? ¿Nos vamos al tiro? Pero, papá, primero tenemos que hacer la... ¿Cómo se dice? O sea, yo tengo que avisarla —dijo balbuceante.

—Vamos, vamos, deprisa, abajo hay chicha y uva rosada fresca. ¡Ah! Y bienvenido a tu casa, hijo —decía mientras le restregaba el cabello con fuerza—. Ya me contarás estas mini vacaciones que te has tomado por tu cuenta en el sur, ¿eh, sinvergüenza? Eres un fresco de *siete suelas*. ¡Bueno, tienes a quien salir, desde luego!

El boquiabierto Pedro Segundo tardó bastante en reaccionar a la catarata de noticias y órdenes, y cuando lo hizo, la habitación estaba cerrada y se encontraba solo. Quería decirle a su padre que debía presentarle a su Rosa, en primer lugar, y que luego él debería invitarla a almorzar en la casona. Pero, ¿una fiesta en la viña? Tampoco es para tanto, se dijo sonriendo con extrañeza.

Al bajar al comedor, trajeado con lo mejor que tenía, no tardó en darse cuenta de que nadie en su casa estaba hablando de él ni de sus intenciones amorosas; desolado, comprendió que semejante barullo no era por su causa, sino en honor de las malditas uvas. Se iba a celebrar la vendimia.

—Esta fiesta es lo segundo más importante en esta familia, desde que nos casamos —dijo Pedro abrazando a Julita, en tanto subían al coche cargado de maletas—. Ahora verás cómo se las gastan por aquí las personas que aman esta tierra. Y no te diré más por ahora. ¡Mira, allá viene el lento de mi hijo! ¡Date prisa o nos darán las uvas, como dice mi padre!

Apenas el mozo hubo abierto la boca para pedir una explicación, lo metieron a empellones en el Daimler y todos salieron rumbo a Los Peñones a gran velocidad, sin darle tiempo a reaccionar.

Pero a medio camino, al detenerse en el pueblo Río Amarillo para refrescar el motor, Pedro Segundo se fue directamente hacia su padre, e interrumpiendo de malos modos su parloteo con Rufo y Tola, lo empujó bajo un árbol cercano.

—Papá, escúchame bien, tenemos que regresar a la casa al tiro, por favor… Es que Rosita, que es mi novia, me está esperando en su casa para que la recoja.

—¿Novia? No me has dicho nada de esto cuando llegaste, y me molesta que pretendas alterar mis planes sociales.

—Pero, papá, ¿ya no te acuerdas de lo que hablé en la carta? Te la quiero presentar cuanto antes, ha venido especialmente para eso —le suplicó Pedrito, tomándole del brazo.

—Sí, sí que me acuerdo muy bien de tu cartita, pero lo primero es lo primero, hijo, las cosas hay que hacerlas como Dios manda, y la fiesta de la vendimia no puede esperar ni un solo día, ¿no te das cuenta de que asistirán todas las autoridades? Pero no te afanes, hijo. —Su padre le habló con tono solícito—. Verás que habrá tiempo para todo eso, ahora nos tenemos

que concentrar en este acto donde tu presencia es también indispensable, será lo más grande y sonado en toda esta región.
—Siempre estás con lo mismo, todo lo tuyo es siempre lo más grande y sonado, mientras que lo mío es lo más pequeño y menos importante —gimoteó Pedrito con amargura y echó a correr rumbo a la casa.
Pedro regresó al coche meneando la cabeza y le ordenó a Enrique que fuera a buscarle. Julia se lo quedó mirando con preocupación.
—No has podido hacerle caso, ¿verdad? Ni aunque sea un poquito...
—Me jode que quiera hacer lo que le dé la gana en el momento en que se le ocurra, de eso nada, los mayores tenemos ocupaciones y compromisos que atender —replicó Pedro agriamente.
—Más compromiso que un hijo, no sé, es que yo lo veo de otra forma... Pero, en fin... ¡allá tú!
—Te mandaré a Pichidangui con mi primo Heriberto a criar ranas. —Pedro le zumbó por la ventanilla cuando el contrito muchacho se sentó de nuevo en el vehículo—. Bueno, *miéchica*, entonces te quedarás un día o dos solamente y luego Enrique te traerá de vuelta para que estés con la novia esa que dices que tienes... ¡Cago en la leche! Venga, en marcha, o llegaremos para el invierno...
Al llegar a la viña por la tarde, estaba algo nuboso y soplaba una brisilla fresca. En la explanación delante de la bodega Tres, reinaba una actividad incesante; los peones venían de los viñedos trayendo grandes cestos de mimbre, llenos de uva recién vendimiada, y los iban colocando en fila donde se celebraría el acto principal de la fiesta; a un costado, los carpinteros alzaban un amplio proscenio para los músicos y los discursos. Muchos invitados ya habían llegado para ver los preparativos, cómodamente sentados en mesitas bajo los ulmos, estaban devorando las picantes empanadas de pino y solazándose con los delicados caldos de la zona.
A las pocas horas de estar allí, el joven Pedrito no tuvo más remedio que dejarse llevarse por la impetuosa corriente familiar

y festiva. ¿Cómo podía oponerse a tamaña catarata de jugo de uvas que se le venía sobre la cabeza?

Pensó en su Rosa, que seguramente esperaba su llamada para ser presentada en la familia, ataviada con un caro vestido comprado especialmente para la ocasión. Y agarrándose la cabeza con las dos manos, se sumergió en una jarra de espumante chicha fría. Por más que trató de llevar a su padre a un aparte para referirle su tema sentimental, siempre llegaba Julia o alguien de la viña para distraerle con preguntas o plantearle algún problema que debía resolver.

—En cinco minutos estoy contigo, hijo. —Se convirtió en una larga espera hasta que, aburrido de intentarlo, se dio cuenta que había llegado al final de su paciencia.

Más que harto, el muchacho tomó violentamente una decisión. Aprovechándose del toletole organizativo, mandó a Enrique a que le llevase inmediatamente de regreso a Talcuri, para recoger a su Rosa y llevarla a la fiesta del campo para la presentación oficial de su amada ante toda la familia y los asistentes. Ahora sí que todos van a saber quién soy yo, se dijo el chico enfurecido por el menosprecio que mostraba su padre hacia los más importantes y sagrados asuntos suyos.

Pero cuando el agotado Enrique detuvo el vehículo delante del número 18 de la plaza Sucre, la casa de la chica estaba cerrada a cal y canto, para variar.

Desolado, Pedro Segundo esperó un buen rato sentado en la plaza, mirando anhelante las persianas verdes que estaban desenrolladas hasta abajo, imaginando que Rosa, defraudada y encolerizada, había optado por romper la relación y regresar al sur. Al rato, cansado y frustrado, se incorporó y regresó a su casa de la avenida Chacón, rumiando una idea fija: recuperarla cuanto antes y casarse con ella a como diera lugar. El joven sabía que la vida como heredero único de su padre, el rey Gonzales de las viñas, nunca sería posible.

En viña, entretanto, aunque la gente llevaba días preparando afanosamente la gran fiesta de la vendimia, todavía no estaba todo a punto. Cumpliendo con la jornada más importante del almanaque viñero, ya comenzaban a congregarse amigos y vecinos de la familia, amén de alguna autoridad local madrugadora, dispuestos a disfrutar de la I Fiesta de la Vendimia, según rezaba el lienzo que cruzaba la fachada del galpón tres. El festejo prometía ser extraordinario, como todo lo que gustaba organizar al patrón Gonzales.

Alrededor del proscenio de madera, la actividad de los numerosos peones todavía era frenética, ora colocando jardineras llenas de gladiolos, ora distribuyendo sillas de totora o barriendo la entrada al recinto con largas ramas de sauce. Las banderas se acabaron de izar y la orquestina hizo sus primeros afinamientos, tras lo cual ingresaron en el recinto las principales autoridades, encabezadas por el intendente, del brazo de Pedro Gonzales.

El terrateniente subió parsimoniosamente al escenario en medio de los aplausos vibrantes de la centena larga de invitados que ocupaban el patio y, tras dirigirse personalmente a cada autoridad presente, empezó con calor su discurso.

—La vendimia, considerada como el nacimiento del vino, se inicia con la recolección, selección y preparación de la uva apropiada para fundamentar un vino específico, como todos ustedes ya saben. Esto es así desde tiempos inmemoriales, pero yo quiero que este año las cosas sean muy diferentes, en honor a una persona que quiero mucho con la que me acabo de unir, como ya casi todos saben. Les quiero informar brevemente de lo que he preparado para esta ocasión, donde todo será especial. Cuando yo termine este discursito, veremos unas sorpresas que tengo preparadas. Ustedes van a asistir por primera vez en estas tierras al auténtico nacimiento de los grandes caldos, se trata de la *pisadura*. He escogido a las chicas solteras más buenas mozas de la ciudad quienes, junto con Julita, mi esposa, van a iniciar un concurso de pisadura de uva, de donde saldrá la reina de la vendimia, la mujer de Baco. Y vamos a preparar el mejor Viña Oro de todas las cosechas. Vamos, pues, a presenciar este concurso de inmediato. ¡Qué comience la fiesta!

El disparo de una bengala de colores marcó el inicio de la jornada festiva. Al momento, los ayudantes se precipitaron a la explanada donde había tres montículos cubiertos con lonas, tiraron fuertemente de ellas y dejaron a la vista tres amplias tinajas de brillante madera. A otra señal, una fila de recogedores con cestos de mimbre a la espalda empezó a vaciar los racimos seleccionados dentro de las tinajas. Y, por último, aparecieron en el proscenio once mujeres con vistosos trajes de colores y el pelo recogido dentro de una malla o en un trapo blanco, todas descalzas. Sonó un cornetín y todas ellas, subiéndose las enaguas, se precipitaron dentro de las tinajas ayudadas por los hombres y comenzaron un alegre baileteo circular, asidas de los hombros, levantando rítmicamente sus hermosas pantorrillas para pisar las uvas lo mejor y más rápidamente posible. La orquestina animaba la competición con música de conocidas polcas, que aceleraba el ritmo en ocasiones para seguir el de las pisadoras, compitiendo entre ellas por ser la más enérgica. Entre ellas se subió Julia, abrazándose con otras tres muchachas de la primera tinaja. El líquido sanguinolento que manaba por los bajos de los recipientes entraba por los conductos e iba a depositarse en los toneles de madera dispuestos dentro del galpón tres.

Los asistentes, que nunca habían presenciado semejante espectáculo, se levantaron de sus asientos y empezaron a tomar partido entusiasmados por alguno de los tres grupos de pisadoras, acercándose cada vez más para ver de cerca a la candidata a ser la mejor.

No habían pasado ni diez minutos cuando Julia, con visibles muestras de cansancio, pidió que la sacaran de la tinaja; estaba completamente agotada. Pedro, riendo a carcajadas, la ayudo a salir y, justo cuando la depositó en tierra, ella se desvaneció.

Todos los presentes contuvieron la respiración al ver a la exangüe patrona abandonar la celebración, llevada urgentemente en brazos por su marido hacia la casa, seguido por el doctor Samuel Rivas.

Durante largo rato, toda celebración quedó suspendida a la espera de novedades; todos se miraban sin saber qué hacer. En tanto que los músicos jugueteaban con sus instrumentos mirando en todas direcciones, las pisadoras empezaron a salir lentamente de las tinajas y, muy decepcionadas, se internaron en la bodega dando por finalizada la ceremonia. Pero una de ellas, compañera de Julia en su tinaja, cayó al suelo, y cuando la fueron a ayudar, vieron que sangraba bastante de un pie. Pensaron que se había cortado con un fleje afilado, lo que era el accidente más corriente de por allí.

A medida que transcurrían los minutos de incertidumbre, los invitados se acercaron a las autoridades murmurando sobre lo que estaría sucediendo con la patrona.

En menos de una hora los asistentes vieron alarmados que Pedro Gonzales regresaba corriendo al recinto fiestero, con la expresión desencajada y respirando con dificultad. Se encaramó de un salto a la tarima de los músicos y, agarrando la bocina, explicó lo sucedido:

—Que nadie se preocupe —repetía una y otra vez—, la señora ha sufrido un pequeño desvanecimiento, pero ya se está recuperando, no hay motivos para alarmarse. Y ahora que la orquesta toque sin parar y que siga la ceremonia, solo que ustedes me van a perdonar que no les acompañe, pero debo estar con mi esposa. Ella se encuentra perfectamente pero muy fatigada, así que les ruega que la disculpen. Por favor, todos a comer y a divertirse sin parar. Jacinto, tú ocúpate de que todos estén atendidos como se merecen. Yo vendré dentro de un rato.

—Esta ya está esperando, te lo digo yo que tengo experiencia en esto, y si me dejaran examinar a la chiquilla, te lo confirmaría —cuchicheó una vieja que estaba sentada en medio de los asistentes.

—¡Por eso tanto correr con la fecha del casamiento! —sentenció la otra—. ¡Ayayahi, con los hombres, en cuanto pueden, la meten!

—¡Qué deslenguadas, por favor, don Pedro es un caballero! —terció otra.

—Precisamente son ellos los que más la meten.

Pedro regresó corriendo a la casita Los Peñones y se fue directamente a la habitación matrimonial donde se encontraba Samuel tomándole el pulso a Julita y le interrogó con preocupación:

—¡Oye! ¿Seguro que es el azúcar?

—Seguro, las pruebas lo confirmarán. Además, no puede ser otra cosa, apenas llevan ustedes un mes de casados.

—¿Tú crees que Julita podría viajar a la Capital en los próximos días? Quiero que de todos modos la vea la comadrona que conoce a mamá, aparte de comprar todo lo que necesitaremos muy pronto, si Dios quiere —suspiró mientras acariciaba dulcemente el pelo de Julita, mirándola con arrobamiento religioso, al tiempo que ella miraba aterrorizada a través de la ventana.

—¿Viajar? Imposible. Además, esa comadrona ya estará *comía e gusanitos*...

Al día siguiente la familia abandonó la viña con camas y petacas para regresar a la casona de Talcuri, marcando así el final de las vacaciones de verano y el comienzo de un nuevo año de trabajo.

Fue un viaje que a Julia no le sentó nada bien. Tuvieron que detenerse a descansar un buen rato en el pueblo Río Amarillo, en casa de la tía Angustias, debido a las continuas náuseas y mareos que la asaltaban. Esa noche la pasaron en casa de la tía y reemprendieron la marcha temprano por la mañana. En cuanto llegaron a la casona, Samuel ordenó reposo absoluto hasta nueva orden y se fue al hospital para preparar las pruebas de sangre que se le harían a su sobrina.

Ya más relajado, Pedro se fue a buscar a su hijo y se lo encontró tirado sobre su cama, vestido y con zapatos, roncando ruidosamente. Se echó a reír ante la escena y le zamarreó con fuerza, exclamando:

—Levanta, ya, ¡eh badulaque! He tenido que volver corriendo porque Julita se me puso enfermita. Se fue a la cresta la fiesta más grande del país, eso me pasa por...

El muchacho quedó mirando al viejo mientras salía del cuarto a toda prisa. Sin poder creerse que su lejano padre había bajado del cielo para hablarle en persona. Y encima, parecía dispuesto a escuchar. Eso animó de inmediato al joven pues, al parecer, no estaba del todo perdida la gran ocasión para hablarle claramente acerca de sus propios planes de vida con Rosa.

Se vistió en un santiamén y salió a la terraza en busca de su padre. Estaba allí hablando preocupadamente con Jacinto y este, al parecer, le estaba mostrando una pequeña cápsula de color cobrizo. Se giró y se tocó de narices con Julia descansando en un sillón que le habían puesto exprofeso allí fuera. Llevado por la curiosidad, se le acercó y le miró la cara, pues estaba muy demacrada.

—Hola, Julita, ¿estás mejor? Creo que te enfermaste en la fiesta, ¿es verdad? —le preguntó educadamente, pero con frialdad.

Julia le miró sonriente, dejó caer la revista para estirarle los brazos, diciéndole suavemente:

—Ven aquí y dame un besito, hace tanto que no hablo contigo. Siéntate y me acompañas un rato.

Ella se dio cuenta enseguida de que la expresión del mozo era más de una honda depresión que de contento. Y le tiró vigorosamente de la manga para que reaccionara, pero él hizo un mohín de disgusto, bajó corriendo y se sentó en un escaño del jardín y se quedó allí, ensimismado, arrojando piedras a las avecillas que se posaban en las ramas.

Julia se asomó a la terraza para preguntarle cariñosamente qué es lo que le ocurría, pero el chico la rechazó con evidente disgusto, hasta con brusquedad y, ante su pasmo, le dio la espalda. Ella le preguntó si no quería aceptar su conversación y el muchacho, mudo, negó con la cabeza y siguió apedreando pajarillos. El azorado joven vaciló entre el rencor que sentía por la muchacha que había arrancado a Pedro de su vida y la urgencia perentoria de un desahogo, tras tantos días de desconcierto.

Pero a Julia era difícil negarle una palabra y mucho menos ella que suponía estaba pasando por un mal momento. Espíritu de enfermera, es decir, irredento por encima de todo. Así que soltó una interjección por lo bajo y le gritó:

—Quiero hablarte de Rosa.

El nombre retumbó en el jardín. Pedrito se giró hacia la terraza conmovido, porque era la primera vez que se referían a su amada dentro del lugar. Y se rindió a la insistencia de Julia.

—¿El qué?

—Te voy a ayudar a preparar este asunto, ven, sube aquí rápido antes de que vuelva —le urgió Julia.

Ella ya tenía pensado arreglar una encerrona para presentar a Rosa en casa y así quitar esa tensión enorme que había entre padre e hijo por ese motivo. Aunque en el fondo, Julia se moría de ganas de saber cómo sería esa chica tan especial en la vida de Pedrito. Le ofreció hacer secretamente los preparativos para organizar un gran almuerzo en la casona y apoyarle por completo en la presentación de Rosa a Pedro; y le dijo que, además, hablaría con la abuela para tener otra aliada en la mesa.

—¿Y tú precisamente me vas a ayudar? ¿En serio harías eso por mí? —demandó Pedrito, con enorme desconfianza.

—Por supuesto, ¿no ves que ahora somos familia, tonto del bote? Y antes fuimos muy amigos, o ya no te acuerdas de la llave del *jujutsio*, ¡esa que me querías hacer en el suelo, sinvergüenza!

Pedro Segundo enrojeció ante la sonrisa sardónica de Julia, pero se alegró sinceramente de oírselo decir.

De pronto, recordó la cerrada casa de Rosa.

—¡Tengo que encontrarla! —masculló el joven y, bajando de dos peldaños en dos, salió corriendo a la calle, donde ya se empezaba a juntar el agua de una fina lluvia.

Al regresar a casa por la tarde se fue directamente a la terraza a hablar con Julia, y ella percibió de inmediato el cambio. Pedrito era otra persona; los ojos, brillantes e interesados en el mundo; sus gestos, vivos y entusiastas, y su voz, alta y vibrante.

—Cuéntame sobre ella —conminó al joven.

Animado por el cariñoso e inesperado interés que le estaba demostrando Julia por sus asuntos personales, Pedro Segundo olvidó su rencor para sincerarse por primera vez con Julia, confesándole que Rosa era más que una simple polola y que ya había conocido a su madre, quien lo había aceptado con los brazos abiertos; y añadió:

—Se llama Rosa Heredia, es una chica estupenda, elegida por mí solito; yo la quiero mucho y ella me corresponde de corazón.

—¡O sea que hablamos de la misma chica por la que te fugaste al sur!

—Yo buscaba con todas mis fuerzas una pequeña ocasión para que mi padre la conociese personalmente. —El joven balbuceó una amarga queja sobre la falta de sensibilidad de su padre cuando quiso presentársela oficialmente, para pedir su aprobación—. Quería mantener una relación normal con ella, poder traerla aquí cuando yo quisiera, invitarla al campo a pasar los fines de semana, en fin, lo que es natural entre la amiga de un joven y la familia.

—Pero el bruto de Pedro no te dio *cancha*, ¿verdad? —le consoló Julia, con sinceridad, y afirmó distraídamente—. Por lo tanto, es una chica de tu edad, ¿cierto?

Sin más, la joven le explicó su plan para llevar a cabo una exitosa presentación de Rosita ante Pedro.

Para cuando llegó el día escogido, y sonó la campana de la calle, la propia Julia vestida de blanco se dirigió a la entrada principal para recibir a la pareja. Cuando le extendió la mano, no pudo evitar un respingo al verla. Rosa bajó la cabeza candorosamente para evitar un examen tan cercano y musitó:

—Buenas tardes, señora Julita, encantada. —Tan impostado, que ella no pudo menos que apretar los labios para no sobresaltar a la recién llegada. Pedrito no cesaba de revolotear alrededor de las dos intentando mostrar todo el esplendor de su casa y de su familia.

Dorotea, la vieja, interrumpió para decirle discretamente a la señora de la casa que ya estaba servido el aperitivo en el porche, arregló un par de reposabrazos del sofá, se acercó a Rosa y, dándole un empujoncillo, se dirigió a su lugar. En el porche se había dispuesto un selecto y variado aperitivo compuesto de *vol-au-vent* rellenos con pasta de cangrejo, empanadillas triangulares de carne picada horneadas a la piedra, ensalada de mariscos y cócteles de locos con palta. Dos botellas de *champagne* de la viña estaban en las cubiteras, listas para ser descorchadas por un camarero que las custodiaba fieramente.

Por indicación de Julia, la estrella invitada se sentó delicadamente en la poltrona para no arrugar el caro vestido de seda azul que estrenaba para la ocasión. Pedrito, que vestía una chaquetilla beige con ribetes morados y una gorra blanca a rayas, se sentó lo más próximo que pudo; estaba radiante y satisfecho con el gran recibimiento dispuesto por Julia, tanto, que la miró con profundo agradecimiento y le guiñó alegremente un ojo.

Diez minutos más tarde entró Ester en el porche y todos se levantaron para saludar cortésmente a la abuela; después de una media hora de conversación intrascendente, se oyó el temido ruido, la gran llave de bronce girando la cerradura de la verja de calle. Pedrito se incorporó como un resorte, pero Julia ya estaba de pie y le sentó con firmeza para dirigirse directamente al encuentro de su marido quien cruzaba el jardín hacia la casa.

—Buenas tardes, cariño, un besito, pareces algo fatigado, ¿quieres una copita de *champagne* bien helado? Ven, estamos todos en el porche, tenemos una invitada, ha venido una amiguita de Pedro Segundo... Ella está de paso por Talcuri. ¿Qué tal la reunión con Rufito?

Pedrito se fue corriendo hacia él y le propinó un sonoro beso a su padre en la mejilla, lo asió fuertemente del brazo en tanto miraba a su Rosa, temeroso de una inopinada reacción al verla por primera vez. Por el contrario, Pedro estaba muy relajado y contento, besó a su madre y saludó sin ninguna expresión a Rosa cuando Julia se la presentó tranquilamente, sin aspavientos, como la amiga de Pedrito, y empezó a hablar como un loro de una cosa divertida que le pasó. Sin parar de relatar la anécdota, se quitó la chaqueta y la corbata, y solo se calló cuando arrasó con los aperitivos y se bebió media botella él solito. Tan distendida era la reunión que incluso Pedrito se rio más de una vez con las historias de su padre, pero sin dejar de mirar a Julia, esperando el momento crítico de presentar a Rosa a su padre como *polola* oficial. Julia le contestaba frunciendo el entrecejo y asintiendo, dejando deliberadamente que pasara el tiempo. Con disimulo, Pedro echaba unos mirotones a la distraída Rosa, especialmente cuando se levantó para ir a lavarse las manos, ocasión que aprovechó para conducirla al interior de la casa. Al regresar, pasó al lado de Julia y le dijo entre dientes:

—Esta es ella, ¿sí?

En cuanto Rosa volvió a la mesa y alargó delicadamente el brazo para tomar una copa de *champagne*, Pedro reparó en el oscuro pelillo de su antebrazo. Entonces giró toda su atención hacia ella mientras masticaba las empanadillas, tanto como la batería de preguntas que lanzó a la mujer, una tras otra, hasta que se vio claramente que Rosa estaba acorralada y angustiada.

En cuanto se acabó el *champagne*, el patrón se incorporó con brusquedad mostrando a las claras su insatisfacción, miró severamente a su mujer, aunque no le dijo nada, y se despidió cortésmente de la azorada Rosa aduciendo que debía retirarse por asuntos de trabajo. Sin más, cogió la chaqueta y la corbata y se metió en casa dando un portazo. Tras la retirada, nadie en la mesa dijo nada. Pedrito, demudado, interrogó a Julia con la mirada buscando una explicación, pero ella se encogió de hombros y le dijo que le hablaría inmediatamente; y también se metió dentro de casa, sin despedirse. La siguiente en hacerlo fue Rosa, que salió desairada de la casona, mientras Pedrito intentaba seguir su paso militar por el empedrado de la calle. No se dirigieron la palabra. Al cruzar la plaza Sucre, el chico no pudo contenerse y se disculpó como pudo consolándola con un abrazo; alcanzó solamente a darle unos breves besitos tras la oreja antes que ella se escapara de sus ardientes tenazas y corriera a meterse en casa con furia.

Al regresar, Pedrito estaba completamente frustrado por no haber podido obtener de su dulce Rosa ningún otro progreso amoroso, por eso no advirtió que la presencia de ella había causado en Pedro el mismo efecto que si hubiera entrado un ventarrón por la ventana y hubiera puesto la habitación patas arriba. Así que no pudo ocultar su disgusto cuando Pedro le abrió la puerta de la calle y lo empujó dentro del despacho para leerle la cartilla.

—Hijo, hazme caso, esa Rosa no es ninguna chiquilla, sino una mujer madura e interesada que no le conviene nada a un chico estupendo como tú. No te aportará nada positivo en este momento tan importante de tu vida y es más, estoy seguro de que te desilusionarás de ella en muy poco tiempo y vendrás a darme la razón y a lamentar el tiempo dilapidado. Sigue mi consejo, sé lo que digo, termina con ella y regresa a tus estudios sin pérdida de tiempo, porque aquí conmigo en la viña te espera un futuro espléndido. No quiero que seas parte de ese gentío trashumante cuya única misión en este mundo es emputecer el ambiente, porque para eso Dios creó a la mosca. —Y Pedro se acercó a su hijo con gesto conciliador buscando un abrazo filial, pero se llevó la sorpresa de su vida cuando este le rechazó con furia.

—Ya soy grandecito para saber lo que me conviene —le retó Pedro Segundo desafiante—. Esa época en que usted me llevaba de la manita al cole ha pasado a la historia así que ahora se aguanta con lo que yo haga con mi vida, porque es mía. Yo tengo la mía y usted la suya y las dos van por lados muy diferentes, ya lo estoy viendo, si ya no me da ni la hora, desde que esa… Julia llegó a esta casa cambiándolo todo… Y usted, ¿cree que sabe lo que le conviene?

Ese fue el detonante del estallido de la relación padre e hijo; y así empezaron a ir las cosas entre ellos a partir de ese día.

Desde entonces, Pedro se negó a oír sobre Rosa, apoyado silenciosamente por Julia. Ella, anidada en su sillón de reposo, asistía con inquietud a esta incomunicación tan triste entre padre e hijo, pero no podía hacer nada por apoyar a Pedrito, pues sospechaba que Rosa no era trigo limpio, sin saber por qué, no conseguía verla enamorada de Pedrito, ¿qué podría haber visto en ella un chico como él? Desde luego, no era la típica adolescente trastornada. Por si fuera poco, otras preocupaciones acuciaban de nuevo a Julia; la frágil salud de su padre que empeoraba poco a poco y la suya propia, pues pasaban los días y se acercaba un momento extraordinariamente difícil de su vida con Pedro.

A pesar de todo ello, no perdía ocasión de dar aliento y consuelo a Pedrito en cuanto lo veía. No podía soportar verle tan frustrado y desorientado por la forma en que su marido quería decidir en la vida del hijo. Este se dedicó entonces a cultivar amistades inconvenientes y pasaba muchas horas fuera de casa.

Un día que le vio triste y compungido, hablaron.

Empujó decididamente la puerta de su cuarto y, cerrándola de golpe, se sentó en la cama jurándole que no se movería de allí en toda la tarde si era preciso, mientras no estuviese dispuesto a contar qué demonios estaba tramando.

El muchacho, casi con los ojos llorosos, le relató la desilusión que había tenido que soportar cuando llegó aquella mañana con

Rosa desde el sur, y en la estación vio que su padre había mandado al *chauffeur* para recibirle; y peor aún, en el día preparado para la ceremonia de la presentación, la manera en que se lo habían llevado en volandas a la fiesta de la vendimia pese a sus alborotadas protestas, sin siquiera preguntarle por su viaje al sur e ignorando por completo la existencia de una persona tan importante en su vida, como era Rosa Heredia.

—Así que no tuve otra solución que arrancarme de esa fiesta de mierda —prosiguió el mozo—, para disculparme de Rosita por haberla dejado esperando dos días. Imagina lo que habrá pensado de mí, que la había abandonado como a un muñeco en un basurero, después que me atendiera en su casa como si fuera un familiar suyo, ¿tú me entiendes, a que sí?

—¡Te entiendo, Pedrito! Eso no debió suceder jamás, toda la culpa la tienen los mayores, en estos casos de incomprensión y alejamiento de los suyos. No hay nada peor en la vida que alguien, a quien consideras lo único que calienta tu corazón, huya de tu lado y te deje abandonado sin explicación ninguna, eso yo lo conozco perfectamente, sé bien lo que significa sentir dentro del pecho cómo saltan los trozos de tu corazón.

Pero el chico, sin entender nada de lo que manifestaba Julia, persistía en confesarlo todo. Le confidenció que, cuando estaba con la fiel Rosa en Las Hualtatas, ella intentó que él no rompiera definitivamente con la familia, a la vez que insistía en que debía obtener, antes que nada, el consentimiento familiar para mantener la relación. ¿A qué chica normal se le hubiera ocurrido esas cosas de mayores?, le preguntaba Pedrito a Julia, asiéndola del brazo con vigor.

El mozo estaba embalado y su fastidio era creciente.

—Te digo, para que *crestas* que estamos aquí dándole vueltas y más vueltas a lo mismo... Yo lo que quiero es casarme, no pretendo que mi papá me encierre en un cuartel porque no me gustan sus viñas cagonas, pero es que no me quiere ni ver, inténtalo tú a ver si te escucha. —Se colocó un *pullover* y se largó a la calle.

A la noche, en el dormitorio, Julia sacó el tema de conversación con su marido.

—¿Podemos hablar de una cosita?

—Ya, como eres ahora la defensora de los oprimidos…

—¡Óyeme bien! Pedrito no busca más que tu cariño, ¿no es cierto? Por eso se vuelve rebelde e inquieto, haciéndote ver que es capaz de encauzar su vida él solito. Si no lo entiendes así, lo vas a perder de verdad.

—¡Aún es un niño para saber lo que le conviene! —exclamó Pedro, encolerizado.

—No, señor, Pedrito es un chico que sabe bien lo que quiere, a pesar de que habla y se comporta todavía como un colegial, pero en eso, la culpa es tuya.

—No te joroba, ¿tú también me vas a fastidiar, además de mi madre y de mi hijo? —reclamó Pedro con desazón, pero Julia no le atendió.

—Y ahora resulta que tu hijo se ha enamorado, diría más, está como hechizado, hoy más que nunca le hace falta el consuelo y el pecho de su madre. Yo solamente le puedo escuchar como una hermana, me gustaría ayudarle más, pero…

—Tú a lo tuyo, cariño. De esto ya me ocupo yo, sé muy bien cómo tratarlo, es mi carne después de todo. No voy a decirle a todo que sí, y mucho menos a casarse con la primera fresca que se le cruce por la calle, tengo mejores planes para este rebelde — le espetó el indignado padre a su dulce Julia—. Pero tú ven aquí y me lo explicas más de cerca, princesa.

Cuando la pareja se aplicó a sus menesteres, Dorotea, la vieja, dejó de escuchar, bajó a la cocina, se puso el chal a la cabeza y salió para visitar a una vecina. En la plaza Sucre la estaba esperando su hijo mayor, ansioso de noticias. Artemia abrió la puerta de la casa e hizo pasar a sus parientes.

Episodio 10. Muerte y resurrección

A la rica tierra de los esposos Gonzales - Rivas llegó el idus de abril y con este, el desiderátum, arrastrando a la gente, las hojas y los nubarrones hacia nuevas tempestades. En la casona de la avenida Chacón se acabaron los grandes festejos familiares y cada uno retomó su rutina, de vuelta a sus quehaceres y obligaciones.

Pero ese remanso de quietud no duró demasiado.

Un día, ya a finales, la campana de la puerta de la calle sonó con insistencia. Julia se despertó bruscamente y vio que el sol aún no despuntaba. Se incorporó en la cama con curiosidad por saber quién podría importunar a tan tempranas horas, cuando la puerta de su alcoba se abrió violentamente. Pedro también se despertó. En el dintel estaba Samuel, desencajado y a medio vestir.

—Julita, cariño, es Nicolás, tienes que ir al sanatorio de inmediato.

En un cuarto de hora se vistieron y, mientras corrían al garaje donde Enrique luchaba con la manivela de arranque, el médico les contó que el estado del enfermo había empeorado con rapidez; y que el pronóstico era bastante terrible.

—Tienes que ser muy fuerte, mi amor —le dijo Sabina mientras la ayudaba a subir al coche con cuidado.

El vehículo recorrió las calles vacías a gran velocidad y salió de la ciudad en dirección al sanatorio, ubicado en la zona de Los Pinales, en las montañas. Una vez que llegaron, Samuel condujo al grupo hasta la entrada y se identificó debidamente. El cabo de guardia miró al grupo y mandó a llamar a alguien. En la recepción apareció un uniformado de alta graduación quien dijo algo al oído de Samuel, de tal magnitud que demudó su rostro por completo.

—No lo ha superado... ¡Dios mío, se nos ha ido! —exclamó Samuel volviéndose hacia Julia, con los ojos hinchados de lágrimas.

—¡No! ¡Mi papá no! —Ella les miró a todos con espanto y, poniendo los ojos en blanco, se desvaneció sobre las frías baldosas blanquinegras del hospital.

Samuel llamó a una enfermera y se la llevaron prestamente a una salita contigua donde la reanimaron en pocos minutos.

El teniente coronel Nicolás Rivas, padre de Julia, había fallecido en el nuevo asilo para tísicos que el Ejército estableció en los montes de Río Amarillo, donde fue ingresado cuando estaba ya mal, una secuela de la reciente y cruenta guerra de fronteras cordilleranas. Su debilitado organismo no consiguió superar la enfermedad y había acabado muriendo.

En los días que siguieron, una lenta neblina de tristeza se depositó por toda la casona, mientras se llevaban a cabo los preparativos para el funeral y el entierro de Nicolás. Julia apenas se sostenía vagando por la casa de acá para allá, sin saber dónde sentarse ni hacia dónde mirar; se había ido de su lado la persona más querida, y lo que mortificaba el alma de la chica es que se hubiera ido sin saber la verdad.

El tío Samuel la tranquilizó todo lo que pudo y le contó que, por su expreso deseo, el cuerpo sin vida de Nicolás Rivas sería trasladado hasta el pequeño cementerio Monte Santo, en las afueras de la caleta de Las Cañas para proceder a su inhumación, dentro de una pequeña cripta, donde los hermanos habían hecho traer a su madre norteña hacía ya muchos años. Ante dicha perspectiva, Julia abandonó repentinamente su ensimismamiento para mostrarse muy animada, a pesar de que físicamente estaba débil. En cuanto observó sus intenciones, Samuel le dijo de manera contundente que nada de viajar, aunque el intento fue en vano; su sobrina tenía la voluntad férrea de acompañar a su padre en su último viaje.

En el camposanto se dijo una oración de cuerpo presente, durante la cual el recuerdo del desdichado Nico y la orfandad de Julia empujaron a Samuel a abrazarse más a su sobrina, superando así su propia desolación. Arrodillados delante del ataúd Samuel y Julia rezaron, aunque el espíritu de ella vagaba de aquí para allá alrededor de las lápidas del pequeño camposanto, buscando satisfacer la necesidad imperiosa de hablarle por vez postrera, delante de su última casa, antes que se fuera. Una húmeda brisa marina barría toda la costa silbando entre los altos cipreses de la colina.

Pero fue incapaz de hablarle. Julia subió por una suave pendiente hasta la cima, se acercó al mirador del jardín, desde donde divisó nítidamente toda la pequeña rada de Las Cañas, su adorada casa natal y el pequeño muelle de la lonja pesquera del triste recuerdo, precisamente el lugar que quería enterrar en su memoria. Estuvo sentada mirando el horizonte durante un largo rato, tratando de traspasar el tiempo y la distancia, mientras se frotaba su vientre con dulzura, sumergida en pensamientos acerca del destino ciego que de nuevo la había conducido hasta allí. Pedro la miraba desde abajo, pero al verla tan triste y compungida por la pena, imaginando lo doloroso que debía ser aquel instante para su mujercita, acudió a su lado y, abrazados tiernamente, anduvieron hasta el coche para regresar a Talcuri.

Apenas se hubo sentado, Julia ordenó perentoriamente a Enrique:

—Baje por el camino de la derecha, ¿quiere?

—Cariño, por ahí se va al muelle.

—Lo sé, mi amor —contestó ella tercamente—, es que yo necesito pasar por mi casa.

—¿Ahora? Se nos está haciendo tarde para volver.

Pese a su cansancio y desolación, ella insistió en detenerse en su casa y Pedro no se atrevió a disuadirla, pensando que sería la última vez que lo hiciera y que era justo que se despidiera para siempre de su vida anterior.

Apenas hubo llegado a su casa natal, Julia revisó afanosamente el buzón y habló con su vecina, pero lo que esperaba con tanta ansia no había llegado aún. Entonces, giró la llave para entrar en su fría y abandonada casa y subió a la que fuera la habitación de su padre.

Al entrar, lo vio de espaldas.

Estaba inmóvil, sentado como de costumbre en su mecedora, frente a la ventana abierta al cálido atardecer. Le oyó decir:

—En cuanto termines los estudios, te mandaré a Talcuri con tu tío Samuel. Tendrás una buena ocupación y, si quieres, podrás casarte, hija, pero yo no quiero que lo hagas con ninguno de estos apocados de aquí. Cuando yo esté viejo e impedido, tú tienes que darme hermosos nietos, tener una grande y rica familia y visitarme siempre. —De pronto, el joven oficial se levantó se volvió hacia ella sonriendo y le tendió los brazos con ternura.

Al sentir el beso amoroso sobre su frente de niña, desahogó su atormentada conciencia, ya desmoronada su resistencia, abatida por el cansancio de los sucesos que le estaba tocando vivir. Perdóname, papá —dijo Julia con voz trémula, apoyándose en la cómoda y mirando la silla vacía—. Perdóname porque nada salió como tú tanto deseabas. Ni siquiera pude hablarte de mi vida interior, ni de mi corazón, ya que no existió para ti, ni mi boca te dijo nada, ni dulce ni amargo, mientras tú estabas aquí solito en esta pieza, anidando tu cruel enfermedad. Ni pudiste oír llorar mis penas ni sufrir mis ansiedades, y peor aún, ni siquiera pudiste llevarme hasta el altar. Tampoco podrás ver lo que tanto me pediste, un hermoso nieto, pero ¿qué clase de hija le puede hacer esto a un padre que no ha hecho otra cosa que amarla, defenderla y protegerla? Solo un demonio de hija como yo podría, por eso voy camino al infierno, lentamente, puerta tras puerta. Suplica a la Virgen María que interceda por mí, pecadora, ahora y en la hora de nuestra muerte. Amén. Escucha, padre, mi confesión.

Mientras estaba contándole todo lo que había tenido que pasar, se percató de que la brisa ya no soplaba y que un calor insólito reinaba en la pieza de su padre, fuera se estaba oscureciendo muy deprisa; entonces vislumbró que la mecedora se movía pausadamente, pero seguía vacía.

Su carita quedó surcada por lágrimas de duro arrepentimiento resbalando por sus pálidas mejillas. Cerró la puerta de la habitación y todo comenzó de inmediato a quedar detrás. No quiso volver la mirada.

Hacía un rato que Pedro la estaba llamando desde la calle, urgiéndola a regresar a Talcuri sin demora. Julia se asomó al balcón, se quedó mirándolo y pensó: Mientras más te quiero, más te daño.

Con la ayuda de Sabina y de Samuel, Julia recogió lo último que le quedaba en esa casa. Cuando acabó de empaquetar la estupenda ropa que le habían regalado en Talcuri el año pasado, metió también sus libros de estudio más importantes, soñando con que en la gran ciudad probablemente podría empezar los ansiados estudios de puericultura, como quería Nicolás. Muerto su querido padre, de esa vida suya en la caleta ya no quedaba más que una esperanza, una débil llamita que luchaba contra la brisa cruel del olvido. No había nada más, ni una foto, ninguna carta, ni una flor marchita dentro de un libro, ni rostros ni días felices. Todo estaba dentro de su cabeza, girando como un *carrousel*.

Pusieron una gruesa cadena en la puerta de la entrada, cerraron el candado y se subieron al coche. Ninguno imaginó lo que ella acababa de confesar a su padre.

El automóvil, con todos a bordo, bajó hasta la explanada del muelle pesquero. Allí se bajaron y fueron andando hasta el bar de los pescadores para tomar onces.

A medida que se aproximaba al conocido lugar, Julia entrecerró los ojos y contuvo el aliento: allí mismo había estado sentada en el enero pasado, cuando todo su calvario comenzó. Se detuvo y miró intensamente el sitio, recordando con ira. En ese momento lo vio, estaba allí solo, sentado, bebiendo su cerveza favorita. Se tuvo que sostener en una silla y volvió a mirar. Era él, ya no le cupo duda. ¡Había regresado! ¡Y no se lo había dicho el muy desgraciado! Comenzó a correr hacia la mesa donde se encontraba, de espaldas, fumando y hablando con alguien de otra mesa y, sin poder contenerse más, se abalanzó sobre él, lo abrazó por el cuello y se puso a llorar en su hombro, invadida de una alegría incontenible, mientras musitaba su nombre una y otra vez. Cuando el sorprendido marinero consiguió quitársela de encima y pudo girarse para mirar, Julia, despavorida, comprobó que sus ojos, traicionados por el corazón ansioso, le habían jugado una triste broma. Se alejó andando penosamente, otra vez con la misma pesada carga de congoja y tristeza sobre la espalda, hacia la misma cárcel de la que ella se imaginó por un instante ya en libertad para siempre.

—¿Quién era, mi cielo?

—Nadie, nadie, solo un antiguo conocido, no te preocupes, mi amor. Vamos a regresar de inmediato a Los Peñones para descansar. Mañana será otro día.

A la orden de ella, nadie rechistó.

En cuanto llegaron a Talcuri al día siguiente, Julia comprobó con espanto que de nuevo tenía pérdidas de sangre por la vagina; eran leves, sin embargo fue un mazazo de conciencia y llamó al tío Samuel para consultarle. El doctor Rivas también se alarmó, pero no lo dijo delante de su sobrina, sino que la tranquilizó.

—¿Eres bastante regular en tus períodos?

—No, para nada —replicó la chica, azorada ante la pregunta masculina acerca de un asunto tan femenino.

—Puede ser entonces un retraso por culpa de un desarreglo pasajero... En cuanto a un posible embarazo, ya veremos, hay que esperar para saberlo con seguridad —le explicó cuidadosamente Samuel—. Si tu primera relación fue en la noche de tu casamiento, o sea, el 28 de febrero, y te hubieras quedado esperando de inmediato, esta sería tu segunda falta, estarías de dos meses, ¿no es cierto?

—Efectivamente, tío, si así hubiese sido —dijo ella y se añusgó.

—Entonces estate tranquilita, *nomás*. Puede que no sea nada preocupante, pero por si acaso, tú estarás en reposo absoluto y bajo observación durante los próximos dos meses.

El médico se recriminó a sí mismo por no haberla puesto entonces bajo control y, sobre todo, por haberle permitido asistir al funeral de su padre en Las Cañas, con todo el tremendo ajetreo que ello supuso para la joven. ¿Y si estuviese embarazada? ¡Cómo no lo pensé!, se dijo con rabia, tirándose la piel de la mano. Aunque, ¿cómo diablos iba a prohibírselo? Y si los síntomas de un embarazo fueran ciertos, este podría peligrar. ¡Maldición, Julia podría estar en riesgo de pérdida! De solo pensarlo a Samuel le hormiguearon las pantorrillas. Él era un internista de provincia solamente. Debería llamar a un especialista enseguida.

Ante el miedo a una catástrofe, Samuel dejó casi toda su consulta a cargo de un colega para organizar el cuidado del probable embarazo de su sobrina.

Lo primero, mandó llamar a Felisa, la fiel comadrona y consiguió que la asignaran a su consulta y que estuviese siempre a disposición. Seguidamente, contrató a una enfermera de noche y puso un coche disponible día y noche para traslados de urgencia. A ver de qué modo se lo presento esto ahora a este pesado, reflexionaba Samuel mientras esperaba la llegada de Pedro en la fonda de la plaza. Se lo dijo sin preámbulos.

—No hay que dramatizar, pero hay que estar atentos a la evolución de Julita, por si hubiese ya un proceso de gestación —explicó calmadamente al marido, sin mostrarle preocupación en sus palabras.

Pero Pedro no le dejó acabar, se levantó de golpe y se le echó a los brazos a Samuel con tanta fuerza que casi lo tira al suelo.

—Me voy corriendo a besarla y a decírselo al intendente…
—¡Además de pelotudo eres sordo! ¡Siéntate y escucha atentamente! Es muy posible, no se sabe nada todavía, pero hay que tomar ciertas precauciones, por si acaso, ¿entiendes? Y ahora, tranquilízate. Hay ciertas cosas importantes que debes hacer a partir de ahora. Y lo primero, esto se suspende —le dijo, mostrándole como su dedo índice entraba y salía por el hueco de la mano.

Pedro recibió instrucciones precisas de no agobiar a Julia, ni mucho menos hablarle de embarazo, hasta no darlo completamente por hecho, por razones de riesgo emocional, le recomendó repetidamente el médico, dada su fragilidad ante los asuntos demasiado complejos.

No habían transcurrido ni tres semanas cuando Pedro se presentó de improviso en la consulta de Samuel y lo ametralló a preguntas.

—¡Oye! ¿Ya se sabe? ¿Julita podría estar embarazada, entonces? ¿Tú crees que podría viajar a la Capital en los próximos días? ¡Quiero que la vea la mejor matrona! Aparte de comprar lo mucho que necesitaremos a partir de ahora, la nueva ropa para esta dulce madre, las cosas para el niño…

—¿O niña? —dijo una señora que escuchaba—. Yo tengo experiencia en esto y me gustaría ver a la gestante. Por la prueba del ombligo sé si va a nacer niña o niño.

—Señora, haga el favor —le rogó Samuel mientras ambos la miraban—. Mira, Pedro, lo del sexo no se sabrá hasta el momento del parto, lo demás son *chamanerías*, aunque yo no soy especialista, lo sé. Lo más importante, te recomiendo traerla aquí para un examen a fondo y estar completamente seguro, pero escucha, tunante, tranquilidad ante todo…

—Sí, de acuerdo, tienes siempre la razón, amigo. Bueno… pero, yo si Dios quiere, me gustaría un niño, es lo que más deseo, pero francamente, si nos viniese una hembrita, aunque no es lo mismo, no me va a importar nada cuidarla y quererla —suspiraba mientras se acariciaba la cara.

Pedro no se pudo refrenar por más tiempo y voló de regreso a la casona; entró al galope hasta la mitad del salón dando voces y cuando todos estaban alarmados mirándole, empezó a bailar en medio de la habitación, como un judío. Súbitamente, se quedó inmóvil y gritó a voz en cuello:

—¡Voy a ser padre, por las *rechuchas del mono*! Voy a ser padre —repetía una y otra vez, mirando a Julia con arrobo.

Ella le sonrió e hizo un gran esfuerzo para sumarse al regocijo familiar y, sin poder contenerse, cogió ambas manos a su marido y las besó.

Los abuelos, los amigos y la servidumbre se precipitaron a abrazarla y besarla durante largo rato, luego comieron y bebieron y siguieron felicitándola por la tarde, cuando empezaron a llegar los más íntimos para unirse a la celebración.

Con la excepción de Pedro Segundo, quien hacía ya semanas que no estaba en la casona, de modo que no supo nada sobre las buenas nuevas, interno como estaba en la Escuela Regional de Agronomía.

A la semana siguiente llegó a casa un coche del hospital para trasladar a Julia. Felisa, la matrona, Samuel y una enfermera, la esperaban en la habitación del pensionado que se había reservado especialmente para la señora de Gonzales.

Al día siguiente, temprano por la mañana, se le practicó una detallada exploración. Al terminar, la matrona fue de inmediato a la consulta de Samuel y le dijo, con gesto de enorme preocupación, que había encontrado con un problema bastante serio.

—¡Que sigue manchando! —exclamó Samuel sobresaltado.

—No, no, nada de eso. Está claro que es una gestante. Es que hay un error en las cuentas suyas, doctor.

—Ah, bueno, no me extraña. ¿De cuántos días hablamos?

—No es cuestión de días, sino de meses —susurró la matrona, mirándole cruelmente.

—¡Explícate! —El médico se puso tenso.

—Esta señora está bastante más que de tres meses, eso salta a la vista —replicó la comadrona—. Le he palpado el útero tres veces.

—¡Felisa! Como me estés *güeviando*, ya verás... ¿De cuánto está, entonces?

—Al menos de cinco meses.

El médico se quedó atónito, mirando a la matrona sin pestañear. Hizo la cuenta con los dedos, para no equivocarse, y lo apuntó todo en su libretilla de prescripciones.

—Pero entonces se le hubiera notado —le apostilló Samuel con rabia.

—Ya, pero no a su sobrina, por lo jovencita que es y la altura, pero a mí no me engañan así como así, yo juraría que está casi de cinco...

—Siéntate y no te muevas de aquí, ahora vuelvo —ordenó el médico a Felisa y se fue al pensionado.

Samuel entró violentamente en la habitación de su sobrina, hizo una señal a la enfermera para que saliese y, cerrando la puerta, se encaró con la chica.

—¿Cuándo me lo pensabas decir, sobrinita? ¿O te crees tan listilla como para engañar a tu propio médico? —le espetó.

—Pero ¿qué le pasa, tío? —Ella palideció con la sorpresa pintada en la cara.

—Casi nada, que ahora resulta que no estás de tres meses al parecer, sino de cinco. ¿Me puedes explicar qué diantres está pasando aquí? —inquirió el médico en tono amenazante, sentándose a los pies de su cama, suplicando íntimamente de que la respuesta de su sobrina le confirmara que eso era imposible.

Julia lo miró inexpresivamente por un largo minuto, enrojeció como una brasa, se tapó la boca con la mano y cerró los ojos. Había llegado el momento tan temido, la hora de la verdad, y esta ya no esperaría más, sería ahora mismo, sin más dilación. Y se derrumbó.

—Es cierto, no voy a mentirle, tío, creo que estoy embarazada de más de tres meses —confesó Julia con un murmullo, mirando la sábana de hilo.

Samuel la miró pasmado, sin poder creérselo.

—Te equivocas, seguro —musitó con desesperación, tomando la mano de la chica.

Ella lo negó moviendo la cabeza lentamente, entre lagrimones. Samuel se puso de pie con fuerza.

—¡Ya, por eso al carajo de tu marido y a tí les entraron de repente las prisas por casarse! A pesar de que se lo impedía un terremoto —le espetó Samuel.

Julia no levantó la cabeza, miró su sábana con los ojos brillantes y tras un profundo sollozo, asintió mudamente.

—Nunca hubiera pensado que un amigo como él fuese capaz de traicionarme así, ya verá ese abusón sinvergüenza cuando le vea —prosiguió el médico, apretando un puño y paseándose nerviosamente por la pieza—. ¡Cómo ha podido mirarme a la cara todo este tiempo! Ayer mismo le estuve hablando de tu embarazo y me miraba con esa carita cínica que le gusta poner, de no haber matado una mosca, como si nada, y mira… El desagradecido de mierda… mira lo que le ha hecho a mi familia.

—Tío, tío, espere un momento, no se vaya, por favor, no me deje sola…

—Y encima, ese miserable me engañó como a un niño con el teatro barato de la pedida… ¡Por Dios cómo he sido tan imbécil! —se lamentó, tirándose la piel de la cara.

—Pero piense usted, tío, que yo no...

—¡No es tu culpa, mi amor! Me siento tan ridículo al imaginar lo mucho que ambos se habrán reído de mí —se lamentó en voz baja.

—¡No, tío, eso no es verdad, jamás se me hubiera pasado por el pensamiento reírme de usted! Yo no miento nunca.

—Puede. Pero tampoco dices toda la verdad. Te burlabas de mí, porque mientras yo trataba de tranquilizarte por tus manchas, explicándote que tenías una mala menstruación, resulta que ya te habían desflorado dos o tres meses antes... en el mejor de los casos —le espetó tratando de zaherirla lo más posible—. A un especialista nunca se la hubieras pegado como a mí, que soy internista rural.

—Por favor, tío, se lo suplico, trate de entenderme... —suplicó ella al borde de un ataque de histeria.

—Pudiste sincerarte conmigo al menos, ya que tu pobre padre no estaba para muchos trotes. A Dios gracias que mi pobre hermano se ha ido sin saber la pieza que tenía por hija. ¡Y basta ya de hipocresía! —estalló al salir del dormitorio dando un sonoro portazo. Pero, de inmediato, volvió a entrar—. ¿Cómo y cuándo supiste que estabas esperando?

Ella guardó silencio. ¿No querrá que además se lo cuente? Jamás, no se lo diré, ni a ti ni a nadie, pensó despavorida.

—Quiero que sepa que Pedro se portó siempre muy atentamente...

Ya lo creo que se portaba atentamente, si se estaba acostando contigo con mucha atención, pensó el médico con rabia contenida, pero esto no va a quedar así ni un minuto más. Se dio media vuelta y salió escopetado de la habitación en busca de Pedro. Esto ha llegado hasta aquí, se me agota la paciencia, ya veremos qué responde este traidor sinvergüenza...

—¡Tío, tío, por favor, vuelva! No me deje. ¡Dios mío! Esto es el fin —imploraba Julia sentada en la cama con el rostro congestionado—. Tengo que salir de aquí, estoy perdida...

Mientras se vestía con premura, Julia exprimió todas sus fuerzas para la última batalla, necesitaba de todo su coraje. De pronto, se quedó con la mirada fija en el crucifijo de la pared, musitando con desesperación. Se sujetaba el vientre y miraba por la ventana, una y otra vez.

«¿Cómo podía yo saber que un hijo tuyo ya estaba en mi seno cuando me olvidaste? Te busqué sin parar hasta que caí al mar, sin sentido... Estaba deseando acabar con todo lo maravilloso que comenzamos juntos... No me ahogué de milagro porque quizá Usted –mirando al crucifijo–, no lo permitió, quiso que este hijo se salvara. Cuando las mujeres me anunciaron que ya estabas dentro de mí... En vez de alegrarme por haber sobrevivido, se me cayó el mundo encima, pues tu canallada se volvió tragedia sin final. Perdóname, estuve a punto de llevarte conmigo para siempre hasta el fondo de la caleta, pobrecito inocente. A ti y a mí nos queda, al menos, otra puerta más, y despertaré de esta pesadilla para vivir viéndote crecer a mi lado... sola con mi infierno, pero tú con un padre, como tiene que ser... y Dios quiera que tú nunca lo sepascoche.»

Se puso un gran pañuelo de colores en la cabeza, cogió un ramo de flores de su mesilla y entreabrió cuidadosamente la puerta de la pieza, observando el largo pasadizo. Exhaló un profundo suspiro y se deslizó con rapidez echando a andar hacia la entrada principal del pensionado, intentando parecer un familiar de visita. Al cruzarse con médicos o enfermeras se ocultaba el rostro con el *bouquet* hasta que vio una puerta abierta a su izquierda y, sin vacilar, salió por ella para entrar en un jardín lleno de pacientes paseando de un lado a otro, algunos en silla de ruedas empujados por severas enfermeras de capa azul y otros, caminando con ayuda de muletas. Una silla vacía le permitió cruzar todo el jardín sin llamar la atención hasta que alcanzó trabajosamente la salida, era la entrada de visitantes, flanqueada por una caseta de control con dos enfermeras dentro.

Con el corazón agitándosele dentro del pecho, pasó en un tris de la silla con ruedas a un escaño y, cuando entró la gente, ella pasó rápidamente de las enfermeras sin mirarlas y se detuvo unos metros más allá para librarse del ahogo. ¡Ya estaba en la calle y no lo había notado nadie! Enfrente del hospital comenzaba el parque botánico Ribalta y, sin dudarlo, se internó por su lado más frondoso sin mirar atrás, se quitó el pañuelo, desabotonó su chaqueta y braceando sin respirar casi, corrió hacia las ruinas de la catedral de Talcuri, donde todo había empezado. Es preciso que me confiese allí mismo, se dijo mirándola con fijeza. Para ir más rápido se metió dentro de los jardines, sin ver una gruesa raíz oculta entre el pasto. Tropezó ostentosamente con ella y cayó como un saco de patatas al suelo, golpeándose la frente con una rocalla. Lo último que vio fue una chiquilla corriendo con un aro que la miraba alarmada, luego todo se nubló y se calló.

En el hospital, entretanto, Samuel iba de camino a la pieza de Julita, abrió la puerta y entró sonriendo, pero se quedó pasmado al ver la cama completamente hecha y un muchacho fregando el suelo de baldosa. Salió para comprobar el número de la pieza y preguntó ansioso:

—¿Dónde se han llevado a la chica que estaba aquí?

—Cuando yo entré aquí no había nadie…

—¡Felisa, Felisa! —vociferó Samuel mientras corría por el pasadizo— ¿Dónde has colocado a mi sobrina?

—¿Yo? Vengo del comedor, no sé qué me quiere decir.

—Acabo de entrar en su habitación y no está —exclamó el airado doctor—. Vaya de inmediato a averiguar con las enfermeras a dónde la han trasladado.

Él trotó ansioso hasta el escritorio de la entrada principal e interrogó a las enfermeras de guardia, haciéndolas revisar cuidadosamente las salidas de los pacientes. El nombre de Julia no estaba en los papeles. Las dos enfermeras se sonreían con disimulo a ver al desesperado médico en busca de su paciente extraviada.

Samuel palideció cuando Felisa llegó corriendo para decirle que la interna no estaba en ningún sitio. Era evidente que, empujada por la desesperación que él mismo había creado en su espíritu, su sobrina había huido del pensionado. ¡¿Cómo pude ser tan estúpido al tratarla así y, encima, acusarla? ¿Dónde estará esta pobre chiquilla?

Pero no se dejó llevar por la desesperación y, de inmediato ordenó a Felisa que saliera a buscarla por los alrededores, ayudada por su hijo. Él haría lo mismo en la dirección opuesta, no podría estar demasiado lejos con su lentitud y desconocimiento de la ciudad.

El hijo de la matrona se internó en el parque como una exhalación y no tardó mucho en advertir que a lo lejos iba agolpándose gente bajo un frondoso tilo. Se aproximó con rapidez y, abriéndose paso entre el grupo, vio espantado que Julia estaba tendida en el suelo, con la cara llena de sangre. Ordenó a uno de los curiosos que corriera hasta el hospital a pedir un médico, en tanto que él puso la oreja en la boca de la chica. Estaba desvanecida, con sumo cuidado introdujo delicadamente su chaqueta bajo la cabeza de la accidentada, bajando pudorosamente su vestido manchado de barro y empezó a intentar limpiar la sangre de su rostro con todo el cuidado posible. Una señora le ofreció un frasco de colonia y unos pañuelos y así estuvo hasta que por fin apareció Samuel.

Al acabar la tarde, Julia estaba de nuevo en su habitación del pensionado, con la cabeza ostentosamente vendada y recuperando el conocimiento poco a poco.

—Felisa, ya hablaremos usted y yo seriamente de este incidente inaceptable. Ahora prepárelo todo para una exploración completa en cuanto se haya recuperado de la conmoción.

—Mire, usted —contestó la matrona, levantando la sábana para señalar un delgadísimo hilillo de sangre que bajaba por el interior del blanco muslo de Julia hacia la rodilla.

Al abrir lentamente sus ojos, lo primero que sintió Julia fue la fría mano de su tío Samuel sosteniendo la suya mientras se realizaba una transfusión.

—Gracias a Dios, mi amorcito... Qué preocupados nos has tenido a todos— le oyó decir entrecortadamente, dejándose acariciar por él—. Mañana estarás perfectamente.

—¿Y Pedro?

—No sabe nada.

Julia intentó incorporarse de la cama, pero Samuel se lo impidió al instante diciéndole que se olvidara de todo lo sucedido.

—¿Qué le ha dicho de las cuentas?

—Nada, tranquilízate —le susurró el médico al oído—. No he llegado a hablar con él, ni con nadie.

Entonces Julia se relajó por completo hasta que acabaron los enfermeros y, cuando estuvieron solos, su tío le dijo, compungido:

—¡Ahora no es el momento de eso, sino de la criatura! He estado a punto de recriminar a Pedro porque abusó de mi confianza de esta manera, pero he desistido, estate muy tranquila que yo me ocuparé de todo y, por favor, perdona mis ofensas —le susurró besándola en la frente.

Julia, ya mucho más tranquila, asintió tiernamente besando a su tío en las manos, pero le dijo:

—Tío, no se preocupe, con el tiempo usted me comprenderá perfectamente, ¿*noscierto*? Me alivia mucho que no le culpe. Verá, mi marido, lógicamente, no dirá nada a nadie, y usted, en realidad, sobre la fecha de mi embarazo, no lo sabe con exactitud. Ni yo tampoco se la voy a decir. Hay que dejar todo tal como está, ¿o usted acaso quiere que todo el mundo se dé cuenta? Y que de paso yo quede marcada por la vida como una... ¿Cómo se dice...? ¿Casquivana? ¿Admitiendo a todo Talcuri que mientras iba *pal* altar tenía un embarazo de dos meses en la guata? Esperaremos a que mi hijito nazca, ¿ya? Sanito y bonito, no falta mucho, en cuanto tengan a la *güagüita* en brazos le aseguro que ni Pedro, ni usted ni nadie prestará atención a ninguna otra cosa que no sea querer y cuidar a una linda criaturita..., y que usted traerá a este mundo sano y salvo, ¿me lo puede prometer? —. La lastimera petición de Julia aplacó por completo el alma enfurecida de su tío—. Y si todo va mal, cuento con que mi hijito pasara a sus manos para que la tía y usted hagan de él una gran persona, mejor que su padre y su madre juntos.

Demudado, Samuel reconoció que Julia había hablado con un sentido común poco habitual para una chica de su edad. Se la quedó mirando y asintió lentamente, reprimiendo su indignación por haber sido engañado como a un niño. Al serenarse, empezó a pensar en la forma que elegirían para afrontar el nacimiento de la criatura ante los demás. No había solución. Llevársela a otra ciudad era un riesgo inaceptable. Dando paseos interminables por el parque, el buen doctor tuvo claro entonces lo que debían hacer.

Felisa, la comadrona, fue la siguiente cómplice necesaria; le contó detalladamente el plan para salvar el grave problema maternal. La comadrona lo miraba y remiraba sin apenas creer que el doctor Rivas, tan circunspecto y respetable, fuera el mismo que tenía ahora delante.

—Felisa —añadió finalmente— no habrán fechas ni cuentas, créeme, y no me lo preguntes; te las tendrás que ver y arreglar cómo mejor puedas. Para todo lo demás, yo estoy aquí para responder.

—No entiendo nada, pero haremos lo que usted diga… Calcular las 40 o 42 semanas a ojo puedo hacerlo, pero ¿qué explicación daré cuando todos vean a una *guagüita* sietemesina a la que nadie reclama?

—Ya me ocupo yo, sé muy bien cómo hacerlo.

—Siendo así la cosa, doctor —dijo ella pensativa—, habrá que prepararse para agosto o comienzos de septiembre, supongo.

—Por ahora no haremos nada —arguyó el improvisado obstetra y le volvieron a flaquear las rodillas—. Lo primero es que esperemos este mes muy atentos para ver cómo evoluciona la parturienta. Y naturalmente espero tu discreción total si quieres seguir practicando en este hospital… y en este país, que te quede bien clarito.

—Naturalmente, doctor Rivas, puede que yo haya sacado mal las cuentas… Por cierto, doctor, por mi experiencia apostaría a que se trata de un niño.

—Voy a contárselo a Julita y al marido.

Al oír la noticia que trajo su tío, Julia cerró profundamente los ojos y apretó los puños. Llevará tu nombre, si Usted quiere, musitó con alegría.

Al anochecer, Julia recibió la visita de su marido.

—¡Pobrecita mía! —le dijo Pedro abalanzándose hacia su esposa y besándola amorosamente—. Te he dejado tan solita estas semanas, perdóname, mi amor. Por fin está confirmado que está en camino nuestro hijito, me lo acaba de decir Samuel. ¿Cómo te encuentras, cariño mío? Tienes que recostarte más... y, sobre todo, tranquilizarte totalmente, ven, dame un besito, amor mío.

—Pedro, lamentablemente no puedo autorizar visitas de más de media hora —interrumpió el doctor Rivas mirando a su atemorizada sobrina con una amplia sonrisa—. Hay que procurar que descanse, volveré dentro de un rato, ¿de acuerdo? Si veo que todo está controlado, la mandaré a casa con una enfermera de guardia permanente.

—Claro, amigo —dijo Pedro mirándole con reverencia. Para él, no había mejor amigo ni médico en muchos kilómetros a la redonda—. Gracias, tenemos mucho de qué hablar ella y yo.

Samuel salió de la pieza lanzándole a su sobrina un dulce beso sobre la mano extendida y cerrándole cariñosamente su ojo.

El invierno se presentó con un talante peor de lo acostumbrado, aunque con el mismo duro aspecto de siempre: un blanco oso de gigantesco tamaño, con el pelaje envuelto en hielo y la mirada ciega. Sus fauces emitían ensordecedores gruñidos mientras vomitaba gélidas ventiscas que descendían desde las cumbres helando todo lo que encontraban a su paso.

En la casona de la calle Chacón, en una gélida mañana de junio, toda la familia la estaba templando, congregada alrededor de unas gruesas sopaipillas regadas con hirviente chancaca de Paita. En ese momento sonó la campanilla de la entrada. Era Pedro Segundo que llegaba para pasar las vacaciones escolares de invierno. Venía pálido y muy delgado. Al recibir la buena nueva de su padre, no atinó a reaccionar, lo miraba y pestañeaba con rapidez, pasando de él a Julia. Sintió que su padre se lo había quedado mirando, alborozado, pero el joven fue incapaz de compartir su alegría. Ni siquiera cuando este se le abalanzó para estrecharlo entre sus brazos, no pudo sentir más que una tibia reacción. Si su padre hubiera podido penetrar en sus emociones, hubiera sentido que su hijo experimentaba un auténtico terremoto bajo sus pies. «¡Qué rapidito se quedó *preñá*, así ya nada le podrá separar de él!», se lamentaba amargamente, ahora sí que en esta casa ya no pinto nada.

—Tendrás un hermanito o hermanita, lo que Dios quiera. Era la emocionada voz de su abuela Ester, que le hacía señas claras de felicitar a Julia. Tuvo que acercarse, despacio.

—Parece que viene una *güagüita*, ¿es verdad? —le preguntó el estudiante, gentilmente.

Cuando la miró a los ojos y sintió su sonrisa, el joven no lo pudo soportar. Salió corriendo de la casona y no paró hasta la plaza Sucre, pero allí todo estaba cerrado a cal y canto. Empezó a nevar débilmente al comienzo, pero él no sentía frío. Se sentó en el suelo, en la puerta de la entrada. Hacía semanas que no sabía nada de Rosa.

En la casona todos andaban preocupados, excepto Julia, que estaba sentada en la pieza de costura, al lado de un brasero cosiendo unos delantales blancos para Dorotea, cuando de pronto se cayó el dedal y se pinchó profundamente el dedo cordial.

—¡Mierda!

Una gran gota roja se extendió con rapidez sobre el albo delantal y al ver esto, Julia, lo arrojó al piso con pavor y llamó a su tío.

Samuel le curó el pinchazo en un momento mientras ella seguía mirando fijamente la ropa manchada con sangre, intentando tranquilizarse. El médico notó su creciente turbación.

—¡Tío, yo no la quiero perder! No quiero que a mi *güagüita* le pase nada malo —le dijo de pronto la chica asiéndole por la solapa, con un inusitado vigor—. Júreme que nacerá bien y que estará perfecto, ¡júrelo!

—Eso no va a pasar, yo no lo voy a permitir —le replicó él suavemente, acariciando su carita llorosa—. Yo también deseo conocer a tu hijo.

No obstante, un temor indefinido asaltó al médico. Debería hacer venir a un especialista, pero eso no es posible, me las tengo que arreglar solito, ahora es tarde, *miéchica*, se dijo.

Sabina también apareció en la habitación y se volvió a los demás para tranquilizarles.

—A nosotros casi nos mató el infortunio, pero ahora precisamente no te lo contaré —le habló la mujer a Julia, apoyándose en el brazo de su marido.

Qué injusta fue la vida contigo, cariño, habló el médico sin decir palabras, besando a su mujer, tanto que lo deseábamos como tú, sobrina, un hijo que nos continuara, pero en vez de eso, nació solo para desaparecer en un día de vida, destrozando nuestras esperanzas y dejándote inútil para volver a concebir. Es muy duro creer que Dios haya tenido algo que ver. Y ahora casi veinte años después, renacen nuestras esperanzas con este nieto que pugna por entrar en nuestras vidas apagadas. Sabina lo miró ilusionada durante un rato y le dijo al oído:

—Es la respuesta a mis plegarias.

Cada vez que Samuel se encontraba cara a cara con Pedro, se le subía la nuez, pero callaba. Hasta que de pronto dio en pensar que en efecto, el pobre marido no formaba parte de ninguna conspiración de fechas de concepción. ¿Entonces?, se preguntó alarmado.

Los dos siguientes meses de gestación fueron para Julia una sucesión de luchas interiores, entre los remordimientos de conciencia por la mentira monumental que estaba montándole a su tío y a su marido y su decidido propósito de alumbrar a su hijo costara lo que costara, aunque muriese ella o ambos en el desesperado intento. Tanto era lo que el nonato representaba.

Al llegar agosto, se hizo patente que ella saldría de cuentas hacia la segunda quincena de septiembre como muy tarde, según el cálculo de la matrona; la maquinación del médico y de Felisa se puso en marcha.

En primer lugar, el doctor Rivas convocó a Pedro a su consulta para anunciarle que no iban a esperar al término del embarazo y que iban a proceder de inmediato a inducir el parto, debido al gran tamaño de la criatura y a la mala conformación pélvica de la madre, lo que impediría esperar hasta el final del período, evitando así un grave peligro para la parturienta.

—Un riesgo que no estoy dispuesto a correr bajo ninguna circunstancia tratándose de mi hija, que eso es mi sobrina ahora mismo —remachó el doctor con extraordinaria decisión.

Pedro se mostró atemorizado y agobiado por la grave situación, asintió sin dudarlo, no sin antes rogar que la operación fuese extremadamente cuidadosa, en el mejor hospital de la capital, insistió, bajo el cuidado de especialistas.

—No te angusties, aquí no se hará ninguna operación —le explicó Samuel con gran conocimiento—, sino un parto inducido terapéuticamente que yo mismo controlaré.

—Eso me suena muy grave. Entonces, con mayor razón, exijo que a mi mujer la atiendan en el mejor hospital de la Capital...

—Lo siento, mi queridísimo amigo —replicó Samuel mirándolo con odio indisimulado—, su estado actual es muy delicado y no podrá soportar un traslado así. ¿O quieres que tu hijo nazca en un vagón de ferrocarril en medio del campo, imbécil?

Le gritó con rabia incontenida. Algo más tranquilo, le siguió explicando:

—Irá ahora mismo a mi hospital donde ya he tomado las medidas necesarias y tengo al mejor personal, no debes preocuparte de nada. Esto es solo una medida preventiva...

—Nacerá sietemesino mi pobre hijito.

—No tanto, tendrá algo más, pero no esperaré a noviembre —explicó Samuel clavándole la mirada sin que le temblara la voz—.

Todo está controlado, el bebé esta sanito y la madre también, por tanto, no hay razón para esperar más, porque entonces ya sería un riesgo mayor.

—De modo que es muy grande, ¡entonces, seguro que es un hombrecito!, ¿verdad? Seguro que sí, es que los Gonzales somos tremendos— decía lloriqueando el abrumado padre—. ¿Y eso cuándo ocurrirá?

—Lo haremos en cuanto se den las condiciones apropiadas —aseguró Samuel dando la conversación por terminada. Se fue a su consultorio en el hospital con el amargo regustillo de la enorme mentira que habían tramado y con la vergüenza de estar completamente en manos de una chiquilla irresponsable.

Pero es una hija, al fin y al cabo, todo se quedará en familia, reflexionó, suspirando hondamente, mientras hacía los preparativos. ¡Ay, Julia, Julia, qué estúpida has sido, hija! Y yo que pensaba que eras tan juiciosa, mira que entregarte a este pijo tontorrón, y eso que no te gustaban los agricultores. Este gallo se tiene merecido que se le mienta un poquito, pero ¿por qué yo precisamente tengo que protegerle la cara de la vergüenza de toda la ciudad?

Y se fue a buscar a la matrona para dar comienzo a la función.

—Felisa, ya he avisado a Pedro, de modo que prepáralo todo para el alumbramiento, en cuanto tú digas.

—Hay que ingresarla ya, no sea que se ponga de parto en su propia casa, ¡delante de todo Cristo! —advirtió Felisa muy alarmada.

—Voy a ingresar a Julita ahora mismo. Bien, segunda parte en marcha, ahora te toca a ti.

—¿Seguro, doctor, de que no hay otra manera de hacer esto? Mire que me podrían quitar el permiso profesional...

—¿Por asistir a una parturienta que dará a luz exactamente a las 41 semanas? Escucha, serás tú y nadie más que tú quien atienda el parto. Y en cuanto a tu permiso, te lo quitaré personalmente como me sigas hinchando la cabeza con tus *güevás* tontas...

El último domingo de agosto, por la noche, Julia fue ingresada de urgencia en el pensionado del hospital, casi se produjo el parto, pero fue una falsa alarma. "Ahora habrá que esperar unos días" explicó el médico al futuro padre, que ya no podía más ante la angustiosa espera. Los siguientes días transcurrieron en medio del creciente nerviosismo del equipo que había fraguado tan burda paparrucha. Julia, Felisa y el doctor Rivas la observaban a cada momento. Pero no había señales de parto. Hasta que en la noche número veinticinco del mes, se produjo el tan ansiado acontecimiento. Ella estaba a solas con su aflicción cuando de pronto, todo se precipitó. Dos horas más tarde, Julia, con el corazón exultante, lloró largamente con su bella criatura en los brazos, estrechándola contra su corazón tan herido. Dio gracias durante largo rato por haberle sido permitido traer a su hijo al mundo, sano y salvo. Para ella, eso era lo único importante de toda su corta vida.

En la soledad de su despacho, el doctor Samuel Rivas se sentó tristemente en su mesa blanca delante de un formulario vacío titulado parte de *alumbramiento* y comenzó a rellenarlo. Cada anotación era lenta y pesada, cada palabra, un remordimiento.

«A las 02.46 se produjo el alumbramiento de un varón caucásico completamente sano, con 41 semanas de cuentas, de 52 centímetros y de 3,125 kilos, hijo legítimo de Pedro Marcial Gonzales Toledo y de doña Julia Rivas Del Canto. El alumbramiento fue de parto natural y sin ninguna incidencia siendo asistido por la matrona doña Felisa López y por mí. La madre y el niño se encuentran perfectamente. Firmado, Dr. Samuel Rivas, médico internista. Nota: adjuntase ejemplar huella dactilar pie derecho y pulgar izquierdo.»

Samuel leyó y releyó, suspiró, fechó y firmó el escueto documento y, seguidamente, lo archivó en el más recóndito rincón de su fichero bajo llave, apagó la lamparilla y se fue a dormir. Pronto llegarían Pedro, la familia y los más allegados y empezaría el desfile de la gente interesada socialmente en el asunto. Había que prepararse para la tercera y última fase del complot.

Pedro fue el primero en entrar en la habitación cinco del pensionado con muchas flores en los brazos y tarareando una vieja canción de cuna.

—Hola, mi vida, ¿cómo se encuentra mi amor? Dice la enfermera que has pasado una noche espléndida y que ni siquiera te inquietaste cuando lloraba el niño. Sí, sí, Samuel ya me lo ha dicho, es un varón, es fenomenal, no sabes lo mucho que deseaba que fuese un hombrecito.

—¡Estoy terriblemente cansada, Pedro!

—¡Juana, dígale a Felisa que traiga al niño inmediatamente para acá, un padre quiere ver a su pequeño —reclamó con urgencia Pedro.

En eso entró Samuel y ordenó:

—¡Alto, alto, nada de niño todavía! Pedro, escúchame un momento, aunque el parto haya sido magnífico, no hay que olvidar que ha sido provocado por razones extrauterinas, digámoslo así. Por tanto, la criatura necesitará cuidados muy especiales hasta que cumpla los nueve meses de gestación, como si aún estuviese en el útero materno...

—¿De veras? ¿Y para qué tanta bulla si ya está bien?

—... hasta comprobar que le podemos retirar los cuidados especiales sin que corramos ningún riesgo —prosiguió Samuel, haciendo caso omiso de la observación de Pedro—. ¡Recuerda que debería haber nacido en octubre o noviembre según la fecha de vuestro matrimonio tan apresurado! —dijo apretando los dientes y mirando a Pedro con rabia contenida.

—Sí, claro, tienes razón, Samuel, se hará tal y como tú digas —rezongó Pedro azorado, asiendo fuertemente la mano de Julia, que permanecía ausente de la conversación, con los ojos cerrados, pero escuchándolos como quien oye una sentencia.

—Y ahora, todo el mundo fuera de la habitación, por favor, mi sobrina necesita descansar mucho, está de cuidado así que no quiero ver a nadie por aquí hasta que yo lo informe. Ya les avisaré los horarios de visita.

Cuando todos los visitantes abandonaron la habitación del pensionado y Samuel y Julia se quedaron solos, ambos se abrazaron durante largo rato, sin pronunciar palabra, no era necesario, cada cual conocía su pecado a la perfección.

Dos días más tarde, el auto de Samuel se estacionó en la parte delantera del hospital y, en cuanto oscureció, dos figuras envueltas en la sombra se subieron al vehículo con sigilo. El auto arrancó raudo rumbo a las afueras de Talcuri y no paró hasta alcanzar el portón de una gran propiedad, la Quinta Vergara. Al toque repetido del claxon se encendieron las luces de la entrada y una mujer alta y fornida apareció para abrir la puerta. El auto entró en el patio delantero, se abrió la puerta y bajó Sabina sosteniendo delicadamente al recién nacido entre los brazos, como si fuese de cristal. Otra mujer, vestida de gris, acudió anhelante a recibir el niño, lo asió en los brazos y lo entró en la casa, sin permitir que recibiera ni un minuto de la humedad de la noche grisácea.

Se oyó el llanto de un niño recién nacido dentro de la habitación cuando la mujer entró, seguida de Samuel y de Sabina. Ésta, emocionada, balbuceó.

—Mi querida Amelia, este es mi único sobrino, tiene nueve meses y dos semanas, tal y como te conté. Aquí lo traigo para hacer lo que dijimos. No tendrás que preocuparte por nada, está completamente sano.

—Sabina, querida, ya sabes cómo adoro a los niños. Ven, mi precioso, lo primero será que cenes antes de dormir.

Samuel regresó al coche mientras Amelia se sacaba una vigorosa y tersa teta y ponía al niño a chupar del pezón, sonriendo y casi sollozando de alegría por alimentarlo.

—¿Cómo se llama esta criatura tan bella?

—No ha sido bautizado todavía.

—Le llamaré Samu de momento, y será el hermanito de leche de mi Marito —dijo la mujer señalando la cuna donde lloraba otra criatura. Aunque será por poco tiempo, me ayudará a sanar mi pena por la desaparición de mi marido.

Al cabo de una semana Julia regresó a su casa. «Estará en el pensionado, bajo la atenta vigilancia de mi tío y de Felisa, no hay motivos para preocuparse,» explicó Julia a la familia.

Llegó al fin el ansiado día para poder retirar al niño del pensionado. Desde muy temprano, toda la familia estaba allí reunida, anhelante, sin pronunciar palabra, tensos, esperando que se abriese la puerta de la habitación y que diera paso a la madre y a la criatura. Se oyeron pasos a pesar de las alfombras del pasadizo, se giró el pomo de la puerta y apareció la comadrona quien franqueó el paso a Julia sosteniendo a su niño. Ella estaba radiante, excelsa, con los ojos brillando de alegría. Pedro se abalanzó de inmediato sobre su mujer y el niño para abrazarles, hablando con la voz entrecortada,

—¡Qué emocionante! Mira, mi amor, aquí llega nuestro hijo, por fin todos juntos, déjame que lo contemple..., ¡qué hombrecito tan bien hecho! —Y sin más, alzó a la criatura, sin miramientos, y empezó a abrazarlo con tanta fuerza que Julia se puso muy nerviosa.

—Oiga, enfermera, tráigame una limonada, por favor. No puedo ni hablar de lo pastosa que tengo la boca —solicitó Julia mientras se desplomaba en un sofá. Consiguió que su marido dejara tranquila a la criatura y acunando dulcemente a su añorado hijo, puso su sonrosada mejilla junto a su cara.

—Cariño, este niño se me parece mucho, ¿verdad? —Pedro miraba arrobado al nene, en tanto que Julia asentía silenciosamente, en tanto que Samuel miraba en otra dirección.

—Los recién nacidos nunca se parecen a nadie, será mucho más tarde cuando se noten las semejanzas de facciones y de personalidad. Y así y con todo, en ocasiones, lo que acaba apareciendo son las características de un ascendiente de segunda generación —explicó Felisa a los embobados padres, observando de reojo como la azorada Julia cubría delicadamente el rostro del hijo con un tul.

Este es un Gonzales claramente, ¡no lo sabré yo!, pensó Pedro para sus adentros. Y tomando con delicadeza al niño en sus manos, lo alzó mientras exclamaba, henchido de emoción:

—¡Aquí está el nuevo rey de la Viña Sol! Ya pueden empezar a rendirle pleitesía…

—Pedro, ten cuidado, ¡se te puede resbalar, no seas bruto! —reclamó Julia atemorizada.

—Mira, Samuel, parece como si tuviera una manita más grande que la otra— apuntó Pedro alarmado.

En eso llegaron José y Ester, deseosos de abrazar por fin a su nieto.

—Cómo pesa este crío, menudo sietemesino —musitó la mujer con sorna, sopesándolo con delicadeza.

Samuel, al oírla, la reconvino con evidente irritación.

—Pero, doña Ester, si no hay más que ver a su hijo, con ese corpachón, ¿a quién iba a salir su nieto? ¿A la delicada Julita? — Y añadió que el niño estaba perfectamente sano, que se había curado completamente de la 'infección de la piel y de los brazos' que obligó su aislamiento durante unas semanas.

—Todo está perfectamente bien y en su sitio; la matrona y yo lo hemos revisado por todos lados, así que no sufran – insistió el médico – tengo que acabar el parte, me llevo a la madre un momentito.

Cuando estuvieron solos, sobrina y tío se miraron intensamente, ella con los ojos enrojecidos de soportar tanto llanto atascado. Con un hilo de voz preguntó:

—Iré al infierno, ¿no, tío?

—Hija, si así fuera, que no creo, ten la seguridad que encontrarás allí a tu tío y también a tu marido, ambos por mentirosos —repuso Samuel con serio semblante y estrechó de nuevo a la chica entre sus brazos—, pero ahora debes pensar en este inocente, es únicamente a él a quien debes dedicar todos tus esfuerzos, ya que llegaste hasta aquí, procura que salga adelante y sea un hombre de bien. Él no tiene ninguna culpa de las veleidades de los llamados adultos; y a ti, hija de mi corazón, que Dios te ampare. Y ahora, anda a reunirte con tu hijo tan anhelado y tu familia, todos te están esperando para iniciar una nueva vida. Se te ve completamente dichosa, edúcale con pasión, dale lo mejor de ti y ojalá que al final consigas que sea más un Rivas que un maldito Gonzales.

Julia asintió con la cara llena de pena y besó a su tío dispuesta a decirle algo más, pero las palabras murieron en su boca. Ya habrá tiempo, se dijo.

Samuel se fue a su casa y allá se derrumbó anímicamente. Estaba deshecho por completo por la tensión de los meses transcurridos. Era culpable de haber montado la mayor pantomima de toda su vida y de abjurar como facultativo, todo para defender la dignidad de una mujer a quien quería como a la hija solitaria que siempre deseó y que la naturaleza le denegó.

Y, por si fuera poco, se vio obligado a aprobar la solicitud de ascenso de Felisa para que se la nombrase matrona de planta y a su hijo, un gandul de 32 años, como enfermero de transporte.

A continuación, ante el asombro total de sus colegas, el médico cerró su conocida consulta en Talcuri para trasladarse de inmediato a Las Cañas, a la casita que perteneció a su hermano Nico. De nada valieron las desconsoladas súplicas de Sabina para hacerle desistir de tamaña penitencia. Samuel estaba determinado a practicar la medicina entre los más necesitados y no entre los ricachones y pudientes como se estaba acostumbrando a hacer con gran comodidad. Era plenamente consciente de estar tirando por la ventana una estupenda seguridad profesional, a cambio de una aventura de la que ignoraba su final. Nadie pudo hacerle cambiar de opinión, sin que de nada valieran las protestas de Sabina ni sus amenazas de dejarle solo. Se juró no volver a hablar con nadie del asunto de su sobrina Julia y a no seguir participando en su historiada cuestión maternal, y como penitencia, se propuso no volver a verla, ni a ella ni a su sobrino nieto.

Salvo su maletín con el instrumental, las batas y ropa gruesa, dejó todas sus pertenencias. Lo que sí se llevó consigo fue el informe original que firmó sobre el alumbramiento de la criatura de Julia.

Su hermoso chalet de la ciudad se cerró a cal y canto ante las lágrimas de la inconsolable Sabina y ambos partieron hacia Las Cañas, para iniciar una nueva vida.

Episodio 11. La quinta puerta de Julia

A los pocos días apareció por casa el padre Basterrica, el cura vasco de la cercana parroquia, para hacerse cargo de la ceremonia del bautizo.

—Que ya no es posible retrasarla por más tiempo, oye —reconvino a la familia.

Pero su inocente intervención provocó el primer y grave problema en la relación de Julia con Pedro: el nombre de bautizo del niño. Por tercera vez, ambos discutieron sobre ello. Julia hizo un bastión defensivo en su empeño por bautizarle como Arturo, un nombre que para el empecinado Pedro no quería decir nada, puesto que nadie de su familia ni de su círculo se llamaba así. Como tampoco era un nombre que figurara en la Biblia; a la fuerza tenía que ser extranjero y seguramente ateo, alegaba el ofuscado marido, poniendo como ejemplo de nombre ideal de José Antonio, como el su padre; pero ella permaneció atrincherada en su decisión, amenazando con que el niño no se bautizaría si no llevaba impuesto el nombre de Arturo. Dijo que había mirado en el almanaque y que estaba mencionado en tiempos de Noé y su arca.

—Le llamaremos Saúl entonces –terció Pedro.
—¿Raúl? Parece el nombre de un primo vejestorio.
—¿Y qué te parecería Sansón?
—Absurdo.
—No más que Arturo, el hereje.

Entonces los dos se enzarzaban en una gresca que, desde el salón, todos los demás oían preocupados lo que decía la pareja, todo de buen calibre. De vez en cuando se oía una puerta que se abría y salía de allí una retahíla de nombres, según venían en el almanaque. Un sonoro portazo ponía sordina a la discusión de la pareja enjaulada allí, desgranando nombres. Dorotea, la joven, fue corriendo a llamar al padre Basterrica; este subió y golpeó la puerta con gran escándalo, cuando le abrieron, entró al cuarto, le arrebató el almanaque a Julia y lo lanzó al jardín. A partir de ahí, ya desinflados ambos de las presiones de todos esos intensos meses vividos, Julia y Pedro transaron rápidamente en que el infante llevara por nombres los de Arturo y Javier y Salvador, aplacando así la furia de Pedro y la porfía de Julia, aunque fue más por cansancio que por convicción. En cuanto sellaron la paz, ambos se lanzaron de cabeza a la habitación matrimonial para abrazar al hijo con pasión y llamarle suavemente por su nuevo nombre.

—¡Ay, mi Artu bonito!

—¡Hola, mi Salva precioso!

La llegada a la casa familiar del primer vástago de Julia operó en ella una extraordinaria transformación, apenas hubo cruzado la última puerta que le restaba del azaroso camino que había escogido para proteger a su criatura.

La dura experiencia que le había tocado vivir durante los últimos doce meses hizo que cada uno fuese como un año. Por eso, el cabello de la muchacha se volvió grueso y fuerte; sus ojos perdieron mucho de ese inocente brillo avellana que cautivaba, para volverse inquisitivos, y sus andares tan danzarines se volvieron menos vivaces. Su carácter devino más titubeante y temeroso, y su alma se entregó bastante a la oración. Y así, con Arturo Javier Salvador en sus brazos, comenzó su largo camino hacia el infierno.

Por parte de Pedro, sin embargo, muchos de los que le conocían desde hacía tiempo comentaron asombrados que el duro talante y la severidad que exhibía en su trato con gente mucho mayor dio paso a una actitud más conciliadora, comprensiva y hasta más juvenil.

Por esas causas, ambos dejaron de verse como personas de edad muy diferente entre ellos.

En la casona de Talcuri todos suspiraron con alivio cuando se anunció el armisticio y se consagraron con ahínco a los preparativos para la ceremonia y el inefable festejo del bautizo que prometía ser grandioso; de nuevo se trastocó la rutina familiar, generando un gran vaivén social en la ciudad, otra ocasión para algunos de husmear en la vida de la destacada pareja y, para otros, de volver a empacharse comiendo y bebiendo a costa de los demás. La lucha por un sitio destacado en la fiesta dio comienzo enseguida.

Julia, una vez que se recuperó de la febril discusión por el nombre del niño, se quedó sorprendida de su propia capacidad para discutir con el gran Pedro y, armándose de nuevas ínfulas, se mostró decidida a participar, esta vez plenamente, en una celebración que consideraba absolutamente suya, producto de sus actos como nueva e importante persona dentro de esta relevante familia. Dio por terminado su penoso rol de espíritu en pena vagando por una casa desconocida sin saber cómo actuar.

La primera tarea importante que asumió fue la de preparar la lista de los invitados a la celebración del bautizo en la casona de Talcuri. Se encerró en su gabinete y, acomodándose en el taburete, abrió el cajoncillo principal de su primoroso *secretaire*, un caro regalo de boda de alguien que no conocía siquiera, y sacó unos primorosos folios blancos con las letras P y J entrelazadas, impresas en su parte superior. Empapó la pluma para escribir cuidadosamente el primer nombre de la lista de invitados: Dr. Samuel Rivas y Sra.

El siguiente nombre que escribió, fue el de Pedro Segundo Gonzales. Y dejó la pluma en el aire.

—No te afanes, de esa invitación me encargaré personalmente —le contestó Pedro con algo de irritación.

—Bien, muy bien, si mi hijo sirve para que tú recuperes al tuyo, estaré dichosa de la vida —repuso Julia, y volvió a su lista y a la preparación detallada de la gran fiesta del bautizo.

Al acabar la lista, dejó caer la pluma y pensó seriamente acerca de la conveniencia o no de celebrar tan desmesurada fiesta de bautizo. En el fondo, la invadía un miedo horroroso a tener que ser ella el centro de atención de las más conspicuas damas de la ciudad. El temor a las habladurías de las amistades de los Gonzales la hizo flaquear; para una persona como ella, que había vivido una vida tranquila y corriente en la pequeña Las Cañas, la gran fiesta constituiría una prueba que su fragilidad e inexperiencia podrían convertir en una avalancha, que la arrastraría cuesta abajo hasta hacerle imposible volver a ocupar una posición en la sociedad. En estas cuestiones, nunca hay una segunda oportunidad, solamente la primera es la que vale, pues permanece toda la vida en la memoria de las gentes de categoría, le dijo un día tajantemente su suegra Ester.

Hasta que un reproche atronó dentro de su temerosa cabecita,

... ya estás de nuevo con las tonterías, no te das cuenta que ahora eres tú la que manda en esta casa, ¿o quieres acabar empaquetando jureles en tu inmunda caleta...?

Esta llamada la enervó. No había nada que temer. Ahora ella era precisamente la que tenía el poder sobre todos los demás, especialmente sobre las mujeres de la edad de su marido. Y sintió, por vez primera en su juventud, cómo se llenaba su cuerpo de una rara determinación para atacar las dificultades, algo que antes nunca creía haber experimentado.

Era una táctica de combate.

Enseñada por un buen maestro, el teniente coronel Rivas, su padre, le había entregado gran parte de su duro carácter militar. Si se entra en una guerra, es para ganarla; el momento, la ocasión y el terreno lo debes escoger siempre tú; la mejor victoria es vencer sin combatir. Esas eran las latosas lecciones que le daba el militar a su aburrida hijita de doce años, cuando estaban en casa contemplando la puesta de sol, tomados de la mano en la terraza mirando hacia la caleta Las Cañas.

De ese modo, Julia venció sus temores aldeanos y se llenó de valor, pero en cuanto acabó la enorme lista de invitados, una nueva preocupación le empezó a golpear dentro de la cabecita. ¿Qué ropa me voy a poner?, se dijo azorada y se lanzó al guardarropa donde nada de lo que vio le convenció para triunfar en una ocasión tan señalada. Es ropa de niña ridícula, pensó enfadada y cerró el armario de golpe, apoyándose en las puertas. Miró al techo y se dijo: Bueno, si voy a ir al infierno, que sea bien vestida.

Esa misma tarde, Julia se lo dijo a Pedro y él sonrió. En cuanto regresaron de la luna de miel, Pedro había reparado en su falta de atuendos apropiados al trabajo en sociedad que le esperaba, y la fiesta del bautizo prometía ser la prueba de fuego; así que, a la más mínima insinuación de Julia, se la llevó en un viaje relámpago a la Capital para visitar las mejores sastrerías y casas de telas. Por segunda vez, gracias a la insistencia de su marido y a la tranquilidad que empezaba a respirar, aprovechó magníficamente la estupenda ocasión para sacarse partido.

Esos días que la pareja disfrutó allá completamente a solas, celebrando el nacimiento de su primer hijo, hizo que se entornase algo más la puerta del cerrado y oprimido corazón de la joven, para echar un vistazo curioso dentro del alma del hombre que le había correspondido tan en suerte. Y lo que vio allí la dejó satisfecha. Y dio gracias a Dios. Y a Pedro.

Las estupendas compras, sus continuas atenciones y su cariñoso trato hicieron que Julia viviese como en una nueva vida, aunque solo por una semana, y que olvidase la mentira que vivía. Es el tiempo el que lo curará todo, ya no se puede hacer nada más; vamos a bautizarle y, entonces, estaré completamente preparada para mi castigo, se dijo la última noche que pasaron en la capital; pero no pudo evitar un estremecimiento de vergüenza por su cinismo.

Empujada por el ambiente de la espléndida habitación matrimonial del Ritz, tras una cara, copiosa y entretenida cena en el cabaré del hotel, ella se rindió de buena gana a sus requerimientos amorosos. Hasta entonces Julia no había sentido la necesidad de besar continuamente al marido, ni mucho menos andar con arrumacos delante de la gente, porque tampoco le nacía de dentro el hacerlo, los besitos eran los justos, y ella los propinaba más como un sentimiento familiar respetuoso que como una idea matrimonial. Pero esta vez, junto con su criatura, ella sintió que había nacido otro sentimiento hacia Pedro: ahora disfrutaba de su compañía, de sus palabras y sus caricias. La culpa se iba enterrando poco a poco en ese alegre jardín.

Un papel importante en esta metamorfosis producida lo protagonizó doña Herminie Ponteagudo, una francesa afincada que había llegado desde París — en realidad nació en el pirineo catalán, pero ¿quién podría notar la diferencia? — para abrir en la Capital un elegante salón de belleza. La *estiliste*, como se hacía llamar la profesional, le sacó a Julia un partido que ni ella misma pensó que pudiera tener. En cuanto la vio entrar en su salón, *Madame* Herminie supo que la joven necesitaba urgentemente una *coiffeur* especial, con lo mejor de su habilidad y experiencia, para coronar a una persona tibia, algo bobalicona y poco sociable. Tenía que lograr tal peinado que, conservando la huella fundamental de la fresca edad juvenil de sus facciones, le pudiera quitar a la vez esa expresión de aturdimiento e inexperiencia propia de la juventud mal llevada, para darle un toque de suficiencia que le permitiera a la joven aparecer firme y digna ante las encopetadas y duras fiscales sociales, las esposas del círculo de su marido. Tras dos horas de duro bregar, la estilista consiguió el milagro, creando un peinado que Julia jamás abandonaría en toda su vida.

El último día en la Capital fue para la joven esposa como vivir en un cuento de nunca acabar, jamás soñó que pudiera existir tanto lujo al alcance de la gente. Se hicieron infinidad de retratos en la plaza, pero el mejor fue el oficial que ambos se hicieron en un estudio. Sería la foto que serviría de base para que uno de los famosos pintores de la ciudad hiciese un gran óleo destinado al recibidor de la entrada, en la casona de Talcuri, tal y como todas las empingorotadas señoras solían tener en sus grandes casas.

Destacar en vestidos, peinados y joyas constituyó desde entonces una impronta, una ocupación especial previa a toda salida o presentación en su casa. Julia se propuso que jamás nadie iba a verla vestida con sus ropas de trabajadora de la fábrica de conservas de la caleta. Esa fue la llave que acabó por abrirle los últimos y herméticos salones de la ciudad. El resultado le agradó y halagó su vanidad de tal manera que, vestir a los dictados de la moda, fue para ella un modo de vivir.

El domingo del bautizo, en la puerta de la entrada a la casona francesa, Julia y Pedro recibieron a los numerosos invitados que hacían cola para entrar al jardín. Al lado de la feliz pareja estaba la cuna de mimbre con dosel y, dentro, bajo unas sabanitas azules, dormía Arturo Salvador, listo para ser ungido, vestido con su traje de acristianar, plácidamente arropado por el cálido calorcillo primaveral. A la hora señalada y al son de una lánguida guitarra, el padre Basterrica lo bautizó y al acabar, una cerrada ovación celebró la llegada del nuevo cristiano.

Cuando la casa estuvo repletada de comensales que degustaban los abundantes entremeses de marisco y las botellas del frío Riesling, llegó el momento clave. La coronela Julia dio comienzo la parte más trascendental del día de su consagración social en la ciudad. Se bebió una copa de chicha de golpe y, empuñando el asa del cochecillo, se lanzó a galope tendido hacia la parte central del jardín, donde estaban agrupadas las fuerzas enemigas: las siete u ocho mujeres solteras más acomodadas de la ciudad, ricamente ataviadas, hablando sin parar y sin rubor alguno de todo lo criticable en la sociedad.

Lo socialmente relevante de Talcuri pasaba, sin poderse evitar, por ese círculo crítico, y cuando salía de allí el suceso o noticia ya iba etiquetado para conocimiento e inmediata aceptación del resto de la sociedad talcurina, pero en la versión que las censoras habían predeterminado.

Julia intuyó que ese era el primer punto para atacar al enemigo: *divide et impera*, se decía mientras se abría paso a toda velocidad entre las decenas de invitados desconocidos que abarrotaban el patio trasero. Al verla atacar tan imprevistamente, el círculo se abrió y ella entró a saco empujando el cochecito hasta situarlo en medio del círculo de fuego. Una vez en el centro, sin darles tiempo a nada, les lanzó su mortífera sonrisa de jovencita púber y destapó la sabanita azul de su criatura que transportaba en el cochecito y que le había servido de ariete, dejando que todas admiraran al heredero. Julia rompió descaradamente el fuego.

—Esta ceremonia yo no la habría celebrado jamás de no contar con su asistencia. Gracias a todas por venir a acompañarnos, gracias de corazón, queridas y nuevas amigas.

—¡Estamos muy...! —balbucearon algunas.

Las ocho magníficas, pilladas por el ataque sorpresa, contuvieron la respiración sin que ninguna se atreviese a hablar primero; y sin dar tiempo de recargar, Julia sacó su arma más letal: los diecinueve años.

—Y quiero que sepan, mis queridas señoritas, que a partir de hoy mismo esta casa estará permanentemente abierta para ustedes. Las deseo conocer a todas y ofrecerles mi amistad, porque ustedes son lo más importante de esta ciudad y lo mejor de ella, según me dice Pedro a cada rato. Todas recibirán una invitación para unas onces aquí en mi casa —les dijo derramando almíbar entre los dientes—, crearemos un círculo de damas y nos ocuparemos de todo, especialmente de los bailes— añadió con abierta picardía tomándose del brazo de una de las desconocidas, que aún estaba tiesa ante el sorprendente ataque.

Eso permitió que todas admirasen el vestido blanco marfil de encaje, apretado en la cintura de forma inhumana y que realzaba sus turgentes formas; Julia podía sentirlo a sus espaldas y ello alimentó poderosamente su dominio indiscutido de la casona de los Gonzales - Rivas.

A continuación, lanzó el ataque final: se inclinó dentro del cochecito y levantó a su hijo Arturo, le dio dos vueltas para que todas lo admiraran y, acto seguido, lo entregó a la *nersey*.

El férreo círculo pareció vacilar ante el poderoso ataque y al final se rompió vistosamente. Tres de las integrantes se acercaron, rendidas, para alabar su peinado, el vestido y, dando las gracias, rodearon a Julia sin vacilar para palmotearla y ponerse a su servicio en todo lo que hiciera falta. Pero las tres líderes, Marita, Candelaria y Lina, estrecharon filas y se enfrentaron a la osada intrusa. Julia, que no era de naturaleza agraciada, aunque donosa, tenía facciones amorosas y francas, pelo castaño claro, ojos color avellana, grandes, bonitos y muy amistosos; en fin, la belleza que solamente se consigue durante esos brevísimos años de juventud llamados de niña-mujer o mujer-niña. Sus rivales, que bordeaban los cuarenta, aún solteras por culpa de Pedro, ya no podían ocultar por más tiempo las huellas de ese paso fatal.

Cuando las tres principales se le aproximaron con decisión, Julia sintió que flaqueaba, mientras que una vergüenza roja le subía por la garganta y le cubría la cara por completo. Apartando a la cuidadora con brusquedad, las atacantes rodearon amenazadoramente la cuna del bebé, caminando poco a poco a su alrededor sin despegar la mirada del neonato. A continuación, las tres desataron una sarta de preguntas acerca de la criatura, mirándola a los ojos y sonriéndole con malicia a la par que se codeaban sin ningún disimulo, de tal manera que casi llegó a convencerse de que todo el mundo sabía la verdad y que se reían de ella por lo bajo. A punto de claudicar, llegó Pedro para abrazarla con ternura, y suspiró aliviada. Mandó retirar la cunita y los ataques del pelotón cesaron de inmediato para transformarse en alabanzas, zalamerías y parabienes hacia el padre.

A Julia le sirvió también para darse cuenta de cuan larga y poderosa era la influencia y el prestigio de Pedro en la ciudad y en la región. Si no llega a ser por su salvadora irrupción, Julia habría sucumbido al fuego graneado de las tres poderosas señoritas. Nadie hubiera osado, de ser cierto, hacer el más mínimo comentario público y muchísimo menos ni siquiera a insinuarlo en su presencia.

Así, de golpe, la tranquila y provinciana muchacha conquistó a su público y entró triunfante en la hostil y cerrada sociedad talcurina. Julia pensó que, además, a fuerza de repetir siempre la misma historia, esta empezaría pronto a brillar como una verdad. Y sonrió satisfecha, pues se había superado a sí misma en coraje y osadía. Muy pronto todos empezaron a abordarla para que se les tuviera en cuenta en el nuevo círculo que se estaba creando a su alrededor.

Julia no pudo ocultar su alegría al descubrir que, gracias a este bautizo, asunto capital para ella, se estaba liberando su espíritu al ver que la sociedad de su marido, tan desconocida para Julia, empezaba a abrirle la puerta, quizá muy cuidadosamente al comienzo, pero con decisión más adelante. Este convencimiento la alivió todavía más y, cerrando los ojos, se dio cuenta de que ya había cruzado la quinta puerta y había culminado todo lo que se propuso cuando su vida había pendido de un hilo en su humilde caleta.

Lo que acabó por disipar cualquier duda, por pequeña que fuese, era la firme actitud de Pedro, su marido, apoyándola en todo momento y demostrándole continuamente su cariño y comprensión.

Con un solo día de codearse con lo mejor de la sociedad, no quedó rastro de su tranquila vida porteña del año pasado. Ella fue el centro de atención de todas las señoras, las verdaderamente interesadas en su felicidad, que no eran demasiadas, y las otras, las que necesitaban toda la información posible para poder disponer de material para las largas veladas invernales, que eran muchas.

Pero, sin duda, las más agudas indagaciones las seguiría sufriendo por parte de las tres señoritas del círculo, hijas y herederas de las más conspicuas familias de la región, directamente zaheridas por Julia en lo más profundo de sus ambiciones. A todas ellas, que ya frisaban los cuarenta, el gran partido que Pedro Gonzales representaba se les había ido como jabón de las manos al tratar de prenderlo y llevarlo al altar. El último tren se había marchado y eso las convirtió en las personas más peligrosas en la vida de Julia. Por eso, las tres le dejaron muy claro que nunca entraría ni se asomaría siquiera a su acomodado y reducido círculo y se juramentaron para que así fuera. A Julia esa actitud no le importó, solo eran tres enfurruñadas solteronas que en poco tiempo quedarían totalmente marginadas.

La fiesta del bautizo ya estaba acabando, quedaban ellas tres sentadas en la mesa principal, hablando por lo bajo. De Julia, por supuesto.

—Me gustaría zarandearla de los hombros hasta que me contestara: ¿cómo es que tú lo has logrado, si no eres más que una colegiala venida de ninguna parte? —decía Marita Gómez.

—Bueno, yo sé cómo lo logró, tal y como lo intentó la Tola, solo que esta advenediza lo consiguió. ¿Cómo? No podré explicármelo jamás. ¡Mírate esa lamentable figura de pueblerina mal educada y poco instruida, y compárate con mi estampa delicada y mi talle esbelto! Me lo decía el propio Pedro, no invento nada. —Era otra de las reflexiones que ocultaba la interrogación de Candelaria Agudo.

Ambas eran conocidas por su discreto, pero infatigable asedio al que habían sometido al rebelde Pedro durante los últimos cinco años. Sin el menor atisbo de resultado.

—¡Está clarísimo que el amor no solo es ciego, sino sordo, mudo y además imbécil! —Era la postrera murmuración con la que concluía Lina Carreras, dando así por acabada la inútil persecución del mejor partido de Talcuri y, probablemente, de la región. Hasta entonces, había sido un duro juego de competidoras desesperadas que no dudaron un instante en hacerse todo el daño posible con tal de conseguir el partido que representaba el afortunado Pedro. Incluso a Tola Figueroa una vez la habían increpado por haber llegado más lejos que ninguna, rompiendo la barrera tácita que ninguna de ellas había osado nunca traspasar.

—¡No te importó dejarte el charlón prendido en las jaras del río! —le espetaron las tres, expulsándola del círculo.

Mientras tanto, otros caballeros también se acercaron a presentarse y saludar a Julia, y eso lograba salvarla por un instante del incansable asedio del mundo femenino y de algunos jóvenes que pretendían conseguir su mirada aprobadora. Especialmente le agradeció la velada a Rufino Contreras, un íntimo amigo de Pedro, que fue su escolta casi todo el tiempo. Él y su esposa, la joven Tola Figueroa, intervinieron rápidamente en cuanto veían que el semblante de Julia daba muestras de cansancio o de hastío, o cuando veían que se aproximaba una de las amistades peligrosas. Ello hizo que la joven se tranquilizara y pudiera dar lo mejor de sí a tanta gente. Finalmente triunfó y se consagró, pues hubo mucha más gente que se rindió a sus maneras discretas y a esa falta de barniz tan encantador que sacaba a relucir de tanto en tanto, que las pocas que resistieron a capa y espada antes de darle su apoyo social. Curiosamente, si alguien perspicaz hubiese sacado alguna lección, estaba claro que los maridos de las que aprobaron la admisión en sociedad eran parte importante del manto de personas que se movían al compás de las decisiones de Pedro Gonzales y de su amigo el intendente. En fin, las envidias eran continuas por parte de las que ya disfrutaban de un largo matrimonio y eran esperanzadoras para los recién llegados al club de la unión de por vida.

Lo que más gustaba a la gente era la argentina tonalidad de la voz de Julia, especialmente cuando reía o cuando llamaba a alguien. Algunos se preguntaban si acaso no sería en el futuro una estupenda corista o por lo menos, una cantante de *burlesque*. Incluso se dijo que todavía estaba a tiempo de cultivar la voz para llegar a ser una destacada soprano. La extraordinaria combinación de su talante militar cuando se empecinaba en algo, con esa tonalidad cristalina con que ordenaba o pedía, hacía que Pedro poco pudiera hacer, sino plegarse a sus deseos sin discutir demasiado.

Julia, tras haber ganado todas las batallas, se derrumbó exhausta en la mesa de la cocina para comer a gusto, ya que tenía un hambre feroz; Dorotea le puso un plato muy abundante y su hijo le sirvió bebida en profusión. De pronto, alguien le tocó suavemente el hombro: era el inefable Pedro Segundo de la mano de Rosa Heredia, que estaba mirándola con cara de mendigo en graves apuros. Julia soltó una ahogada exclamación, pero en seguida abrazó a ambos con sincera alegría.

—¡Cuánto me alegro de que hayáis decidido venir a mi fiesta! ¿Por qué no me avisaste de que venías? Hubiera preparado camas con tiempo... Tenéis que conocer a Arturo Javier Salvador... Venid conmigo... Voy a avisar a Pedro, se alegrará un montón.

—Quieta, Julia —interrumpió el joven con sequedad—, por favor, escúchame un momento, hemos venido solamente para pedirte algo de suma importancia. Ahora no quiero ver a mi padre ni nadie debe verme por aquí, ¿podemos hablar?

Por supuesto. ¿Qué sucede?

—Nos acabamos de casar, señora Julia —irrumpió Rosa con vehemencia—. Ya está hecho. —Y agarró firmemente al chico por el brazo, sonriéndole con una amorosa expresión—. Este me insistió tantísimo que le dije que sí. Yo quiero mucho a este muchacho y estoy segura de que tu familia me aceptará, bueno, perdona el tuteo... pero ya te considero familia...

Julia, empalideció ante esa posibilidad y, sin poder encontrar las palabras apropiadas, se quedó mirando un largo instante a la chica y luego a Pedro Segundo, preguntándose qué le pudo pasar al chico por su cabecita para dar semejante paso, a espaldas de su padre. Está hechizado por esta puta, se gritó interiormente con ira. Luego se fijó en él: parecía su propio hermano mayor, su traje le colgaba de los hombros, la voz enronquecida, barbón, delgado e intranquilo.

—Pedrito, ¿entonces no has hablado con tu padre? Él te envió una invitación personal a la escuela…

—Me fugué hace tiempo de ese internado y no he visto a mi padre desde la vendimia, yo vine porque Dorotea me escribió y me contó lo que estaba pasando aquí. Ahora no quiero ni verle. Me casé a principios de mes en Las Hualtatas, no conoces ese pueblo, está muy al sur —contó Pedro Segundo, muy contrito.

—Por desgracia tu padre no sabe nada de esto y creo que sería bueno que le vieras cuanto antes y le contarás lo que has hecho, pero te advierto que va a saltar por la ventana de la rabia. Pero dime, ¿dónde se alojan?

—Estamos aquí cerca, en la casa de Rosa, y hemos venido a propósito para hablar contigo, ya que la última vez sé que me defendiste mucho ante la bestia de mi padre.

—No es justo que hables así de tu papá, él te quiere mucho —dijo Julia en tono conciliador.

—Nosotros sí que tenemos un grave problema, por eso hemos venido, no sabíamos que había este bautizo tan increíble, así ya se puede gastar la mosca… Le escribí a papá para pedirle un préstamo y poder instalarnos en el sur donde yo encontré un trabajo de primera… Pero no me atreví a mandarla. Y lo malo es que yo no quiero ni verlo… en pintura, a ese viejo *amarrao* y desagradecido.

—Nadie sabe la situación en la que nos hallamos —intervino Rosa—. Somos una pobre pareja dando tumbos, porque a nadie de aquí le interesa si nos va bien o mal, porque en esta casa todo es vivir a lo grande.

Eso es muy cierto, se dijo Julia con un hondo suspiro de tristeza. Pero soltó su enfado a continuación.

—¿Y para qué *crestas* han ido a vivir tan lejos de nosotros? Les hubiéramos traído a casa y ayudado en todo…

—¡Yo no necesito vivir a costillas de nadie… y menos de esta familia! Puedo salir adelante solito —. Se ufanaba el joven asiendo con fuerza la mano de su mujer—. Pero sin el capital no puedo lanzar mi negocio… y nadie más que mi padre me lo puede dar… aunque sea como dote, herencia o como se llame…

—Un momento, veo que Pedro me busca en el jardín… tengan este poco de dinero para que se puedan quedar unos cuantos días más en el hotel, ya que no quieres estar en tu propia casa, lo que me parece una lesera, pero bueno, cada cual sabe dónde le aprieta el zapato.

—Gracias, Julita, sabía que nos ayudarías, pero tenemos que conseguir que el viejo nos suelte la mosca cuanto antes —exigió Rosa mirándola insolentemente, como si fuera su pariente.

Esta galla es bien patuda, ahora no le gusta tener que cargar con un marido pobre, pero sí que le encanta la idea de un suegro ricachón, reflexionó Julia, pero rápidamente añadió, asiendo a Pedrito por el hombro:

—Hablaré con tu padre esta misma noche, esto es una estupidez como una casa, ¡cómo se puede tener una familia toda *desparramá* por el país! A esto hay que ponerle coto y se debe hacer cuanto antes. Y yo me encargo de todo, ¿oísteis? Ahora tengo que volver con Pedro y no quiero que os vea en este momento. Hasta mañana.

Dorotea, la vieja, los llevó hasta la puerta de la calle y cuando Rosa pasó por su lado, le susurró al oído imperceptiblemente algo como, «*ta hecho*».

Rosa le cerró el ojo derecho y miró de reojo a Pedrito, pero este ya caminaba por delante, rumbo a la cama.

En cuanto a Pedro, ignorante de todo lo que ocurría a su alrededor, se escapó con una pareja de amigos para encerrarse por unos minutos en la biblioteca, a degustar unas botellas misteriosamente guardadas bajo llave en su licorera privada. Así sellaba sus compromisos de cuando en cuando.

Al día siguiente, casi a mediodía, Pedro oyó que estaban golpeando la puerta de la alcoba con insistencia, desde hacía ya un buen rato. Un mensajero de la intendencia le esperaba abajo, le gritaron. El último coñac francés que bebió anoche le estaba matando. El mensaje era muy urgente, del subintendente Llaneras en persona. Al leerlo palideció, y casi se desvanece en la puerta de la biblioteca.

En su respuesta escribió:

«Querido intendente Riesco, estoy profundamente consternado por el fallecimiento de su ayudante general, mi eximio amigo Braulio, a quien Dios tenga en gloria. Sin duda, asistiré al sepelio el lunes por la tarde.
Pedro Marcial Gonzales»

El lunes, los sirvientes prepararon un almuerzo frugal con rapidez y Enrique puso el coche a punto, estacionándolo en la puerta de casa, con el motor en marcha y el depósito lleno.

La pareja almorzó silenciosamente, casi sin decir palabra. De pronto, Pedro se incorporó de la mesa del comedor y corrió al cuarto de baño, desde donde se oyó al poco la caída de un cuerpo al suelo y el estruendo de una palangana de fierro enlozado al chocar contra las baldosas.

Todos corrieron a ver lo que pasaba, pero la puerta del baño no se podía abrir. Alguien miró por la claraboya y avisó de que el cuerpo de Pedro, al parecer sin vida, estaba cruzado delante de la puerta y que había sangre en el piso. El pequeño Emeterio consiguió al fin colarse dentro del cuarto y abrir el pestillo de la puerta para que entraran dos criados a sacarlo. Pedro aun respiraba, aunque dificultosamente, pues estaba sufriendo una parálisis respiratoria aguda.

En cuanto Julia penetró en el baño, observó que en el piso había una gruesa capa de vómito, de un color y olor que le resultó familiar, pero sin saber ni de dónde o por qué.

Pedro pasó dos días en el hospital bajo los cuidados de un especialista en cólera y tifus, venido especialmente del sanatorio militar, quien mandó intensificar las lavativas que ya se le estaban aplicando al paciente.

Al día siguiente, en el hospital, el especialista habló con Pedro y con su amigo Aravena, mostrando cara de honda preocupación.

—Mire don Pedro, ya está usted a salvo y fuera de peligro, pero la verdad, media hora más tarde sin recibir atención y usted cuelga las chalas, lo que casi le envenena es alguna toxina contenida en algo que comió o bebió recientemente. Los análisis de las heces nos lo dirán claramente, entonces hablaremos. Una pregunta, usted y el finado Braulio Lara pasaron el domingo juntos, según me han informado…

—Oye, gallo, te has salvado por los pelos, un poco más y no llegas, ahora estaríamos probándote el *terno de palo* —interrumpió Aravena riendo a gritos, golpeándole el hombro.

—Llevo meses de celebraciones, tomando y comiendo de todo —contestó Pedro con voz ronca y dolorida—, no me extraña que casi reviente.

—No tiene nada que ver con la cantidad, sino con la calidad. Se trata de lo que ustedes dos ingirieron en las doce horas anteriores al primer episodio gástrico —le apuntó el especialista.

—Estábamos en la fiesta del bautizo de mi hijo Arturo, y no recuerdo haber comido ni bebido nada raro, lo de costumbre; pescado, empanadas, almejas, cosa que yo nunca he comido, en fin, ya sabe lo que son estas celebraciones, además, en mi casa nunca hay cosas en mal estado, todo es fresco y de primera.

—Algo tuvo que haber, sospechamos de una poderosa toxina, de las que no aparecen normalmente en cualquier alimento, a no ser que se mezclen por accidente con otros compuestos, pero, aun así, en su caso me tomaría todo esto muy en serio. Debería repasar con más cuidado lo que comió y bebió en esas horas previas, durante el banquete y a la noche siguiente; es primordial hallar la causa por si fueran ajenas; necesitaré una lista de todo lo que se preparó y dónde se hizo.

—De acuerdo, mandaré a Dorotea para que le informe.

—No voy a ordenar su internamiento todavía, por ahora está bien, pero mientras no sepamos a ciencia cierta lo que causó este ataque, no podremos arriesgarnos a nada, ¿me ha comprendido? Ya puede vestirse y marchar a casa.

Al día siguiente, Pedro recibió en su casa la visita del intendente Riesco.

—Usted y el amigo Braulio que en paz descanse, eran mis dos puntales... Y mira, el pobre Braulio, ahora está bajo tierra y usted ha estado en un tris de seguirle. ¡Cómo puede alguien despacharse tan de repente! Se fue cortina en cuestión de media hora, me dijo Laurita. Lanzó un tremendo vómito en la cama y acto seguido se quedó tieso como el mármol, con ella mirándole; fue muy macabro.

—¿Dos personas, dos amigos, el mismo día y en el mismo lugar? ¿Y a los dos les sobreviene el mismo episodio con los mismos síntomas? Cuando eso ocurre, hay que descartar la casualidad —dijo Aravena, notablemente impresionado.

El intendente y él ordenaron de inmediato una investigación de las comidas ingeridas el día del bautizo para comprobar acuciosamente todo lo que los dos amigos habían ingerido juntos.

—Y aparte de todo ese vino, ¿qué más bebieron? —preguntó Aravena, al leer la lista.

—Yo no vi nada extraño..., pero esperen, Pedro suele ofrecer tragos de esta licorera que no se usa mucho —contestó Julia, señalando una elegante vitrina esquinera con patas—, pero bueno, yo no lo sé bien, mi marido se encierra aquí con los más íntimos y nadie puede interrumpirlos, hasta que toquen la campanilla de la Dorotea.

Aravena se acercó y vio dentro tres licoreras de cristal tallado junto con media docena de copas Bohemia para coñac y otras. Intentó abrir la portezuela curvada de la vitrina, pero estaba bajo llave. Tanteó entonces en el friso y en la cubierta, pero no había llave alguna. Preguntaré a Pedro cuando se despierte, dijo Julia y salieron de la habitación. Cuando Pedro abrió la vitrina, Aravena sacó las licoreras y se las llevó al especialista para su análisis, pero el resultado fue negativo. Por suerte, Pedro mejoró mucho durante las siguientes tres semanas, aunque nunca más recuperaría la misma motilidad de su intestino. La causa de tan extraño y repentino ataque quedó sin respuesta para siempre.

Algunos días más tarde, Pedro estaba trabajando en su biblioteca cuando la joven y simpática Dorotea le solicitó permiso para limpiar la vitrina. Ensimismado como estaba, él no prestó atención a la joven criada; ella sacó una llavecita de bronce de su bolsillo, abrió la portezuela y sacó toda la cristalería del interior y la limpió concienzudamente con bicarbonato. Cuando acabó de limpiar, reemplazó una botella labrada, de largo cuello, cerró la puerta y depositó la llavecita sobre el friso. Casi sin hacer ruido, la moza abandonó la estancia sin mirar a don Pedro que escribía afanosamente en su mesa de escritorio. Al rato, él terminó su trabajo y salió de la biblioteca cerrando la entrada con doble llave, como hacía normalmente.

Entre las numerosas cartas de felicitación y agradecimiento por la estupenda fiesta del bautizo, Pedro cogió la del intendente Riesco con especial atención. En ella, él y su esposa escribieron elogiando el destacado papel que Julia tuvo en la reunión social.

¡Quién lo hubiera dicho!, pensó complacido.

Aunque él había estado de aquí para allá prodigándose entre sus más ilustres invitados, entregándose por completo a la atención esmerada con ciertos invitados, no dejó de atender a su esposa y a otros amigos. Sin embargo, Pedro no podía ocultar por más tiempo uno de sus más ansiados deseos, conquistar el cargo de presidente de la prestigiosa sociedad de viticultores y así formar parte del poderoso círculo de agricultores, una reconocida e influyente autoridad dentro de la región, independiente del intendente en asuntos de producción agraria. Hacía meses que el patrón había empezado a tejer lentamente la urdimbre de su trama, una prolija labor cuyos apetitosos frutos él intuía ya próximos.

Un mes más tarde, las ambiciones de Pedro se empezaron a materializar, pues el intendente en persona le llamó y le confirmó su nombramiento como el nuevo secretario general de la sociedad de empresarios y vitivinicultores de la región, un cargo burocrático pero esencial para conocer los manejos de los agricultores regionales, le explicó. Tal y como le habían prometido, se creó el Club Agrícola, una institución dibujada a imagen y semejanza del intendente, como verdadero contrapoder del antiguo círculo de agricultores. De acuerdo con sus estatutos, el secretario general debía ocupar automáticamente la presidencia del citado club. Al principio Pedro se mostró confundido, pero de inmediato se plegó a los poderosos designios de su amigo, el intendente Riesco.

La primera piedra ya estaba colocada, de modo que Pedro preparó cuidadosamente la ceremonia inaugural y la apertura de la sede social en pleno centro de la ciudad. Su magnífico discurso estaba pulido hasta la saciedad y con este en el bolsillo de su espléndido traje de *tweed*, subió al proscenio del salón de actos del club, tras la bienvenida del alcalde. A sus pies estaba congregada la flor y nata de los viñateros, los afines al gobierno nacional, en la primera fila, se sentaron todas las autoridades locales alrededor del intendente.

Gracias a su vibrante discurso de toma de posición de la presidencia, Pedro concitó todas las adhesiones de manera casi unánime, dejando patente su poderosa vena de dirigente. El broche de oro lo puso el intendente, que dirigió unas palabras a los numerosos congregados en la sede de la nueva organización.

—Queridos amigos, este es un día grande para nuestra querida región, el momento en que la unión hará la fuerza, el inicio de un gobierno adecuado para que nuestras iniciativas empresariales fructifiquen, gracias a este club y a su magnífico presidente, don Pedro Gonzales Toledo. Viva Pedro Gonzales. Los que buscan destruir nuestras propiedades y nuestro trabajo se encontrarán aquí con una roca formidable que hará estériles sus esfuerzos por romper nuestra sociedad. Y le deseo personalmente una acertada presidencia del club durante los próximos cinco años y… —Pero no pudo acabar por el cerrado aplauso que llenó el recinto, dejando a Pedro emocionado, con el corazón henchido de satisfacción y también algo confuso.

Durante el ágape, Pedro se acercó al intendente y le preguntó en confidencia si acaso el respaldo obtenido iba a ser el apropiado para la difícil labor que le esperaba; y si no hubiese sido mejor haber celebrado unas elecciones para elegir el cargo. El intendente le miró con expresión divertida durante unos breves segundos y luego, con voz suave, le repuso:

—Amigo mío, dicha elección se hubiera visto politizada de inmediato y en vez de unión hubiéramos obtenidos posiciones encontradas entre muchos socios que ya pertenecen al círculo. Usted hace fácil lo difícil, pero tenga siempre en cuenta que el triunfo de unos es la arquitectura de la venganza y el cimiento de la envidia de otros. Por ahora no hay nada de qué preocuparse... A continuación, tenemos una sorpresa. ¡Rufino! Vamos a proceder al homenaje.

Su amigo personal y querido, Rufino Contreras, subió al proscenio y anunció la entrega de un recuerdo para el flamante presidente, a nombre de todos los presentes Le hizo entrega de una cajuela de caoba. Cuando Pedro la abrió, no pudo evitar un sonoro ¡oohh! de sincera sorpresa: dentro había un auténtico revolver Colt, comprado en California por un diplomático amigo de Rufino. En realidad, él la había encargado especialmente para regalarla a Pedro por su cumpleaños, por eso la mandó hacer con la cacha nacarada brillante, siguiendo la inspiración del general Custer, uno de los héroes preferidos del nuevo líder.

A partir de ese momento, no todo fue miel sobre hojuelas para Pedro, pese a haberse convertido en uno de los más admirados actores del panorama social de la región, pues no todos a su alrededor estaban tan felices y agradecidos con su progreso. Había personas con cuentas pendientes y mucho resentimiento acumulado, esperando pacientemente su oportunidad para destruir el nuevo Club y así seguir conservando sus privilegios de tantísimos años. Eran personas muy cercanas, tanto que nadie lo hubiera imaginado ni remotamente, quienes observaban todo lo que ocurría, mientras tejían una espesa y paciente tela de araña.

Pedro intuyó con clarividencia que, al empezar a pisar callos a los más prominentes que no habían estado presentes en el homenaje, tendría que preparase para una dura confrontación contra ellos. Por aquellos lares, vestirse con el poder siempre había sido la moda de unos pocos afortunados. Quitársela a zarpazos también era una moda, aunque de los otros.

Uno de los que tuvieron que reconcomerse por la elección de Pedro fue el viejo Ataulfo Contreras Herranz, presidente vitalicio del Círculo, un connotado viticultor, vecino suyo de Los Peñones que alimentaba un antiguo odio personal desde que José Gonzales se hiciera con un buen trozo de la mejor tierra a la vera del río Amarillo, pagando un precio irrisorio al irresoluto Aravena.

Al regresar a su casa de la plaza Sucre, entró dando gritos desde la entrada, tras colgar el chambergo negro.

—¡Artemia, ven aquí al tiro, por la *chucha*! Ya es hora de hacer algo sonado con estos judíos de mierda antes que se queden con todo.

—A ver si esta vez le *achuntai*, de momento, primo, hemos tenido que casar a tu sobrina a troche y moche, pero en *too* lo demás te ha salido el tiro por la culata —respondió la insolente mujer desde la barandilla con desplante, mientras se acomodaba su abultado corpiño.

El hombre subió hasta el segundo piso, inflado de indignación, la agarró por el brazo y le propinó tal bofetón en la cara que casi la tira de espaldas sobre una mesilla.

—Es la última vez que me *levantai* la voz, vieja *reculiá, eris* una incompetente, por tu culpa todo ha salido mal. El gañán de tu hijastro fue incapaz de hacer algo tan sencillo como servirle el plato de almejas que te pasé en la fiesta del bautizo, no, se tuvo que confundir, el muy imbécil. Ahora me tendré que ocupar personalmente de todo, como siempre, pero la platita, esa sí que le gusta que se la den rapidito, eso sí que no falla nunca… Siempre rapidito el *chucheta, ¿noscierto?*

Episodio 12. La confesión

Tras la sonada celebración del bautizo de Arturo Javier Salvador Gonzales Rivas, los primeros meses de aprendizaje de Julia como madre primeriza coparon su corazón y sus pensamientos. Pedro no estaba menos radiante, pues la criatura, como centro de todas las actividades de la casa, incluso atemperó notablemente el trato duro y algo despectivo que Ester, la madre de Pedro, utilizaba para dirigirse a Julia desde que se casó con su hijo de esa manera.

La laguna pantanosa que se formó en el espíritu de Julia al casarse tan desaforadamente iba dejando aflorar poco a poco el agua cristalina que siempre estuvo fluyendo debajo, la que atrae a las flores y estas, a los pájaros. Sus pesares y remordimientos se empezaron a sedimentar poco a poco para dar paso a algún remanso de quietud tras tantos meses de penuria continuada. Julia, llevada por el convencimiento de que ya había cruzado la quinta y última puerta de su *via crucis*, empezó a darse cuenta de que, más pronto que tarde, comenzaría su infierno; por ello, para protegerse, decidió empeñarse en su vida junto a su nueva familia; mostrase delante de todas las señoras de la sociedad como una avezada dueña de la casa, organizando hábilmente todos los detalles de frecuentes encuentros con damas de alta posición social. La condición de hija solitaria a cargo de su padre y casa había sido una espléndida escuela para la chica, lo que le permitió entrar en las cocinas con aplomo para comprar, dictar o aprobar presentaciones e ingredientes. Mientras más disfrutaba, más le agradaba ese papel de *maître* y mejor lo hacía cada vez. Especialmente en los platos de la cocina marinera, donde su arte empezó a forjar. Fue un paso más que Julia dio hacia el dominio de la situación, buscando conquistar definitivamente el círculo femenino sincero, un circulito en realidad, a cambio de envenenar el talante del marginal, ese que está generalmente alimentado por la envidia y la maledicencia.

Con tantos acontecimientos, caras, afectos y preocupaciones desde el bautizo para acá, los meses volaron para Julia y muy pronto asomaron las fechas navideñas en el almanaque, la primera celebración familiar del nuevo año para una nueva familia.

Pedro Marcial se llevó una enorme alegría al estrechar a Pedrito entre sus brazos y acogerle en la casona durante las navidades y año nuevo, sellando una reconciliación paternal que había tardado casi un año. Pedro Segundo se había guardado muy bien de no llevar a Rosa, una ausencia que nadie lamentó demasiado. Sin embargo, las fiestas navideñas se vieron empañadas por la notoria ausencia de Samuel y Sabina en la cena familiar, aunque bajo el abeto plateado quedaron esperando numerosas cajas con sus regalos.

Empezó el nuevo año con la llegada de las vacaciones y lo más temido para ella: un aniversario que podría anunciar posiblemente el final de la nueva vida familiar que ella misma estaba edificando con tantísima devoción, una fecha que la joven esposa no podría eludir por más que lo intentara: el diez de enero, la fecha del regreso. Cada día transcurrido alimentaba la incertidumbre de Julia, porque se había equivocado plenamente al creer con firmeza que el pasado se podía borrar con facilidad. Regresaron sus ansiedades y temores ante la disyuntiva, ¿dejar que la fecha pasara así, sin más, y mirar solamente al futuro, o regresar al comienzo para contar la verdad? Su confusión era grande y la soledad, total; no tenía a nadie en el mundo a quien acudir en busca de razón y consuelo; por un lado, el corazón le impulsaba a partir, sin embargo, sus piernas se negaban a obedecer; ante la disyuntiva creyó perder el juicio, no supo a quién obedecer. Y de pronto decidió. Comprendió con toda claridad que lo que estaba verdaderamente en juego no era ni su propia felicidad ni su bienestar, ella sabía bien lo que le esperaba al final, como tampoco la felicidad de su marido era lo vital. Entonces, ¿qué?: fue un grito interior que la remeció por entero y por eso vio la luz. Lo único que debía tener en cuenta era la suerte de Arturo Javier. Eso era lo que tenía que defender a toda costa, sin importar el precio.

Y ese último raciocinio fue el que finalmente la iluminó, empujándola hacia la única persona que sí la iba a proteger: el tío Samuel; él era la clave, luego, era imperioso encontrarle cuanto antes para que la guiara en el bosque de espinas donde se iba a internar.

Había llegado la hora de la gran confesión y comenzaría encontrando al confesor.

«No tengo otro norte que este, después de todo, él es mi padrino, reflexionó compungida, y para que están si no es para hacerse cargo de los pesares de sus ahijados, tal y como haría un padre en vida. Antes que nada, es necesario que yo le pida su perdón por lo que le hice y por lo que dejé de hacer.»

Julia empezó la pesquisa en busca de su pariente en el hospital de Talcuri; un colega médico suyo le contó que creía que Samuel había abierto una consulta en otra ciudad, posiblemente en el litoral. Una segunda persona le informó dónde hallar a Felisa, la matrona, y fue esta la que, tras muchas reticencias, admitió que su tío Samuel se había mudado a Las Cañas. Julia enmudeció al verla de nuevo intervenir en su vida.

Esto debe ser una conjunción, se dijo admirada, porque mira qué casualidad, ¿o es que una maldición me persigue? ¡Cómo puede torcerse tanto el porfiado destino para empujarme hacia el mismo lugar una y otra vez y ponerme en el camino de las mismas personas!

Tres días antes de que se cumpliera el temido plazo tomó la firme decisión de partir para allá para visitar a su tío; presintiendo que iba a caer de nuevo en una depresión por el punzante recuerdo del doloroso verano pasado; no pudo evitar evocarlo como si no hubiera pasado en tiempo.

Dicho y hecho, lo decidió en un instante y buscó a Pedro.

—Cariño, tengo que resolver un pequeño asunto familiar en mi casa, iré el martes próximo, no hace falta que me acompañes…

—Menos mal —repuso Pedro—. Estos del club me están matando a trabajar, ahora es casi todo al pedo, pero tengo que prestarme a ello… Bueno, le diré a Enriquito que se ponga a la orden.

Pedro, siempre enfrascado en sus nuevos quehaceres gremiales, casi no paraba en casa, ya que se encontraba visitando viticultores de la región, en busca de nuevas conquistas sociales, así que no tuvo inconveniente alguno en que su mujer viajara a Las Cañas. La despidió con un amoroso beso, advirtiéndola que tuviera cuidado con el niño.

Cuando el Daimler se detuvo delante de la escalinata de roca de la subida, Julia bajó y permaneció sentada un buen rato, inmóvil, contemplándola, viéndose subir cada día por el camino Las Dalias hasta la entrada de la casita donde se había criado con su añorado padre.

Así empezó a rememorar el 10 de Enero del año pasado y todo lo que había pasado durante aquellos dos días tan dolorosos de volver a contemplar.

«…, y al no encontrar a su padre en la cocina, Julia le buscó en el salón y allí lo vio, retrepado en su desgastado sillón orejero, con un perol de hierro colgando de su mano; ella se alarmó un poco al notar por primera vez que sus ojos estaban hundidos, rodeados de un aro cárdeno y que respiraba con cierta dificultad. Le temblaban las *cañuelas* como él llamaba a sus blancas pantorrillas.

—Pensé que ya tenías el congrio hecho, viejo flojo —le dijo sonriente, besándolo con alborozo.

Entonces se percató de lo frío que estaba su cuerpo y lo cubrió con una manta pese al calor reinante, le metió un cojín en la nuca y le restregó su mano azulosa y delgada. Nicolás suspiró profundamente y la miró.

—Ya no puedo mantenerme de pie tanto rato —se quejó, asustado.

«Ella experimentó un punzante remordimiento por haberlo descuidado así durante los últimos meses pues había estado embebida en su primera relación amorosa de chiquilla; se sonrojó y se culpó por haberse entregado tan irreflexivamente en brazos de la pasión y los sentidos.

Mientras acomodaba a su papá, por su mente desfilaron los furtivos encuentros dentro de los bosquecillos de la rada a los que ella y su enamorado se habían acostumbrado cada calurosa tarde. Eran escenas grabadas a fuego en sus pensamientos que repasaba una y otra vez, en tanto que aseaba a su padre Nicolás con un paño caliente totalmente empapado de agua tibia y agua de rosas.

—Mira lo que haces, me estás mojando toda la espalda, déjame a mí, pareces que estás todo el día en la luna – rezongaba Nicolás.

«Hacia las tres de la tarde hacía mucho calor, no soplaba nada que lo aliviara, empero la joven Julia no lo percibía. Se incorporó de golpe de la silla de la terraza, había oído perfectamente el duro resoplido de un motor en el camino de Río Amarillo. Era el tío Samuel, a quien no había vuelto a ver desde que el pasado octubre los había trasladado en ambulancia a Talcuri para los exámenes médicos de Nicolás en el hospital. Gracias a ese viaje, había conocido a su querido Pedro, el patrón de la Viña Sol.

Muy contenta, bajó al camino y salió al encuentro del recién llegado. Iban a ser unas semanas de vacaciones muy ajetreadas y muy emotivas, y se preparó para vivirla con gozo, dispuesta a disfrutar del afecto de sus tíos. Sería difícil hacerlo, pero ahora tenía que cambiar de amores. Cuál no sería su sorpresa al ver que en primer lugar bajó del coche Pedro Segundo, riendo y saludando a gritos.

—Hola, Julita, ¡vamos a pasar unas estupendas vacaciones juntos! —exclamó él abrazándola con calor. Ella no se mostró demasiado efusiva en cambio, para así mostrarle su disgusto por la inoportunidad de su presencia. ¡Qué estorbo!

Luego bajó el tío Samuel, y ya.

—La tía detesta el mar —explicó—. ¡Ah! ¿Pedrito? Es que su padre es un gran amigo y paciente, me rogó que lo trajese aquí para pasar unas semanas de vacaciones en la costa; es un chico con problemas al parecer, así que haz el favor de llevarlo a pasear por aquí, cariño, ¿no te importa hacer un poquito de niñera? ¿Qué tal acabaste el Liceo, Julita?

—Bien, muy bien, gracias, tío. En marzo me dan el diploma; y ya estoy trabajando, ¿no es verdad, papi?

—Bueno, feliz año para todos, traemos regalitos... de los caros... Ja, ja, ja.

Mientras duró el largo y emotivo encuentro de los hermanos y la posterior y larga sobremesa de la retrasada comida, ella consiguió al fin dejar de pensar en otra cosa que no fuera la visita familiar.

Pedrito irrumpió desde la terraza para decirle a Julia con entusiasmo lo bonitas que eran la casa y el paisaje de la caleta.

—Se ven todos los barquitos que entran y salen —apuntó.

La preocupación llegó a la mesa cuando el tío Samuel se dispuso a hablar acerca del motivo de su viaje, la salud de su hermano mayor.

—Bueno, tranquilízate, Nico, ahora voy a hacerte una pequeña exploración y luego me sigues contando lo que te pasa, seguro que es un ataque de demasiada buena vida —afirmó el médico con expresión divertida.

Pero no fue pequeña tal exploración. Julia observaba inquieta la larga auscultación de la espalda y los largos minutos golpeándole con el dedo iban poco a poco transformando la expresión del médico.

—¿No hay un catalejo aquí en la casa? —Otra vez penetró Pedrito en el salón, para mortificación de Julia.

—Nico, tendrás que subir al dormitorio y echarte en tu cama —le mandó su hermano—. Ya que me tomé el trabajo de venir hasta aquí, vamos a hacerlo todo desde el comienzo. —Y acercó el maletín.

En tanto esperaba el resultado, ella salió a la terraza para acompañar al excitado muchacho con su catalejo explorador.

—Por allá abajo hay lagunas entre los árboles, ¡qué bonito! ¿Me llevarás a verlas?

«Todas sus preguntas se balanceaban continuamente en la cabecita de la chica, mientras le explicaba vagamente a Pedro Segundo cada cosa que este observaba desde el mirador. Julia, irritada por la presencia de Pedrito, que parloteaba sin cesar, no consiguió concentrarse en nada, ni de dentro ni de fuera, así que optó por llevarle a dar un corto paseo por los bosques circundantes para que viera la puesta de sol.

Pero algo que se cayó al suelo dentro de casa, hizo que la muchacha entrara muy alarmada a la habitación de Nicolás. Ella percibió que algo andaba mal, porque los dos hermanos la recibieron con semblante serio, y comenzaron a chancearse entre ellos al verla entrar contándole historias graciosas; eso la relajó, se alegró incluso y lo empezó a disponer todo en los cuartos de invitados para que las visitas pasaran la noche con comodidad. Durante la sobremesa de la larga y tardía cena, ella consiguió engancharse bastante a las divertidas historias médicas del tío en la ciudad. Tras lavar los platos cayó rendida en su cama, ya era casi medianoche, no sin antes haber prometido al insistente Pedrito que lo bajaría a la playa por la tarde.

«Al día siguiente a media mañana, Nicolás pretextó un fuerte dolor de cabeza por la gran cantidad de vinos y el trasnoche para quedarse en casa descansando, mientras Julia, Samuel y Pedrito fueron al muelle de la caleta para comprar unos víveres en la pulpería y comer mariscos frescos en las pintorescas casetas marineras de la explanada.

Tras unos diez minutos de rápido descenso por las escaleras de piedra llegaron hasta el muelle pesquero, cerca de la fábrica de conservas, para dirigirse sin demora hacia una de las barracas donde servían empanadas de mariscos, de las que tanto gustaban al tío Samuel. El día se estaba poniendo de color huevo, con un sol pugnando por colorearlo todo, pero unos porfiados nubarrones luchaban por trastornarlo, pasando y repasando por delante.

Ella recordó perfectamente que se había sentado entre ellos mirando despreocupadamente hacia el muelle, sonriendo al pensar que esa misma tarde volvería a estar en brazos de su amado. Samuel Rivas, entretanto, no paraba de hacer admirativos comentarios sobre la caleta diciendo lo hermosa, pintoresca y entretenida que era. Pedro Segundo, aburrido, se alejaba más y más para ver las maniobras de los lanchones de la marina.»

Los llamados de Enrique preguntando delicadamente si bajaba el equipaje, hicieron que Julia regresara al presente. Entonces abrió los ojos para regresar a su realidad: voy a cerrar este capítulo, ahora sí, de lo contrario nunca me dejaran vivir los remordimientos - se dijo Julia con toda frialdad - por estar viviendo una vida que no me corresponde, y la mejor manera de cortar de raíz un recuerdo pertinaz es que lo encare. Ya es hora de que mi hijo conozca ese inmenso y frío océano que se traga los amores.

Era ocho de enero. La brisa marina tibia de verano, se colaba por la ventanilla del Daimler.

—Vamos hasta el malecón, Enrique —le ordenó.

Allí dejó a su criatura en brazos de la nana y, sin poder evitarlo, se fue corriendo hasta el embarcadero de las lanchas de la marina con una esperanza revoloteando dentro de su pecho. Pero no encontró nada de lo que buscaba, salvo un dolor en el corazón que le sirvió para meditar sobre su suerte y la de su hijo. Así estuvo un largo rato, pensando en lo que verdaderamente la había arrastrado hasta la caleta; la confesión y un reencuentro. Pero también un engaño. El que se estaba haciendo a sí misma.

Cabizbaja y arrepentida, regresó caminando lentamente al coche y volvieron hasta el camino de su adorada casita azul en el mirador, mientras la Julia interior le llenaba la cabeza de torbellinos.

«Es absurdo que te pases la vida escondiendo algo que terminará por saberse, quieras o no; cuanto antes, mejor, si no, no podrás aguantar tanto remordimiento. Ya ha pasado todo, ¿no te das cuenta? Julia, no puedes enterrar recuerdos y más recuerdos dentro de un baúl. Además, te equivocas si crees que te van a perdonar por lo que hiciste… debes empezar a preocuparte»

Cuando la joven se paró ante la puerta de su añorada casa natal empuñando el llamador de bronce, su mirada se enturbió; todavía podía sentir el revoloteo de las voces metálicas de sus dos fantasmas, pero para ella, contar su verdad era la catarsis necesaria para poder descansar y encauzar de una vez la joven vida que llevaba en brazos. Dejó caer la mano de bronce con toda su fuerza. Quitarse la cadena de las pesadillas y volar hacia los sueños debe ser lo más parecido al cielo, se repetía incansablemente.

Se abrió por fin la puerta y se asomó tía Sabina.

—*Qiubo*, tía.

—¡Julita! ¡Mi amor precioso! Dios santo, ¡qué sorpresa tan fantástica…! —Sabina soltó una imprecación de alegría al ver al pequeño durante largos instantes.

—Por fin lo puedo abrazar… ¡Qué bien te encuentro, tan elegante y tan repuesta! Y con un hijo tan re encachao.

—¿Y está mi tío?

—Llegará prontito, pero pasa, cariño, adelante, antes que nada, esta sigue siendo tu casa, y que diga mi marido lo que quiera.

A la media hora se abrió la puerta de la calle y se presentó Samuel, con su maletín médico en la mano. Al ver a su sobrina, lanzó el maletín a suelo y, sin decir palabra, se lanzó escaleras arriba para encerrarse en su cuarto. Julia subió también la escalera, se detuvo en el vano y le miró. Samuel se giró, la contempló y, de dos saltos, cayó sobre su sobrina, con los ojos enrojecidos. Rendido a su corazón, abrazó y besó a su única descendencia.

Los tres estuvieron durante largo rato hablando excitadamente, pero la conversación giraba alrededor de Arturo J. Salvador, a quien Samuel no dejaba de mirar y acariciar con deleite.

—¡Vaya nombrecito el tuyo! —dijo el tío Samuel riendo, cogiéndole delicadamente por una manecita—. Cuando seas mayor, te contaré un bonito episodio de tu vida intrauterina.

Más tarde, cómodamente arrellenados en el balcón con vistas al mar, Julia les describió la estupenda ceremonia del bautizo y lo mucho que ella les había echado en falta en esa reunión y en las fiestas del año nuevo; y de lo bien que iba la relación con Pedro. Cuando lo dijo, miró instintivamente hacia el horizonte.

—¿Y cómo le está yendo a ese sinvergüenza? Contento de su hazaña masculina, supongo. Pronto será tu primer aniversario de matrimonio —dijo Samuel agriamente—. ¿Ves lo que pasa? Me había jurado no hablar de esto.

—Es necesario que lo hablemos, tío… Esto no puede seguir así.

—Tienes que escucharla Samuel —exclamó Sabina, ante la decidida actitud de su sobrina.

—¡No, no, nada de hablar! Dejadme tranquilo, mi vida está ahora aquí, en esta caleta perdida, entregado al sufrimiento de estos pobres hombres del mar. Ya tengo suficiente con todo eso.

—Tío, ahora habla usted como un cura y, francamente, tampoco es para tanto, solo necesito que me escuche.

—¿Y tú? Que hablas como una cotorra de la sociedad... Cuando te visité la primera vez aquí, no eras más que una colegiala que jugaba al *luche*, mal vestida y algo tontorrona.

—Eso ya pasó, tío...

—Mírate ahora, como vas de elegante y peinada, demasiado *pijerío* para un muelle maloliente como este. Harás que los timoneles embarranquen. De ese asunto no tenemos nada de qué hablar, sobrina. Está muerto.

—Eso no es justo, Samuel —terció Sabina.

—No diré nada más, me prometí no volver a mencionar a mi examigo, bueno, también prometí no volver a verte... y ya ves, otro ejemplo de nuestra fatua naturaleza. Pero sí que tengo claro que no necesito más mentiras —exclamó Samuel firmemente.

—Querido tío y padrino, no lo olvide, a veces una tremenda necesidad vital hace que no se gane nada con decir toda la verdad, ni siquiera a los que se ama. Y le pongo un ejemplo al tiro: usted nunca me dijo lo grave que estaba mi papá cuando se lo llevó de aquí para no traerlo nunca más de vuelta.

—Bueno, bueno, lo de mi hermano fue una cosa muy diferente... —se justificó Samuel.

—Y como yo no soy una persona de las que mienten por gusto o por enfermedad, le pido por favor que me escuche, una vez más y basta. Luego me podrá maldecir para siempre... —Julia estaba muy decidida.

—Entonces mañana hablaremos de muchas otras mentiras, pero ahora ya no quiero seguir hablando. Vamos a hacer algo positivo, necesito comer y mucho. Nos vamos al muelle.

—No, por favor, yo estoy deshecha con el viaje.

—Yo haré una corvina con papas fritas y ensalada —terció Sabina y se fue a la cocina con Julia, mientras Samuel mecía a su nieto.

—Tía, disculpe, es que ya no puedo ni hablar —Y Julia soltó un tremendo bostezo—. No doy más, estoy reventada, me gustaría acostarme un momentito, ¿sí?

—Tu cuarto está bajo llave, tal y como tú lo dejaste —le susurró Sabina con voz cómplice—. Él quería alquilar la pieza y yo me opuse tenazmente.

—Voy a hablar con Enrique para que me lleve y así aprovecho para ver a varios enfermos que me esperan hace días —anunció Samuel.

A la mañana siguiente, Sabina estaba algo inquieta. Era pasado mediodía y su sobrina no daba señales de levantarse; decidió subir a la habitación para llamarla a almorzar. No hubo respuesta cuando golpeó y tampoco pudo abrir la puerta, pues estaba con el pestillo pasado. Francamente alarmada al no percibir ruido alguno dentro de la habitación, llamó al chofer para que subiera por detrás con una escalera de mano y forzase la ventana de la habitación. Cuando Enrique abrió la puerta, Sabina vio que Julia estaba en camisón de dormir y tendida en el sillón; abalanzándose sobre ella, comprobó que estaba muy fría, respirando apenas. Entre ambos la subieron a la cama, la abrigaron con varias mantas y Enrique salió disparado a buscar a Samuel. Cuando este llegó, se puso lívido al ver a su sobrina.

—Es una bajada de tensión —dictaminó Samuel con alivio controlando el pulso tras auscultarla cuidadosamente—. Enrique, tráigame una botella de coñac del comedor; Sabina, tú vete a prepararle un buen caldo caliente de verduras con carne y mucho ají verde.

—¿No estará esperando de nuevo? —masculló Sabina.

Al cabo de una hora consiguieron que la chica se recuperara y por la tarde se alivió rápidamente, recuperando sus colores. Aunque le había aparecido un fuerte dolor de cabeza ella insistió en que se encontraba bien y no quiso permanecer en el salón, descansando, como le recomendó el médico. Por el contrario, quiso subir al cementerio a llevar flores frescas a la tumba de su padre. Los tres estuvieron en la cripta familiar, rezando y abrazados en comunión. Julia se asomó al jardín y escudriñó la rada con ansiedad. Ningún velero rasgó la bruma para adentrarse en su vida.

Por causa de ese pensamiento constante, que en ella se convirtió muy pronto en una punzante obsesión, le volvieron las jaquecas, las palpitaciones y los vahídos, herencia de la madre dislocada que la abandonó cuando aún no había aprendido a andar.

Al anochecer, tras una estupenda cena de mariscos y pescado, Julia recuperó las fuerzas y la voluntad para llevar a cabo su propósito. Mandó a la nana al dormitorio de arriba para dormir al bebé, se llenó una buena copa de blanco fresco, se arrellanó en el sofá y les espetó:

—Hay algo importante que he venido a decirles, me está costando mucho aunque sé bien que los malos tragos mientras más rápido, mejor.

Con ese prólogo consiguió introducir el temor en sus tíos que se quedaron contemplándola anhelantes y temerosos por la naturaleza de la revelación; y prosiguió:

—Siento en el alma haber mentido tres veces a la misma persona, a la que yo más quiero.

—¿A Pedro?

—No, desde luego que no. Se trata de usted, tío Samuel.

—¡Ya sé que me has mentido y creo que te lo acabo de perdonar! Ya lo sabes.

—Usted aún no sabe toda la verdad sobre mi hijo —musitó Julia.

—¿Cómo? ¿Todavía hay más mentiras?

Julia asintió con la cabeza, completamente azorada. Entonces, Samuel, incrédulo, se incorporó y apartó la silla de una patada.

—No puedo creer que hayas venido hasta aquí para esto. —Y con una mirada de profundo fastidio, subió prestamente por la escalera hacia el dormitorio.

En ese momento, Julia se incorporó y le gritó:

—¿Está seguro de que no quiere saber la verdad sobre su nietecito?

El médico se detuvo en seco, como si le hubiesen clavado una lanza en la espalda. Se giró lentamente y exclamó con voz cavernosa:

—¡Ahora me contarás que el padre de esa criatura no es Pedro! —repuso el médico, sonriendo sardónicamente.

—He venido para contar la verdadera historia y a pedirle perdón. No se trata de mí, sino de Arturito, y estoy aquí porque usted es mi padrino y la única persona en el mundo a quien podía acudir —sollozó Julia desde el sofá.

—Me juré no volver a dejarme enmarañar por ti. —Y subió al trote hasta su habitación. Un fuerte portazo fue el punto final de la conversación.

Enseguida llegó el grito de una criatura llorando. Julia subió corriendo y no bajó hasta pasado un buen rato. En la salita se encontró a Sabina, que tejía muy despacio, muy despierta, esperándola con impaciencia. Ella no se acostaría mientras no oyese toda esa historia.

—Samuel no descansa bien, está bastante indispuesto porque se ha vuelto terco —gruñó Sabina guardando el tejido en el cesto de mimbre—, es que hace días que está con un poco de fiebre, todo por culpa de unos indios que viven en un islote ventoso que él se empeñó en visitar. Y claro, el viajecito en el pesquero lo dejó hecho papilla. Pobrecito mío, pretende demostrarme lo marinero que es, cuando es más de rulo que el *choclo*.

Tomó a Julia de la mano y se quejó amargamente de lo preocupada que estaba por su marido desde que habían llegado a la caleta, por su forma de comportarse con el mundo.

—Está trabajando sin parar, matándose por todo, como si estuviera pagando una penitencia —explicó apesadumbrada—. A mí me tiene sola casi todo el día, no me ha dejado volver a Talcuri en todos estos meses... y estoy que ya no doy más, sin nada que hacer, viviendo aquí sin comodidades, con estrecheces de dinero porque casi nadie le paga las visitas. Es terrible, terrible la manera cómo se comporta... —prosiguió Sabina apretando el brazo de Julia—. Y justo apareces tú, ¿para qué?, ¿para arruinarle aún más la vida? No lo voy a consentir, se acabaron las chiquilladas. Así es que, sobrina, vas a explicarme bien clarito lo que te propones con esta visita que veo que no ha sido de cariño por la familia.

Sabina la conminó a explayarse sin demora.

—Lo que he venido a contarles seguro que no les va a sentar nada bien —apuntó Julia con honda preocupación—, pero es que yo tengo esta bolsa de basura dentro de mí y tengo que botarla como sea. Él tiene que saber algunas cosas de mí que...

—Mi marido no está para tonterías ni chiquilladas tuyas, arregla tus problemas con tu marido, que para eso lo tienes —le espetó cruelmente la mujer.

—Se trata de su nieto, no de mí —sollozó Julia, abrazando a Sabina.

—Escucha, Julia, tú aún eres joven, valerosa y bien intencionada y quieres acabar con tus remordimientos, lo entiendo, pero este ni es el lugar, ni nosotros las personas que te pueden ayudar. —Sabina estaba poseída por la cólera—. Déjanos en paz, que bastante tenemos con lo nuestro.

Sin embargo, Julia tenía las orejas cerradas completamente, la suerte de su hijo era lo único que la mantenía de pie.

—¿No lo entiende, señora? He hecho algo horrible y pagaré por ello, pero no me iré de aquí hasta que el tío me escuche y me perdone, así yo tampoco puedo vivir por más tiempo —atronó Julia

—Está bien, vamos a ver —suspiró Sabina, rendida y alarmada por la reacción de la inestable joven—. Sea lo que sea lo que tengas que decirle a tu tío, su cariño por ti no está en cuestión. Su problema es de penitencia, de autocastigo por haber hecho lo que hizo a causa de tu embarazo, algo que nunca me quiso contar. Si yo me convenzo de que eres sincera viniendo hasta aquí para buscar su perdón, te honraremos por tu valentía... Pero prefiero no imaginar lo que le ocurriría a mi pobre Samuelito si has venido solamente para cubrir las apariencias y salvar tu pequeña honrilla. Tú eliges.

—Antes que usted haga nada, tía, tengo que contarle una pequeña historia, le ruego que por favor tenga la paciencia de escucharme atentamente, después haga usted lo que sea —le replicó Julia con un hilillo de voz, dispuesta a defender esa honra por encima de todo—. Es la historia de lo que pasó aquí hace un año.

—De acuerdo, sobrinita, adelante, voy a escucharte con gran atención— suspiró Sabina, rendida ante la insistencia enfermiza de Julia—, aunque desde ya te prevengo... A mí es imposible engañarme, y menos aún por ti, una chiquilla con la mitad de mis años. Como descubra que estás tratando de justificar una canallada, seré yo misma quien te ponga de patitas en la calle, junto con tu criatura.

—Está bien. Entonces, vamos a hablar usted y yo. Quiero que sepa todo lo que me sucedió y me forzó a cambiar de vida y a mentir a todos los que más quiero —le espetó Julia.

—De acuerdo; y no me vengas con otro de tus vahídos, porque ya no me los creo mucho, conozco todos los trucos de mis alumnas, jamás han conseguido engañarme con sus fantasías. Cuéntame, tenemos toda la noche.

—Esta es la pequeña historia de una muchacha tontorrona que no sabía nada de hombres y aún menos del amor —dijo ella suspirando hondamente.

Y mirándola con fuerza a los ojos, le relató todo lo que le había sucedido hasta el nacimiento de su hijito.

Empezando por contar la historia de aquel joven y apuesto grumete con el que había entablado una relación de amistad en el instituto de la caleta, y que fue para todos sus días de amistad, la persona más importante de su vida después de su padre, el teniente coronel Nicolás Rivas.

Episodio 13. El grumete

Un joven alto, de pelo trigueño ondulado y de pálida tez, atlético de complexión, vestido con el albo uniforme de la escuela de grumetes de la armada trepó por unos sinuosos peldaños cincelados en la roca, tras dejar el camino de ripio que se interna en los suaves bosques costeros que circundan la caleta pesquera de Las Cañas. Una sólida escalera de teca lo condujo hasta la extensa terraza de una estupenda casa azulona plantada sobre una planicie, dominando toda la rada.

Allí le salió al encuentro una encantadora chiquilla, saltando de contenta por la sorpresa, que corrió a recibirlo. Al abrazarlo fuertemente, la chica notó de inmediato que algo importante le acababa de ocurrir al recién llegado. Su fuerte corazón estaba batiendo las alas como un halcón con su presa y le bullía la sangre caliente bajo la piel. Sin decir palabra, miró dentro de sus ojos melosos, el único sitio del alma donde siempre anida la verdad y, efectivamente, vio en el fondo nubes de tormenta, pero por miedo a la respuesta, no se atrevió a preguntar.

El muchacho, sonriendo enigmáticamente, prendió las frías manos de ella y las puso sobre su cara enrojecida, posando un suave y largo beso en su oloroso y despeinado pelo castaño. Suspiró hondamente y le susurró:

—Julita, mi amor por ti es muy grande, no es solo el fugaz canto de un pájaro herido, sino que viene de muy adentro, ¡lo sabes bien!, ¿verdad, mi cielo? Mírame y contesta sin vacilar, como yo lo quiero oír. —Su voz había adquirido un inusitado rasgo de vehemencia.

—¡Me estas apretando la mano!

—¡Perdona, cariño! Es que no puedo contenerme, me pasan tantas cosas por la cabeza ahora mismo, no soporto esta tempestad que ruge dentro de mí…

Siempre estás hablándome como un poeta, y yo a veces no te entiendo. Dime qué pasa y dímelo ya mismo, cuéntame todo lo que te amargue, ya sabes que soy tu paño, tu almohada, tu regazo y tu hombro —recitó Julia con una sonrisa burlona.

—Mira lo que acabo de recibir, toma, léelo. —El joven le entregó un papel azul cuidadosamente doblado.

—¡No serán malas noticias! —exclamó Julia, temerosa como siempre por todo.

—¡No! Al contrario, esto marcará el comienzo de nuestra nueva y emocionante vida, ¡de nuestras vidas, juntos para siempre! —exclamó el joven, mientras ella leía preocupadamente.

«Radiograma de la Comandancia de Marina del puerto militar, tercera región naval.
Ref. 247/03, solicitud destino aprobada. Stop.
Preséntese martes 10 enero próximo en buque escuela "Natales". Stop. Atracado puerto militar. Stop. Hora prevista: 05.00 pm. Stop. Zarpará anochecer. Stop. Fin. Stop.»

El grumete contempló a la muchacha con ansiedad, admirando sus blancos hombros y su brillante cabello castaño, temblando con la tenue brisa. Con extrañeza, Julia levantó la cabeza hacia el sonriente joven y le interrogó con una catarata de preguntas.

—¡No entiendo una palabra! ¿Y yo qué tengo que ver con estos barcos? ¿Quién se tiene que presentar mañana? ¿Para qué?

—Mira, cielo, no te puedes hacer una idea de lo importante que es esto para mí… Bueno, lo será también para ti…, perdóname, aquí no te lo quiero contar, vamos a nuestro paraíso —la urgió el marinero, levantándola por su delgada cintura y casi suspendiéndola en el aire con sus fornidos brazos—. Corre a decírselo a don Nicolás, pasaremos el día juntos y allá te lo explicaré todo.

—Pero... ¿ahora? No puedo, mi amorcito, hoy llegará mi tío Samuel para visitarnos y tengo que estar aquí en la casa muy pendiente... Papá ya me estará buscando, vas a ver.

—¡Qué mala pata! —replicó el marinero bruscamente—. Entonces vamos a dejarlo para mañana por la tarde. Te llevarás una sorpresa de las grandes.

—De acuerdo, mi amor —respondió Julia—, pero, dime, no pasa nada malo, ¿verdad? —prosiguió ella con voz insegura.

—Por supuesto que no, todo lo contrario, tiene que ver con los sueños y los deseos, será un comienzo maravilloso para nuestra vida, ya lo verás. Mañana te contaré algo que te dejará sin aliento. —El marinero le arrebató el radiograma, la tomó de la nuca, le estampó un beso de esos que duelen y, a continuación, se lanzó colina abajo, rumbo al mar—. ¡Hasta mañana, mi preciosa flor, vas a ser mi lucero del alba!

Desde el balcón, ella hizo ademán de levantar la mano y gritarle algo al joven marinero, pero no dijo nada, tenía la boca seca y el alma en un hilo. Siguió allí inmóvil, asida al tronco de teca, hasta que ya no pudo verle detrás de los árboles, pensando en él, escrutando el brumoso mar.

—¡Julita! —Una voz grave y querida la estaba reclamando desde el interior del salón.

—Ya voy, papá —le gritó.

Apenas se vaya el tío Samuel, se lo presentaré a papá, nos prometeremos y, en menos de un año, nos casaremos; iremos a vivir a la capital y yo podré estudiar y cuidar de mis hijos, se iba diciendo convencida mientras entraba en casa, presa de la agitación y la premura por realizar ese plan de vida tan ideal que se había trazado. Empero, la joven e inexperta Julia estaba a leguas de conocer el verdadero significado del radiograma que acababa de leer.

Embrujada por el chico, ella sintió por primera vez que una ola tibia la asaltaba una y otra vez, sin dejarla respirar. Aquello que muchas veces leyó en las revistas femeninas acerca del inmenso cambio que se produce con el primer amor, ¡lo estaba viviendo en persona! «Es una marca de fuego en pleno corazón que se recibe con alegría, aunque haga llorar de dolor». Estaba profundamente enamorada, hasta el punto de creer que la nueva vida que se le presentaba ante los ojos tenía a la fuerza que convertirse en algo verdadero con solo desearlo.

Su padre le hablaba y le preguntaba, quejándose de su dolencia, pero ella no le oía, porque no podía evitar que su marinero apareciera una y otra vez ante ella, mostrándole el papel azul. ¿A qué venía eso? ¿No estará pensando ya en casarse este loco, y me lo dirá mañana y huiremos en el barco ese, que no me acuerdo cómo se llama, para hacer nuestro viaje de novios? ¿O quizá nos casará el capitán?

—¡Julita! ¿No me oyes? Tu tío Samuel llegará en cualquier momento, tienes que bajar al camino para recibirlo. Y la corvina, ¿está preparada?

La mañana siguiente se presentó empapada de sol desde muy temprano, iba a ser otro de esos días agobiantes de verano del sur, escasos de refrescamientos de la mar y abundantes en ocio.

Julia, Samuel y Pedrito bajaron al muelle para tomar los aperitivos que tanto gustaban al médico. Julia comía sin apetito, mirando a uno y otro lado del muelle con la esperanza de divisar a su amado. De repente, ella sintió que el médico apretaba su mano con fuerza.

—Escúchame, Julita, ya eres lo bastante mayor para que te des cuenta cuándo alguien intenta contarte un cuento de calleja de manera que te hablaré con franqueza, como médico y como familia.

Por el semblante de su tío, la chiquilla intuyó que él se había dado cuenta de sus devaneos y enrojeció levemente.

—Se trata de tu padre. —La voz de Samuel era titubeante—. Creo que está empeorando. No es grave, no te alarmes, pero es que cuando le examiné el año pasado en el hospital, no estaba al cien por cien, pero tampoco estaba peor. Sin embargo, anoche me hice a la idea de que es preciso que siga un tratamiento bastante más severo. Necesito que seas tú quien me cuentes algo sobre vuestra vida en estos últimos meses, qué hace, qué come, de qué se queja, etcétera. Por ejemplo, ¿siempre se encuentra tan fatigado?

—¡Uy! Eso siempre, desde que llegamos aquí siempre se queja de que le cuesta respirar y yo le digo que está poniéndose regalón, que le gusta que yo se lo haga todo. Pocas veces baja a la playa.

—¿Y qué come regularmente?

—Bueno, yo estoy en la pega casi todo el día y no lo sé, pero me tinca que come más bien poquito, porque no ensucia casi nada. Ah, una cosa, el otro día me escondió un pañuelo; yo creo que tenía como manchas rojas, a lo mejor se hizo una herida y no quería que yo lo supiera.

—Y otra cosa, Julita, ¿es muy friolero?

—Siempre tiene el chal a mano para echarse en las pantorrillas y la *chomba de lana* no se la quita en todo el día, haga el calor que haga y, aunque es verano, siempre encendemos la chimenea un ratito por la noche. —La inexpresiva mirada de la joven giró nuevamente hacia el muelle.

En ese momento Julia se quedó pasmada, por allí iba pasando un marinero de aspecto desaliñado con un gran petate de loneta azul sobre el hombro. Iba en mangas de camisa, con un pantalón blanco algo sucio y una gorra de grumete que, a buen seguro, debió estar limpia cuando la compraron. Julia volvió a mirarle, sobrecogida. ¡Era él!

Se disculpó atolondradamente con su tío por abandonarle un momento y salió disparada tras suyo; jadeante, se plantó delante del joven, cortándole el paso.

—¿A dónde va este marinerito tan bonito? ¡Sorpresa, te pillé! ¿Qué haces con ese bolsón, mi amor?

—¡Julita! —El grumete se detuvo en seco, con el semblante trastornado, pues no esperaba verla hasta la tarde.

—Me dijiste ayer que me darías una noticia, que teníamos que hablar de algo muy importante para nosotros —dijo ella, asiéndole alegremente por el brazo para que descargara el pesado bulto—. Lo que pasa es que he venido con el tío Samuel, está allá en la terraza del restaurante, ¿lo ves? Es ese señor con traje blanco y sombrero. Ven, te lo voy a presentar, es muy divertido y entretenido. Es el médico de la familia. Tomaremos unos mariscos juntos antes de almorzar en casa con papá. ¿Te quedarás con nosotros? Y ahora, canta pajarito que me muero de emoción por oírte, mi marinero dulzón. —Y le dio un caluroso beso en los labios, pero resultó muy corto pues dio un respingo al notar su fuerte aliento aguardentoso.

—No podré ahora... Lo siento, mi amorcito. Bueno, verás, es que ha ocurrido algo tan inesperado, Julita —respondió él con voz traposa.

—Bien, pues, vamos a conversar. —Ella le miraba atentamente la cara sin afeitar, los ojos enrojecidos y el pelo ralo y sucio, oliendo a 'Glostora' añeja.

—Es que ahora mismo tengo que llevar estas cosas al embarcadero —dijo sujetando la bolsa firmemente asida por las anillas de bronce—. Mira, vamos a hacer una cosa, volveré en cosa de una hora, almorzaremos y hablaremos, espérame aquí mismo.

—Nada de eso, vamos a hablar ahora.

Julia ya estaba empezando a disgustarse y a marearse con la situación y no estaba dispuesta a dejarle ir así, sin más. Insistió en hablar de inmediato. Él suspiró profundamente, miró al horizonte y le espetó:

—Es que me ordenan embarcar urgentemente... No podremos vernos esta tarde.

—¿Embarcar? ¿¡Cómo que embarcar!? ¿A dónde, mi amor?

—No puedo perder esta oportunidad —prosiguió el chico intentando mirar hacia los amarraderos. Una gaviota pasó muy cerca chillando destempladamente.

—¿Te vas de pesca sin avisarme? Sin pedirme permiso. —Sonriente, le pegó un fuerte pescozón en la carne del brazo—. O nos vamos juntos o de aquí no te mueves, chiquillo de mierda.

—No, Julita, no me voy de pesca. Me embarco. Esto no es ninguna broma, Julia.

—Pero, mi vida, ¿embarcarse?, ¿para dónde? ¿Por qué? ¿Cuánto tiempo?

—Julita, mi amor, tengo que hacer este viaje...

—¿Viaje? ¿Qué viaje? Por favor, me estás poniendo muy nerviosa...

—Uno que permitirá solucionar todos mis problemas económicos de un solo guascazo y así podríamos casarnos, como es debido… y muy pronto, pero no hay tiempo para explicaciones, deberás confiar en lo que te digo —replicó el marinero echándose el pesado saco sobre la espalda y en firme disposición de reanudar su paso.

—¿Es que te vas a la mar? ¿A navegar por ahí? No, no, eso sí que no, tienes que esperar, tenemos que hablar, me tienes que contar despacio. ¿¡Pero qué es lo que te está pasando conmigo!?

—Déjame tranquilo, Julia, no me puedo quedar más tiempo, voy a perder el transporte, cariño, debimos haber hablado ayer, pero tú no quisiste, te escribiré en cuanto pueda, ahora déjame. —Y se zafó violentamente de las manos de la chica haciendo ademán de reemprender su camino con premura.

Julia oyó cómo el muelle se desplomaba bajo sus pies y sintió perfectamente el agua ahogándola con rapidez, no podía ni respirar, se llevó las manos a la garganta intentando chillar, un estrangulado gemido fue lo único que brotó de su interior. Cayó de rodillas sobre el sucio suelo de adoquines y rompió a llorar desconsoladamente, pero sin poder gritar o sollozar a gritos como hubiera querido hacer. Desgarrada, intentó aferrarse a la pierna de su adorado grumete, él la esquivó con rapidez haciéndola caer. Sin vacilar, se alejó con gran rapidez, perdiéndose tras unas pilas de cajas de pescado, dejándola allí sola, tendida sobre el malecón. Julia intentó incorporarse y seguirle, pero las piernas le pesaban horriblemente. Al fin, un grito ronco escapó de su interior.

—¡Julita, cariño!, ¿qué te pasa? Era la voz de Samuel que se acercaba corriendo, alarmado—. Ven, deja que te ayude, siéntate aquí un momento, ¿con quién estabas hablando?

La chica se levantó a duras penas tratando de ahogar su llanto de la vista de los demás, pero los estertores de tristeza eran superiores a su fuerza y acabó sollozando en los brazos de Samuel, que no tenía ni idea de cómo consolar a una muchacha en esas condiciones, salvo para administrar medicinas, que fue lo único que por fin se le ocurrió.

—Toma, masca este caramelo, Julia, te tranquilizará—. En eso apareció Pedrito, ignorante de todo.

—¡Miren, encontré una estrella de mar gigante!

Los tres emprendieron la marcha lentamente de regreso a casa. Por el camino ella no cesaba de lagrimear e hipar todo el tiempo, hasta que de repente se detuvo, bajó corriendo por una escalera de troncos y desapareció en medio de un denso matorral. Pedrito, asustado, hizo ademán de lanzarse en su búsqueda, pero Samuel le detuvo por el brazo.

Sin poder reprimir sus náuseas, ella se abrazó a un pino escudriñando la bocana del puerto por donde se iba escapando presuroso un humeante lanchón gris de la armada, casi sumergido por el peso de los viajeros. ¡El ferri de la una!, sollozó. A esa hora, un transporte regular llevaba semanalmente a todo el personal que debía embarcar al atardecer en el cercano puerto militar. Ella presintió que allí se le escapaba la vida y el hombre al que tanto amaba.

Más tarde, al llegar al pie de su casa, suplicó a Samuel:

—Tío, ni media palabra de esto a mi padre, se lo ruego.

—No te inquietes y ahora tranquilízate. Ya me lo contarás luego... Toma, sécate las lágrimas.

Nada más llegar, Julia corrió a encerrarse en su cuarto de donde no salió hasta la hora de la cena, ante los insistentes llamados de su padre, cansada de no poder dormir y de llorar sin parar. ¿Esa era la gran noticia que me tenías? Mañana te vas a arrepentir de este susto que me has dado, se dijo iracunda.

La noche acompañó a Julia durante varias horas y, aunque le ofreció todos sus entretenimientos, como su mejor concierto de grillos y ranas, nada pudo distraerla de sus lejanos pensamientos que navegaban dando bandazos en un mar de tristeza por la huida del marino, seguramente corriendo a los brazos de una mujer que le esperaba, se repetía una y otra vez, hasta que la gotita horadó la roca. Qué manera tan injusta de cumplir los diecinueve, se dijo con angustia.

Esa noche Julia no bajó a cenar, se puso enferma súbitamente. Vomitó toda la comida y pasó la noche con una horrible jaqueca, de asco y frío. Sin parar de pensar en su joven marinero, se comprimió las sienes dolorosamente repasando en su memoria todos los rasgos de su anguloso rostro y su fuerte cuello, sus brazos amorosos siempre a punto de aplastarla y su voz cautivadora, con la palabra poética en la boca. Allí, sentada en la cama, aterida, no daba crédito a lo que acababa de suceder en el muelle, ¡su chico la había abandonado, así, sin más! Imposible, tiene que haber una explicación... El radiograma que me mostró, ¿era entonces una orden para hacerse a la mar?

Cuando apoyó la mano en la perilla para ir al cuarto de baño, un pensamiento nuevo la detuvo en seco y le dejó las lágrimas en suspenso: ¡Es una sorpresa! ¡Claro, como no he caído! ¡Qué mala gente eres, Javierete, hacerme sufrir así! Ahora entiendo, mañana o pasado me vas a proponer matrimonio, y luego me llevarás a un viaje nupcial en el barco ese, ¿cómo diantre se llamaba? Ya me acordaré. ¡Ah, sinvergüenza, ahora lo entiendo!

Reconfortada por completo, se lavó la cara cuidadosamente, se puso una pinta de colorete para revivir la piel y se dispuso a esperar el regreso de su amado. El día anterior le dijo que era una sorpresa y eso, necesariamente, tenía que esconder algo muy grato. Algo que solucionaría sus vidas... Por fin se durmió de madrugada, agotada de pensar en una y otra cosa.

Al día siguiente, pese al cansancio, la muchacha bajó a la cocina muy temprano para preparar un abundante y delicioso desayuno para todos. El café de higo humeaba en el filtro de tela y sobre el pan de masa se derretía la mermelada de frambuesa. Sus ojos volvieron a brillar y recobró la alegría al sentarse a la mesa con todos. Al acabar, Samuel llamó a Julia a la terraza y, mientras encendía un pequeño puro, cogió a la chica por los hombros y le dijo:

—¿Quieres contarme algo acerca de lo que pasó ayer en el muelle?

—No se lo ha dicho a papá... ¿no?

—No, claro que no, te lo prometí. En fin, a veces contando las cosas a otro se alivia el corazón y se deja de sufrir tan intensamente.

—Es que... —La joven se retorció las manos y miró al suelo, le daba vergüenza decirlo y confesar lo que pasaba, revelar el secreto mejor guardado de toda su vida a alguien a quien apenas había visto dos o tres veces en su vida no tenía ningún sentido.

—Nada, un amigo mío que se iba de viaje y el muy desgraciado ni me avisó ni me invitó a su fiesta de despedida, cosas nuestras, ¿sabe?

—Bueno, pues ahora tenemos que ocuparnos de cosas mucho más delicadas esta mañana —respondió cariñosamente Samuel contemplándola durante unos momentos antes de darle la noticia.

Julia era una chica atractiva por su preciosa edad, sin ser particularmente agraciada, ello lo suplía con su alegría de dulce mocedad, su mirada encantadora y sus bellos ojos color atardecer otoñal. Un día le dijeron otros chicos que tenía un hermoso color de ojos y que, gracias a ello, resultaba en una amorosa mirada, especialmente hacia sus seres más queridos. Pero su espíritu era frágil, muy frágil, delicado y no estaba preparado para los graves accidentes de la vida. Ella lo intentaba, pero su espíritu no estaba hecho para la fuerza de los elementos. Ella era aire, brisa pura de los montes, acostumbrada a volar libremente entre los grandes árboles.

Al terminar de ordenar la cocina, entró al salón. Su padre se encontraba recostado en el sofá y Samuel a su lado, apretando su mano entre las suyas y hablándole poco a poco y en tono bajito. La inopinada entrada de la chica hizo que ambos hombres se giraran para mirarla; la expresión de Samuel era de un gran pesar. Se levantó rápidamente y, cogiendo a Julia del brazo, la llevó a la cocina, sin darle tiempo de dirigirse a su padre.

—¡Tendrás que ser muy fuerte, mi amor! Tenemos una grave situación que te exigirá toda la fuerza de tu espíritu, algo difícil para alguien que está aún en la flor de la vida..., pero así es la jodida vida..., nunca te avisa de nada.

—¿¡Qué está pasando tío!?

—Mira, hay que llevar a tu padre al hospital, parece que empeoró anoche, pero no lo sabré a ciencia cierta hasta que no le haga unos estudios...

—¡Virgen santa! ¿Enfermo, grave me quiere decir, tío?

—Ojalá me equivoque, el riesgo es alto y lo que tiene podría llegar a contagiarte. Por eso tengo que llevarlo ahora mismo al sanatorio de la montaña.

—¿Y yo? Yo voy con ustedes, está claro.

—Por supuesto, linda, no te puedes quedar aquí sola, vendrás a Talcuri a nuestra casa hasta que tu padre mejore y los pueda traer de vuelta, si Dios quiere. Debes hacer la maleta cuanto antes. Nos iremos mañana mismo, a primera hora.

Y enseguida se tornó a ocuparse de su hermano que tosía interminablemente.

—Oye, Julita, solo la ropa que más usas y tus cosas más personales, serán dos o tres semanas fuera y después sabré a ciencia cierta cómo organizarnos, si volver o quedarnos en Talcuri. Sube a prepararte, entre tanto yo me ocuparé de mi hermano para que viaje cómodo.

—¿Quedarnos en Talcuri? ¿A vivir? Y qué voy a hacer yo si no conozco a nadie, no tengo ninguna amiga, y segundo, ¿cuándo vamos a volver? —decía angustiada la chica subiendo la escalera—. No puedo dejar el trabajo y los amigos sin avisar. Yo nunca he estado fuera.

—¡No sufras, es pronto para saberlo! A lo mejor estamos de vuelta aquí mucho antes de lo que piensas y volverás a tu vida corriente —le espetó Samuel cuando subía.

Con la mirada perdida y vacilante por el abismo de incertidumbre que se le abría ante semejante cambio de vida, ella se dejó caer pesadamente en su cama y se quedó mirando aterrada a su padre, sin poder creer lo que había dicho su tío Samuel. Una enfermedad, abandonar su hogar de la noche a la mañana, ¡dejar de contemplar el mar azul cada mañana! No volver a oír ni el graznido de las gaviotas ni las oscuras y broncas sirenas de los pesqueros que regresan de quitar sus criaturas a la mar.

—Saldremos mañana por la mañana, muy temprano —repetía Samuel mirando hacia arriba.

—Pero, ¡si no tengo ni idea de qué ropa tengo que llevar! —rezongaba Julia desde arriba— En esta casa ni siquiera hay maletas para viajar, ni nada, ¡qué desastre!

Al poco rato, cuando Julia comprobó que Samuel estaba en el dormitorio de su padre, bajó las escaleras corriendo, salió de casa en tromba y se perdió en un bosquecillo. Se apoyó jadeante en una vieja encina y echó una lánguida mirada hacia el mar azul, estremeciéndose al volver a recordar al hermoso marinero que le había roto el corazón dejándola así. Clavando la mirada en el horizonte, como si quisiera horadarlo, hasta que le saltaron lágrimas de dolor. Entonces cayó sentada y, con la cabeza entre las piernas, derramó abundante agua del alma sobre su delantal azul. Cuando se le acabaron los suspiros, miró al mar con rabia porque no le trajo ningún velero de regreso como ella tanto deseaba.

No podía entretenerse más hablando con su corazón, porque en la casa le esperaba trabajo con los preparativos para viajar con su padre a la ciudad. Ya anochecía y lo primero que hizo al llegar fue abrazarse a él con tanta fuerza que el pobre Nicolás apenas si podía respirar, hablándole con entusiasmo de lo bonito que iba a ser vivir en la ciudad por una temporada. Había que dejar la casa bien cerrada. A doña Leonor le dejaron las gallinas y los conejos y una llave de la entrada, por si acaso. Con disimulo la chica también le pasó un papel junto con la llave, rogándole que se lo entregara a un grumete que dentro de unos días vendría a preguntar por ella.

Finalmente, regresó a su cuarto y suspirando con resignación comenzó a empaquetar su ropa y algunos objetos personales.

A las nueve de la mañana del doce de enero, al cerrar el grueso candado de la puerta del jardín, la chica se estremeció al pensar que a lo mejor no lo volvería a abrir jamás. Con un fuerte tiritón, se sobó las manos y se oprimió las sienes hasta espantar sus malos augurios fuera de su cabecita obnubilada. Emprendieron la marcha hacia Talcuri. A esa hora hacía por lo menos 28 grados, por fuera de su gélido corazón.

Cuando el vehículo se puso en marcha para enfilar el camino hacia Río Amarillo, una fresca brisada le devolvió por un instante a su realidad sentimental. Escrutó la bahía hasta hacer estallar sus retinas y se tuvo que convencer que nada había cambiado. Cuando el puerto desapareció tras una loma, volvió la mirada hacia el largo camino que empezaba a recorrer y miró dulcemente a su querido padre que reposaba en su hombro, convencidísima de que pronto sanaría y que también aparecería su marinerito con una tremenda sorpresa. Al mediodía, pararon en Los Peñones para que su padre se repusiera del intenso calor, dejaron a Pedrito en casa, comieron y se refrescaron, pues el viaje era extraordinariamente lento y agotador en el incómodo y pequeño vehículo de Samuel.

—Y esa fue la historia de mi primer amor y la segunda vez que el destino me puso delante de Pedro Gonzales —terminó diciendo Julia a su fatigada tía Sabina, tras lo cual bebió en abundancia y a grandes sorbos, intentando refrescar las heridas que acababan de reabrirse con los recuerdos.

Episodio 14. El nombre del padre

Julia se incorporó del sofá y, mientras se desperezaba con los brazos en alto, preguntó:

—¿No la estaré aburriéndola, tía? Con tanto cuento *pa'rriba y pa'bajo* espero que no, pues aún queda lo más importante por contar...

—En absoluto —dijo Sabina bostezando a más no poder—. Estoy interesadísima en conocer todo lo que te ha pasado, es una bonita historia... y quiero llegar hasta el final, que me expliques qué mierda quieres de nosotros, ¿otra copita de vino?

—Sí, gracias, tía. Hablar con una mujer se me hace mucho más fácil, veo las cosas con más claridad.

—Y yo te entiendo tan bien que creo que aún podemos aguantar unas cuantas horas más —replicó Sabina—. Lógicamente, me muero de ganas de saber cómo lo hiciste en tan poco tiempo.

—¿Cómo acabé casada con Pedro? Bueno, eso... Ahora lo entenderá rápidamente, tía. Pero lo primero es lo primero.

La relatora se arrellanó en el sillón orejero y, cubriéndose las piernas con su bata roja, bebió a largos sorbos un fragante vino blanco frío y se dispuso a afrontar la parte final de su historia, la revelación sobre su hijo. Llegaría hasta el final, ella no saldría de la casa sin decidir su suerte. Y rememoró decididamente.

—Precisamente hoy hace justo un año que se llevaron a mi papá al sanatorio. —Y se persignó lentamente—. Y como le estaba contando, al detenernos en Viña Sol para que papá descansara del viaje, apareció de nuevo Pedro Gonzales en mi vida. Sin sus cuidados y su ayuda, no sé qué me hubiera pasado, porque el tío Samuel se negó a que lo acompañara al sanatorio.

—Lo sé, es que Samuel quiso ahorrarte el sufrimiento de ver a tu padre ingresar en ese horrible asilo para tísicos.

—Luego lo entendí mejor, pero en ese momento yo le odié todo lo que pude y salí al camino a gritarle a todo pulmón. Fue inútil por supuesto, me tuve que quedar *nomá* en casa de Pedro, como sabe.

«A los pocos días de haber llegado allá —siguió relatando Julia—, me llamó el tío desde el sanatorio para decirme que papá se tenía que quedar internado al menos un año y que mientras tanto, yo viviría en Talcuri con ustedes...

—Samuel nunca quiso revelarte el verdadero estado de tu padre —interrumpió Sabina—. Y yo pienso que no debió mentirte, pero bueno, agua pasada no mueve molinos... Y entonces, sigue, ¿qué pasó con Pedro?

«Eso fue para mí un mazazo tan grande que casi no lo resisto, de no haber sido porque entonces Pedro se comportó como uno más de la familia, porque me consoló y me mantuvo a flote todo el tiempo que me quedé en Los Peñones, y eso se lo tengo que agradecer enormemente, el haberme salvado de la depresión en soledad, que es la peor de todas, porque siempre me hacía sacar fuerzas de flaqueza para resistir esa espantosa realidad. "No te preocupes, cariño, la medicina ha hecho unos progresos milagrosos y cada día se inventan nuevos medicamentos," me decía para confortarme. La suerte de mi pobre padre me destrozaba, pero la incertidumbre del futuro y la perspectiva de un cambio de vida tan drástico, me hicieron un daño tremendo y me relegaron a una depresión bastante fuerte. En esos momentos yo no veía más destino que salir corriendo como una loca para echarme con desesperación en los brazos de mi grumete, mi único consuelo posible, claro, si él hubiera estado a mi lado. ¡Me hizo tantísima falta su compañía! Sin embargo, estaba sola, pensando en mi papá con tantísima pena. Pero tenía que hacer lo que me había propuesto. Entonces, mi tío me mandó regresar a recogerlo todo, porque papá iba a quedarse un buen tiempo en el sanatorio. Yo, ni corta ni perezosa me vine rápidamente aquí a casa, porque tantísima amabilidad y tanto abrazo y sobo del terrateniente

Gonzales me empezaba a hastiar, y yo quería estar un poco a solas para pensar y poder comprobar si había noticias de mi marinerito. ¡Ay, tía, apenas había estado dos semanas fuera, pero qué alegría me dio cuando volví a ver mi caleta! —Julia prosiguió con su triste relato—. ¡Aunque qué pronto la niebla espesa cubriéndolo todo me llenó de melancolía! Cuando entré en la casa fría y desolada, llena de ecos y de goteras, ¡brrr!, todavía me dan tiritones al acordarme. Yo no quise usar mi dormitorio, me quedé aquí en el salón para dormir en el sofá, pegadita a la estufa, la pena fue que me pasé la noche medio despierta, imaginando que oía llegar al grumete y también oyendo cómo me llamaba papá para que le cocinara los tallarines. ¡Fue bastante dura la noche!

—¡Pobrecita mi Julia! —susurró Sabina educadamente, sin levantar la cabeza de su tejido.

«Yo esperaba que amaneciera pronto para largarme donde doña Leonor en busca de noticias; estaba tan segura de que me iba a encontrar una carta larga llena de explicaciones agradables y muchas sorpresas. Cuál no sería mi desolación cuando la vieja me dijo: "No ha venido el cartero, Julita, pero no se preocupe, yo personalmente entregaré la carta suya al señor que venga a buscarla." Y me sonrió con burla, seguro que mi cara debió resultarle muy explicativa. Esa mañana, antes de regresar a Los Peñones estuve bastante ocupada, pues estuve de acá para allá recogiendo cosas mías y de papá, y poniéndolas en cajas, cargando el coche, en fin, de locos. Y eso que en la casa no había mucho más que guardar, ni una foto, ninguna carta, ni una flor marchita ni postales viejas. Me pasé más tiempo pensando en los muchos años viviendo entre estas cuatro paredes y lo rápido que se recoge todo lo que de verdad vale la pena y lo poco que permanecen las cosas. Terminé de poner todo en el auto, sin dejar que mi cabeza pensara demasiado.

«Lamentablemente, en cuestiones del corazón, una no manda casi nada, ¿no le parece tía? los pies no te obedecen, la boca dice cosas sin pensar y oyes cosas que no pasan; me escapé al bosquecillo de mis amores para grabar el típico corazoncito de recuerdo, frente a la laguna donde se me declaró. Busqué el viejo tronco donde había labrado nuestras iniciales y estuve largo rato llorando, abrazada al árbol. Cuando me hube calmado un poco regresé a casa, pero de pronto, sin que yo lo pudiera evitar, mis pies echaron a andar en dirección contraria, hacia abajo, llevándome presurosa hacia el muelle. No paré de andar y correr hasta llegar a la explanada. Allá había una pequeña dependencia de la comandancia de marina y, casi sin poder hablar de la ansiedad, le solté al viejo empleado el nombre del marinero recién embarcado.

«Hice de tripas corazón y le expliqué que yo tenía urgentemente que ubicar a esa persona por un grave problema familiar. Entonces, parece que el hombre se apiadó, masculló algo enredado y se fue a una sucia estantería en un rincón, de la que agarró un grueso índice de tapas verdes. Lo hojeó con irritación buscando registros de embarque y salida del diez de enero, hasta que al rato dijo con satisfacción: "aquí está, esa persona se ha embarcado en el puerto militar entre la tripulación enrolada en un carguero australiano con destino Brisbane, Australia." Y yo, sin poder creérmelo, le arrebaté el registro de las manos y mientras me perseguía furibundo, leí que dicho barco tardaría un año en regresar. Y eso es hoy, tía, ¿se da usted cuenta? Una fecha que tengo grabada aquí para siempre.»

—¡Y por eso has regresado! Has venido, para ver otra vez a tu primer amor, eso es verdaderamente romántico, en fin, son los tiempos que corren... ¿Y eso sería todo? Y todo eso ¿con qué objeto? Decirle que te habías casado y que tenías un hijo de tu marido, supongo. Para montarle un buen escándalo y gritarle que te olvidara..., porque otra cosa...

—¡Claro que no, tía, un poquito de paciencia, todo tiene una explicación, yo soy un poquito lenta, pero es que la historia está abriendo mis heridas, no le estoy contando una dulce novela rosa! —refunfuñó la chica, prosiguiendo su relato.

«El viejo me zamarreó con furia y entonces recuerdo que le tiré el libro a la cabeza y que salí corriendo de la dependencia hasta el borde del malecón, y ahí yo no sé si salté o si me caí desmayada, o me empujaron... o qué sé yo...

—¿Te lanzaste al agua? —Sabina dejó bruscamente de tejer para mirar a su sobrina con asombro.

«Mientras flotaba, el agua me llenaba la boca y estaba tan horriblemente salada, pero yo pensaba únicamente en ir tras él, no pude soportar la idea de que me hubiera abandonado y de esa manera, portándose tan desalmado y desconocido. Lo siguiente que recuerdo es que estaba tendida en una litera muy limpia pero muy pobre, posiblemente en la casita de algún pescador, donde dos mujeres mal vestidas me contemplaban con curiosidad. En ese momento, me llegó el olor a pescado rancio y vomité hasta el alma sobre la sabanita blanca, una y otra vez, hasta que ya solo eran arcadas secas y cavernosas. Yo veía como las dos mujeres se turnaban con destreza para sobarme por la espalda suavemente mientras yo me creía morir de los estremecimientos, y cuando podía tomar el aire, la otra se puso a darme cantidades de un horrible jarabe azucarado. Ambas se miraron por un momento, una le susurró algo al oído a la otra y esta desapareció rápidamente por la puerta para regresar al poco rato en compañía de una tercera mujer, bastante más vieja que las otras. Esta se me quedó mirando atentamente y me preguntó no recuerdo bien qué cosas raras. De repente las dos me sujetaron por los brazos y la más vieja me abrió la blusa y el corpiño, y va y me agarra la puntita de la esta... Ya sabe. A continuación, mientras las otras dos me agarraban las piernas y me las abrían por completo; la bruja va y me metió la mano aquí y comenzó a manosearme todo aquí abajo con su sucio dedo, ¡qué asco! Yo estaba tan debilucha que no tenía fuerzas para luchar... Luego me soltaron y me vistieron; las tres se juntaron a los pies de la cama y, tras un momento de susurrante conciliábulo, la más vieja se volvió hacia mí y se rio a gritos de mí, diciéndome al oído la cosa más horrible que le pueden contar a una chiquilla... "¡Tranquilízate, no es nada grave, na *más* que un embarazo, harto *malucho*! Estarás así noventa días por lo menos. ¿Está tu *marío* por aquí para que le avisemos? O ¿es que ya lo sabe? No, me parece que no; ¡*recrestas* del mono!, sí ni siquiera lo sabías tú, pobrecita criatura, otra que cayó, pero... *llapo*, contesta, mírala, pobrecilla, se ha vuelto a quedar *lela*.»

Sabina, que hasta ese momento había escuchado embelesada la larga historia de Julia, se la quedó mirando fijamente, boquiabierta. Pero de pronto se puso tensa, hizo callar violentamente a Julia y se acercó a la ventana del salón, aguzando el oído.

—¡Chiit!, cállate, ha vuelto Samuel —exclamó Sabina con voz cavernosa—. Venga, no quiero que él hable contigo en este momento. ¡Rápido! Enciérrate en el dormitorio.

Pero quien llegaba era Enrique para informar.

—El doctor está todavía en la posta. Va a dormir allá en urgencias, es que se incendió un pesquero y hay muchos quemados, le tengo que llevar vendas, muchas, y desinfectantes, creo que me dijo.

Cuando el ruido del motor se alejó hasta desaparecer en la noche. Sabina subió y golpeó la puerta de su pieza.

—Julita, abre, no era Samuel...

Sabina la conminó a continuar, convencida de que por fin Julia confesaría cómo y cuándo se había quedado embarazada de Pedro, antes de haberse casado.

—Sí, sí, déjate de marineros, es que no has dicho ni media palabra sobre lo más impresionante de tu corta vida como mujer fatal.

—No sé a qué se refiere, tía.

—No te preocupes, ahora me toca a mí. Te voy a interrogar yo, ¿cómo fue que caíste con el abusón del Pedro? Bueno, yo lo sé, se lo dije a Samuel, debió ocurrir cuando viniste a pasar navidades con nosotros Anda, cuéntame, esto quedará entre nosotras, mi niña —Sabina habló solemnemente, besando la cruz de sus dedos—. Aunque ya lo intuyo, después entre consuelo y consuelo se produjo el acercamiento tuyo con Pedro, ¿a que sí? Claro, lo estaba viendo venir.

Julia se quedó mirándola con la boca abierta, se incorporó, se fue a la ventana y se puso a mirar la bocana de la caleta iluminada por la luna, pero su espíritu se agitó aún más al volver a contemplar la pacífica bahía y los montecillos circundantes plagados de eucaliptos, tilos y alerces; allá había anidado su gran amor, el primero, el que se lleva tatuado a fuego en el corazón, en tanto este camina. Ya había perdido a su amado, después a su padre, y ahora, ¿también iba a perder a sus únicos parientes? ¿Qué peor cosa le podría pasar en la vida que quedarse sola en medio de una vida desconocida, plagada de peligros, sin poder defender a su hijito? La chica se volvió lentamente hacia su tía y con un hilo de voz, le confesó:

—No, tía, usted no ha entendido; he intentado contarle mi historia haciéndole un retrato del hombre con quien verdaderamente me casé, y por eso, es el padre de esta criatura. Hoy día, es un marinero desaparecido en el mar.

Al darse cuenta de lo que acababa de revelar, Julia se fijó en la expresión de repugnancia con la que su tía Sabina le fulminaba, pestañeando con gran rapidez. De pronto, se le echó encima, gritándole destempladamente; asustada, Julia intentó esquivarla, pero no pudo evitar recibir de lleno dos fuertes cachetadas en sus tersas mejillas. Julia soltó una gutural exclamación de dolor y desesperación y se derrumbó anímicamente.

—¿Te casaste con el infeliz de Pedro Gonzales sabiendo que estabas embarazada de otro? ¿Eso es lo que viniste a decirme, en mi cara, puta de mierda? —La voz de Sabina, de pie, atronaba en el dormitorio.

—Vine a pedir vuestro perdón... —dijo en voz baja. Era la primera vez que ella oía su propia confesión.

—¿Eres tan miserable que hasta hoy mantienes a tu marido víctima de tan cobarde engaño? ¡Despierta, *miéchica*! Y haz frente a tu estúpida acción...

—¿Cobarde engaño? ¿Es que no sabe que el engaño lo fraguó su marido de usted?

—¿Que mi Samuel hizo qué? —replicó Sabina casi chillando de rabia—. ¿Cómo puedes ser tan infame de culpar a mi marido...? Maldita ingrata, ¡con todo lo que él hizo por protegerte de la vergüenza!

Le lanzó un florero a la cabeza, el que por suerte Julia pudo esquivar ágilmente.

—Tenía que salvar a mi hijito como fuera... Gracias al sacrificio de mi tío pude hacerlo, sin que Pedro se diese cuenta... ¡Compréndalo si puede!

—¿Entiendes bien lo que has hecho? Te fuiste a la cama con ese marinero sinvergüenza y borracho que más tarde te abandonó en el muelle y luego tuviste el tupé de casarte con la mejor persona del mundo. De paso, ¿le echas la culpa a tu tío del engaño? Eres insuperable en la canallada y la vileza.

—Mi marinero no podía saber que yo esperaba un hijo suyo, ¡pero si no lo sabía ni yo! Por eso no me creo que haya sido capaz de dejarme tirada como a un animalito, yo soy la atadura de su corazón, por eso sé que hoy volverá del mar, me quiere y por eso vuelve a mí, sabe que yo lo espero con ansia, justo donde me abandonó en búsqueda de una riqueza para nuestro futuro bienestar.

—¿Y qué hay de la vida de mi amigo Pedro? ¿Vas a dejarle tirado en la cuneta? Viniste aquí para traicionarle, ¡confiesa, desgraciada! Estás demente, esta vida de mentiras que llevas te ha trastornado la razón —bramó Sabina enfurecida—. Voy corriendo a buscar a Samuel, iremos a contarlo todo a Pedro y ya verás que la cárcel será tu futuro hogar, impostora.

Julita ya ni siquiera la oía, se quedó mirando cómo el mar se teñía de rojo, mientras farfullaba de manera ininteligible: «Ojalá pudiera tener un tubo mágico para poder mirarte corriendo por los mares hacia mí, ¿por qué en un año no me merecí ni una sola noticia tuya? Me has destrozado, pero ya ves, estoy aquí, de pie, he cruzado todas las puertas para verte llegar y entregarte a tu hijo sano y salvo, todo lo demás no importa, ni siquiera yo misma importo a nadie....»

El portazo que dio Sabina al abandonar la casa retumbó en todas las habitaciones, también restalló en la mente de la confundida Julia, que abrió los ojos y, como un rayo, se precipitó a la ventana de su habitación, la abrió de par en par, y gritó a todo pulmón:

—¡Vuelva aquí ahora mismo si quiere salvar a este niño! —Y lo levantó en sus brazos.

Sabina, herida mortalmente con semejante dardo emponzoñado, regresó poco a poco sobre sus pasos y le ordenó bajar al salón. Al mirarla a los ojos, Julia le dijo:

—Vine aquí para pedir el perdón y suplicar la ayuda de mi tío, ya no puedo seguir más en esta horrible condena, todos los días la misma vergüenza, el remordimiento. Compréndalo, tía, la cabeza me va a estallar...

—¡Conque esas tenemos, ah! Recién empiezas a darte cuenta de tus desvaríos amorosos. Eres una chiquilla insensata, vienes aquí, me cuentas una bonita novela de amor y luego suplicas ayuda, ¿ayudarte en qué? Pero ahora me vas a contar cómo pudiste hacerle a Pedro esa tremenda canallada de engañarle ante Dios para quitarte olímpicamente tu problema de encima.

—Pagaré por eso..., y que sepa que yo nunca les engañé a ustedes.

—El marinerito que te embarazó, luego te abandonó... y ni siquiera has tenido la valentía de decirme cómo se llamaba... Y al mes siguiente vas y caes en medio de la sociedad de Talcuri, felizmente casada con Pedro, el mayor y más importante terrateniente de la región, pero por Dios bendito, ¿cómo le pudiste engañar tan bien? ¿Y a mí? ¿Y a Samuel? Pobre hombre, ahí lo tienes, pagando una penitencia por apoyar tus mentiras y hacernos creer que su amigo Pedro era un canalla abusón... —Sabina la mordía y la mordía sin piedad—. Esto es lo que me vas a contar despacito, palabra por palabra, ahora mismo. Aunque estemos todo el día; siéntate, *miéchica* —rugió Sabina, fuera de sí—. Como intentes mentirme, se acabó, le contaré todo a Samuel en cuanto llegue. Acabarás en la cárcel, junto a tu grumete y tu bastardo, en un asilo.

En cuanto Julia abrió la boca para descubrir su plan de las cinco puertas, se oyó en la calle la aguda bocina del Daimler, llamando urgentemente.

Las dos mujeres salieron disparadas a la calle y vieron a Enrique ayudando a Samuel a cruzar el jardín, sosteniéndole para que no se tropezara con sus propios pies. La cara violácea del médico reflejaba el agotamiento que sufría, demacrado, desencajado por la falta de sueño y temblando de fiebre. Parecía como si fuese él quien hubiera naufragado en la barca de pesca. Entre los tres le metieron en la casa y lo acostaron en el dormitorio, tras limpiarle el sudor con trapos empapados en agua de colonia. Julia subió con una botella de coñac y le dio friegas en el pecho y en la espalda, y cuando el hombre se recuperó del enfriamiento, una buena sopa y un tónico reconstituyente hicieron el resto. Al poco rato, el buen doctor dormía profundamente, que era lo que necesitaba.

—En cuanto a ti, márchate lejos de nosotros —le conminó Sabina a Julia—. Aquí ya no tienes nada que hacer.

—Esta es mi casa también, Sabina, no se equivoque conmigo —replicó Julia desafiante—. Usted parece creer que yo soy una cualquiera y una canalla, pero le demostraré que todo lo hago por Arturito. Me quedaré aquí, hasta que mi tío se restablezca y pueda hablar tranquilamente con él.

Julia retrocedió sigilosamente, abandonó la habitación de sus tíos para encerrarse en la suya y hacer dormir a su criatura. Ella se quedó contemplándolo dulcemente a la luz de la mañana, hasta encontrar en él las facciones de su querido marinero. Lo levantó delicadamente de la cuna, lo meció en sus brazos y le musitó amorosas palabras, mientras daba vueltas y vueltas por la estancia, meciéndolo y susurrándole una historia.

«Mi amorcito, el nombre de tu padre, solo tú lo sabrás algún día, nadie más en este mundo pronunciará ese nombre, hasta que te enfrentes a él. La revelación de esas viejas sobre mi embarazo, me produjo tanta alegría que en el acto me juré protegerte y mantenerte a mi lado siempre, jamás me arrepentiré de ser tu madre. Lo primero que me vino a la cabeza cuando lo supe es lo cerca que había estado de la muerte, ignorando que te llevaba también conmigo a las profundidades oscuras de la rada. Pero a Dios le doy las gracias y a esas tres mujeres que me salvaron por poder acunarte ahora en mis brazos. ¡Dios mío, qué peor manera de dejar de ser una niña! Acostarse un día regocijándome con mi dulce y despreocupada vida, para despertar bruscamente dentro del torbellino de una mujer, con un padre amenazado por una dura enfermedad, un gran amor destrozado por una huida y, sobre todo, contigo, el más inesperado, créeme que jamás te repudié, ¡cómo se podría llegar a semejante monstruosidad! Porque eres tú precisamente el recuerdo perenne de mi más adorada y hermosa relación juvenil. Amé y amo mucho a tu padre, y aún hoy le tengo un gran espacio reservado en mi corazón; aspiro íntimamente a que pueda retornar a mis brazos. Pero no te puedo esconder que cuando me encontré con mi padre tan enfermo, tu padre desaparecido y tú esperando a nacer, el techo del mundo se me vino encima. ¿Qué podía hacer una pobre y desgraciada chiquilla como yo? Una que no sabe nada de la vida de los adultos y que desconoce la clase de mundo que existe más allá de esta sucia caleta. El pavor que me produjo semejante situación me marcó el carácter para siempre, pero tú me entenderás muy bien y me devolverás estos años con la fuerza de tu amor. Si no me derrumbé entonces fue porque la esperanza de ver sanar a tu abuelo, verte crecer a ti a mi lado y, sobre todo, volver a los brazos de mi adorado amor de juventud fueron los poderosos motivos que me afirmaban para seguir y seguir adelante como fuera, nunca había forjado un propósito tan fuerte dentro de mí. Y pensé en que todo estaría en mi contra, pero también me sentí fuerte para derribar todo lo que se opusiera; y efectivamente, por eso, la virgencita se puso de mi lado, estoy convencida que ella me ha empujado todo este tiempo...»

Las cavilaciones de la madre se vieron interrumpidas por un delicado golpe de nudillos en su puerta.
—Julia, abre, soy yo, tenemos que hablar de inmediato.
Apenas hubo entreabierto la puerta, entró la tía Sabina, se echó en brazos de su sobrina y la oprimió hasta casi quitarle el aliento. Cuando al fin consiguió zafarse de su ataque de amor, Julia advirtió que su pariente atravesaba un estado de profunda ansiedad, su gesto era titubeante y sus ojos reflejaban miedo, mucho miedo.
—Me quedaré sola en el mundo si los tres que amo desaparecen, no me quedará nada, no tendré a quien querer —gimió desconsolada la mujer, acercándose a Julia y a su criatura.
—¡Tía, tía, anímese, aquí no va a desaparecer nadie¡ Pero, ¿qué hace, señora? Levántese, por favor...
Sabina estaba de rodillas suplicando a Julia que la perdonase por las duras palabras y las graves ofensas que profirió la noche anterior. Julia la ayudó a levantarse diciéndole palabras cariñosas, pero ella estaba inconsolable.

—Hoy, al ver a mi Samuel tan mal..., he sentido el pavor frío de quedarme sola en el mundo, si además tú y yo nos peleamos..., no me quedará nada.

Julia reaccionó de inmediato, sentándola en su cama, le besó el pelo y le dijo que nada de eso iba a ocurrir porque acababa de hacerse su mejor amiga.

—Serás testigo de la confesión que le haré a mi hijo y, si yo le faltase en su vida, lo cuidarás y le repetirás estas mismas palabras, quiero que lo sepa todo sobre mí y Pedro, ¿me lo puedes jurar? Pero me vas a jurar ahora mismo por lo más sagrado que nunca lo revelarás mientras yo viva.

Sabina asintió emocionada.

Julia continuó hablándole, exultante.

—Ahora eres mi única y mejor amiga, como mi madre —le dijo—. Cuando acabe mi historia, me podrás castigar como quieras, lo aceptaré gustosa y desapareceré de tu vida. Soy muy dichosa porque al fin alguien va a oírme por primera vez, y tú lo harás de corazón.

Y alzando a su hijo en brazos, le habló suavemente.

«Cuando regresé a Los Peñones, sabiendo ya que te llevaba dentro de mí, me propuse protegerte siempre, desde ese mismo instante, aunque en mi caótica cabeza no sabía ni cómo ni dónde. En casa de Pedro pasé días y noches confundida, imaginando que mi vida a partir de entonces iba a ser un camino jalonado de puertas que me iban a conducir a un infierno personal. Y así lo decidí hacer en cuanto llegase a Talcuri. Esa última noche yo estaba en mi cuarto, sin poder dormir, atormentada de preguntas sin respuesta sobre nuestra vida. Entonces ocurrió lo más importante de tu breve vida, mi amor, lo que realmente me sucedió y que cambió tu existencia y la mía. Esa noche, don Pedro entró inesperadamente en mi habitación llevando un vaso de leche tibia con cacao y galletas, para que durmiera relajada, me dijo. Luego se sentó en mi cama y empezó a hablarme con cariño y entusiasmo. No es el fin del mundo, sino el comienzo de una nueva e interesante vida en un sitio distinto, me aseguró intentando levantarme el ánimo con palabras esperanzadoras sobre la enfermedad de mi papá. De tanto mirarlo mientras me confortaba, me di cuenta de que él no era exactamente el mismo señor que me acogió tan afectuosamente en su casa; eso sí, siempre el amable y cortés caballero que conocí en Viña Oro: pero es que su mirada tenía un brillo que antes no había notado. Fíjate que tuvimos un agradable momento de conversación y luego, al despedirse, me plantó un largo beso en la frente. ¡Fuahh! Esa boca oliendo a chicha vinagre no la olvidaré nunca, porque fue en ese preciso momento cuando sentí su mano caliente sobre mi pierna, luego la sábana de seda se deslizó y él me rozó la piel con la mano, ¿sin querer? No lo sé.

«Pedro me volvió a soltar un chispazo con sus ojos y abandonó rápidamente la pieza. Al apagar la luz, me quedé pensando en lo sucedido, pero no en el tío Pedro, sino en el hombre, uno que me acababa de tratar por primera vez como a una mujer. ¿Yo le dejé que me acariciara disimuladamente? Pero, ¿cómo iba a protestar? No podía faltarle el respeto a un señor tan importante. ¿Tú lo entiendes verdad, mi amor? Sabes que soy inocente de todo. El cielo parecía que se apiadaba de mí y me daba una oportunidad, me abrió una puerta que yo crucé sin pensar, una chance de sobrevivir, para ti y para mí, así que me dispuse a aprovecharla, eso fue todo lo que hice, yo no deseaba la desgracia de nadie, pasó como pasó y yo soy inocente. Fue la primera vez que pensé en quién te iba a apadrinar la vida, como no apareciera tu padre marinero. Por eso, cuando al día siguiente nos despedimos, él estaba de otra *laya*, en la bodega de vino que me llevó a visitar no me soltaba la mano, me toqueteó todo lo que pudo, como jugando, y yo le permití; y al subir al coche para partir a mi nueva vida de ciudad, casi nos besamos en la boca. A los pocos días le vi muy decidido a tener amistad conmigo y fue entonces cuando pensé en eso de que ahora o nunca y le dije abiertamente que yo consentía, pero le amenacé, que en tres semanas más o me casaba o yo desaparecería de su vida en el acto, créeme que era exactamente lo que pensaba hacer. Ahí fue cuando vino la virgencita a verme, me dio su bendición y me empujó a que siguiera adelante, ¡y mira tú, dijo que sí de inmediato! Tampoco he traicionado a tu padre verdadero, porque todavía le quiero, aunque ahora mismo yo ignoro si él aún me corresponde.

«Eso es lo que pasó mi amorcito, ahora ya lo sabes todo sobre tu pobre y desgraciada madre... Esta es la razón por la cual ahora te tengo entre mis brazos, sano y salvo. Todas las puertas que tuve que abrir fueron difíciles, algunas eran casi imposibles, pero ya ves, salí a flote. Nunca tuve la necesidad de embaucar a Pedro, que te idolatra, porque nunca hice ningún plan malévolo para perjudicarle a sabiendas. Él es ahora tu padre y así seguirá hasta que mi prófugo aparezca como juró que haría. Ya no necesito consejos ni preguntar nada más a nadie, sé perfectamente lo que se ha de hacer, ahora que te he abierto mi corazón por entero. A ti te espera una vida maravillosa y a mí, un infierno, pero vale la pena quemarse por mantener tu preciosa vida a salvo, para que me muestre constantemente el rostro de quien me amó tanto por primera vez.»

En cuanto hubo acabado su hondo monólogo, Julia sintió que sus pies ya no tocaban el suelo, ya no tenía que arrastrarse llevando encima el peso de su confesión; podía correr sin parar por los prados y nunca cansarse de subir las colinas llenas de flores. En su interior ya no soplaba el viento frío, se habían callado los bulliciosos chincoles y los pájaros carpinteros no le horadaban su cabecita. Sonrió, y besando a su hijo dormido, lo depositó en la cuna a su lado y ella también se durmió, vencida por el sueño y el cansancio de unos días tan atormentados.

Pasaron las horas hasta que la chillona voz de Sabina la sacó bruscamente de sus gozosos sueños, la criatura lloraba sin parar desde hacía rato, en brazos de la *nersey*. El sol estaba alto y le bañaba el rostro, del cual habían desaparecido todas las ansiedades y las culpas. Otra vez era una alegre chiquilla enamorada.

—¡Julia, Julia! Tienes que irte a tu casa, cuando se recupere Samuel es preferible que no te encuentre aquí, yo tampoco quiero que le causes más dolor... y temo mucho su reacción... Dejemos que se reponga bien —le dijo Sabina lanzándole su ropa.

—Quizá tenga razón, tía, pero es que yo vine aquí para confesarme especialmente con él. Yo no le tengo miedo ninguno, él ahora es mi padre, ¿no lo entiende? La vida ha cambiado por completo, vine para pedirle consejo, aunque creo que ya tengo la contestación —dijo Julia.

—Ya presentía yo que Pedro no podía haber cometido la deleznable conducta de aprovecharse de ti antes del matrimonio, tal y como nos hiciste pensar, chiquilla de mierda. No sabes la indignación que tengo por tus mentiras absurdas. Dudo que alguna vez Samuel te perdone por este engaño, y nuevamente yo voy a ser la más perjudicada; ahora debes hacer la maleta y desaparecer de aquí, Samuel no debe encontrarte en esta casa. Hazme caso, cariño.

—Gracias, tía, por oírme, créame que mi confesión ha sido como perder un ojo, pero he ganado la tranquilidad en mi alma y he matado el remordimiento por haber tenido al tío en la inopia durante tanto tiempo —gimió Julia sinceramente compungida.

—He pensado mucho en todo, yo solo tengo corazón para quererte como una hija, aunque me lleven los demonios por todo lo que me has contado. Supongo que cuando yo también me tranquilice, te perdonaré. Y ahora vete por favor —le conminó Sabina, enternecida por la historia de su amor.

Julia comprendió que hacer mutis por el foro iba a ser lo más apropiado y organizó rápidamente su regreso a Talcuri. Su mensaje ya estaba entregado y su conciencia, descargada. Pronto lo entenderán todo y volverán a ser mis tíos de siempre, pensó. Enrique bajó el equipaje y arrancó el motor a la puerta de la casa. La *nersey*, con Arturito en brazos, se subió en la parte de atrás mientras Julia se terminó de arreglar el pelo.

Cuando bajó al salón, Sabina le esperaba desafiante al pie de la escalera, con un papel en la mano.

—¿Y cómo es que el marinero ese nunca te escribió ni una sola vez? —le preguntó Sabina.

—No lo sé, tía, pero esa fue mi gran desgracia, lo que me llevó a hacer lo que he hecho. Ha sido increíble, supongo que entonces, al abandonar la casa por lo de papá, las cartas se habrán perdido, supongo. Por eso viví con pena y con rabia durante todo este tiempo. Además, como yo tuve el embarazo tan malo, como sabe, regresar aquí fue imposible.

—¿Y, entonces, esto qué es? —le dijo Sabina, blandiendo un papel.

Julia palideció al verlo y sintió cómo le flaqueaban las piernas, presintiendo la peor de las noticias, nunca una alegría. Y Sabina siguió diciendo:

—Esta mañana lo ha traído doña Leonor para ti, ella se fue de viaje y me pidió que te lo entregara. Creo que lo he entendido perfectamente. Toma, léelo.

«Querido mío, me has decepcionado profundamente, pero sé bien que debe haber una razón superior para tu cruel comportamiento de hoy conmigo, por eso necesito escucharte con calma. Ansío volver a tus brazos cuanto antes. Mañana me llevan a Talcuri pero regresaré pronto a casa, en cuanto se mejore mi padre, entonces no nos volveremos a separar. Te lo juro. Te esperaré siempre.

Tuya, Julia.»

Con rabia, Julia arrugó completamente el papel y lo lanzó al suelo.

—Ya se lo he explicado, tía, eso pasó hace un año, yo era otra mujer —balbuceó la chica—. Hoy ya sé que Pedro es quien merece todo nuestro amor.

Justo en ese momento apareció Samuel en la puerta de la cocina, en bata, con una taza de tizana en la mano.

—Me vas a explicar ahora mismo ese papelito que acabas de arrojar. ¿Prometiste matrimonio a un tal no sé quién para enseguida correr a casarte con Pedro? —Y se abalanzó hacia Julia.

Pero Sabina se interpuso entre ambos y, tomando a su marido por la mano, le dijo firmemente:

—Ella no tuvo más remedio, créelo.

—Y tú qué sabes, ¡ah!

—Todo, o casi —replicó Sabina al enfurecido Samuel.

—Entonces estoy de nuevas, como de costumbre, en esta familia ya me voy acostumbrando a ser el último mono…

—Pues bien, ahora por fin vas a saber toda la verdad acerca de tu sobrinita, vamos a sentarnos todos —ordenó Sabina y los empujó con vigor hacia el salón, cerrando estruendosamente la puerta de calle.

—Tío Samuel, yo deseaba fervientemente hablar con usted y explicarle la verdad —suplicó Julia cubriéndose la cara con vergüenza.

E hizo ademán de dirigirse a la calle, pero Sabina se lo impidió, la agarró firmemente de la *chomba* y la giró hacia sí, diciéndole desabridamente:

—De aquí no *vai* a salir si no le cuentas a Samuel ahora mismo todo lo que me contaste a mí.

—Esto es una traición, tía, usted me juró que…

—¡Mírame, chiquilla, mírame bien, por la cresta! Llevo enterrada en este sitio repugnante más de medio año por culpa de los remordimientos de tu tío Samuel, sudando la gota gorda con esta casa culiá que ni siquiera es la mía… ¡No y no! Tú eres mi pasaje a la libertad y la vuelta a mi jardín y a mi vida social en la ciudad…, conque ¡siéntate, joder, y confiesa de una vez! O lo hago yo.

—¡A ver, a ver! Qué *cresta* está pasando aquí, ¿ya están todos trastornados en esta casa?

—No te preocupes, Samuelito, mi amor, cuando esta se casó con tu amigo Pedro, ya estaba bien embarazada —le escupió Sabina a su marido.

—¿Y tú crees que yo no lo sabía? —le replicó el médico con voz desabrida.

—¡Pero lo que no sabías entonces, tonto huevón, es que el hijo de esta cabrita no era de Pedro…

—¡tú deliras!

—… sino de un desconocido marinero que la abandonó hace un año aquí en la caleta, después de pasarle la bala! Y a las tres semanas… va ella y se casa…

—¿Qué? ¿No es Pedro el padre? ¡A que te mato, desgraciada, puta loca, igual que tu pobre madre…! —Samuel, fuera de sí, se abalanzó hacia ella con los brazos estirados y el rostro desencajado.

Julia se refugió detrás de Sabina, intentando resistir el vendaval desatado que se le vino encima, pero Samuel la mechoneó sin misericordia, haciendo caso omiso de los chillidos destemplados de ambas mujeres.

—¿Quién ha sido ese miserable? Te exijo que me des su nombre al tiro, ese felón pagará muy caro su abuso —clamó Samuel a todo pulmón, henchido de venganza paterna—. Soy íntimo del comisario López y lo haré detener ahora mismo por forzar a una menor...

—Tío, tío, relájese por favor, ¿no ve que todo eso es historia?
—Se quejó la pobre Julia intentando quitarle las manos de su pelo dolorido—. Todo eso pasó hace ya más de un año, puede que el padre de Arturito ni siquiera viva...

—¡Y a mí qué demonios me importa, mejor aún si ha muerto!
—¡Pero a mí sí me importa! —le gritó Julia a la cara con tal fuerza que el médico dio un respingo y le soltó los cabellos de golpe.

Julia escapó corriendo a la terraza, sin atreverse a mirar a la cara a Samuel, llorando desconsoladamente y, sin mirar atrás, bajó corriendo por la escalera hasta el jardín, mientras Sabina seguía gritando, desde la barandilla.

—Basta ya, déjala que se vaya —exclamó el médico con voz agotada, sumido en una profunda tristeza—, esto es suficiente. Deja que esa mala pécora se vaya lejos de mí. Ya no puedo hacer nada por ella...

Tras lo dicho, el abatido hombre subió lentamente hasta su habitación y se desplomó sobre su cama, sin sacarse siquiera los zapatos. Habían sido muchas horas de desesperado trabajo en la miserable posta de primeros auxilios de la caleta, intentando salvar la vida a dos marineros, con los pobres medios con los que contaba, pero fracasó por completo. Y para colmo, se encontró con el destrozo familiar cuando llegó a su casa. Estaba a punto de desplomarse, cuando sus últimas desordenadas reflexiones inundaron su cabeza caliente: la cariñosa carita de su sobrina se le apareció. Eso lo puso en tensión.

«Maldita y jodida cabra loca, mira que hacerme creer que fue el buenazo de Pedro quien la había forzado, pero, ¿cómo ese buen hombre iba a pensar en abusar de una menor? No, no, imposible, y me lo hizo creer la desgraciada, tú Samuel creíste que el gordo había abusado de ella y te convenciste viejo, por completo, como que pensaste en matarle, claro que me lo creí fácilmente, porque como la chiquilla es también muy apetecible y *encachá*, pues no hubiera sido de extrañar. ¡Qué catarro de mierda!, tengo bastante fiebre, aunque la culpa es de esta desgracia que me ha caído encima. Aléjate de mí, desvergonzada e irresponsable, ¡cómo pudiste hacernos todo esto, especialmente a tu padre tan enfermo! En vez de cuidarlo, estabas en los bosques con ese felón, abriéndote de piernas, ¿en qué pensaba esta tontorrona entregándose al primer *pichulón* que se encontró? Salió en todo a la descocada de su madre, pobre Nicolás, tocarle una mujer así. ¿Y qué voy a hacer ahora contigo, mi desagradecida y farsante sobrinita? ¿Y qué harás tú, Samuel? ¿Vas a proclamar con una bocina lo huevón que eres, un médico que ni siquiera sabe distinguir los meses de un embarazo? No sé cuándo te voy a perdonar sobrinita, te odio por haberme embarrado la tremenda ilusión de tener un nietecito, por eso te maldigo. ¿Y qué le vas a contar a tu gran amigo Pedro? Pero, ¿dónde meten los malditos pañuelos?

«Alto, un momento. ¡Pedro! ¡Pedrito! Amigo, por lo tanto, ¡tú no eras un… ¡Ahyayaicito!, ¿cómo pude tan solo haberlo imaginado? Un momento, y entonces ¿qué mierdas hago aquí sufriendo como un tarado? ¡Me voy *pa* mi casa *altiro*! Aquí no hay ni un real para comprar ni siquiera vendas, ya estoy libre de mi juramento contra Pedro, ¡hoy mismo hago la maleta! En cuanto llegue, iré corriendo a su casa, le contaré todo lo que ha pasado y le pediré mil perdones por lo mucho que le ofendí, por alejarme tanto de su casa y porque pensé tan mal, le explicaré todo lo que… Espera un momento, médico estúpido, ¿explicarle?, ¿tú vas a explicarle? Sí, le diré que mi sobrina no es quien parece. ¿Vas a decirle que su esposa es una suelta, has perdido una chaveta? Pero, un momento, ¿y qué derecho tengo yo a confesarle todo esto? ¿Y cómo se lo va a tomar Pedro?, ¿por qué me habría de creer? ¿Solo por ser su amigo Samuel? Sí claro, como no, lo primero será pegarte un combo en too *l'hocico*. Y lo siguiente una *patá* en la raja. ¿Es preferible destruir este matrimonio para poder salvar a... ¿a quién? ¿Al hijo? ¡de un desconocido malandrín! ¿A la mala pécora de mi sobrinita? ¿Te crees que Pedro la va a dejar irse, así como así? ¿Pasando la vergüenza de tener que explicárselo a media ciudad? A veces pareces idiota, Samuel, cállate la boca... y para siempre.

«En tal caso, ¿qué le voy a explicar? ¡Nada, huevón, nada, no te das cuenta de que no puedes! Si yo fuese un amigo como son todos los que lo son de verdad, no le puedo mentir así; pues entonces, ya verás cómo pongo a esta cabrita, por los suelos... ¿Y si él no me cree y se lo toma mal? Espera un momento, le voy a llevar el parte de nacimiento para que vea que su hijo no es suyo... Me va a correr a tiros, es capaz de todo. Se lo mandaré como un anónimo, ¿con el sello del hospital? Debo dormir un poco, tengo la cabeza como un bombo, mañana lo veré más claro. No podré mirar a Pedro a la cara si me tengo que callar lo que sé... Vaya una suerte la mía. Callarme para siempre. He recuperado a un fiel amigo... y una vida decente... por la mierda, aunque... pierdo un nieto y una sobrina, eso no es verdad Samuel, qué más me da, si tampoco es mi nieto como habíamos planeado, ¿es medio nieto? No digas sandeces Samuel. Este catarro acabará por desquiciarme. En cualquier caso, ya está, decidido, me vuelvo a mi casa.»

Sabina sale corriendo escaleras arriba por causa de los gritos que profería su marido, al aparecer en el dormitorio de la pareja, vio con sorpresa como Samuel, muy alterado, se abalanzaba hacia ella y la apretaba contra su pecho durante un largo rato. Ella intentaba zafarse y mirarle a los ojos, pero Samuel estaba besándola dulcemente en el cuello y en el pelo. Hasta que le oyó exclamar:

—¡Sabina, Sabina, mi amor!, esto se ha acabado por fin... Volvemos a nuestra casa, a la ciudad...

—¡Estás ardiendo de fiebre viejo! —dijo ella al verlo tan desencajado y con la mirada acuosa.

—Volvemos a nuestra casa, se acabó esta estúpida penitencia...

—¿De verdad lo dices? Tu no entiendes lo que está pasando, cariño.
—Y no me importa. Vámonos ya. Llama a Enrique y haz las maletas

Sin perder ni un minuto —respondió ella alborozada sujetándole las manos—, pero mira una cosa, antes de cerrar este desagradable capítulo para siempre, si lo piensas, en realidad, ha sido Pedro quien primero se fijó en Julita, primero como un ser humano agradecido por haberle ayudado en Viña Sol cuando se produjo el intento de asesinato; más tarde, le dio por protegerla, agradecido como estaba. Y, por último, la triste enfermedad incurable de su padre, que hizo que él la adoptara bajo su cuidado por la lástima que le producía la tristeza de la chica y, claro, una cosa llevó a la otra, así es muy fácil progresar en la intensidad del cariño hasta llegar al enamoramiento, o al menos así lo sintió él. Tu sobrinita lo único que tuvo que hacer fue dejarse llevar por su amabilidad y por su labia y sanseacabó.

—Ella es de las que encantan a las personas con esa miradita dulzona que te suelta a veces, bien, ahí tienes la explicación…— repuso su marido mientras recogía su escaso instrumental médico. Pero ella insistió.

—Y por si estuvieras pensando en intervenir o contar a Pedro algo sobre su paternidad, te puedes ir olvidando, ni se te ocurra. No es a ti a quien le corresponde hacerlo, sino a tu sobrina, esa es la única solución a lo que me imagino te atormenta ahora, no poder confesarte con tu amigo…

—Sabinita, eres un lince

—Ella verá cómo y cuándo afronta su situación, es la culpable, hasta entonces, nosotros solo somos testigos de cargo, pero mudos, ¿lo has entendido? Bien, ya que veo que lo tienes asumido, no se hable más del asunto, querido mío, bastante has tenido con esta loca historia de amor —remachó Sabina acariciándole el pelo – en casa te contaré la verdadera historia de lo que le pasó, lo sé todo, ¡y nosotros convencidos que Pedro nos estaba mintiendo, qué *tole tole* hemos organizado! Haré las maletas ipso facto.

Mientras tanto, Julia que ya estaba sentada en el coche, había ordenado tajantemente a Enrique que girase en redondo para dirigirse nuevamente a la explanada del muelle de embarque sin perder un minuto. Ni él ni la nana dijeron nada, ya estaban acostumbrados a sus patrones y a sus cambios de humor cada dos por tres.

Apenas hubo llegado al muelle, ella se bajó del coche con el niño en los brazos y estuvo durante un momento mirando la fuerza de la vida que reinaba en ese sitio, tanta gente ocupada en decenas de cosas diferentes, viviendo bajo la potencia de un sol eléctrico que, desde los picachos, hendían sus rayos hasta el fondo del mar, tragándose la oscura profundidad. Anunciaban un nuevo y esplendoroso día del primer tiempo de su nueva vida.

Era doce de enero. Julia, con el pequeño Arturo en los brazos, se sentó en la misma mesa de la pulpería que hace un año y pidió la misma limonada con pisco; mientras bebía a pequeños y nerviosos sorbitos, el sol veraniego le arañaba su blanca tez. Una fría serpiente le recorrió la médula y le dolieron las mandíbulas de tanto apretarlas cuando recordó el triste papel que entonces había jugado allí mismo. El pequeño se revolvió entre sus brazos, pues lo estaba aplastando su ansia de venganza, el odio hacia su marinero infiel. A él le había entregado hasta la última gota de su ser y, en cambio, había recibido la bofetada infame del abandono traidor. Se prometió permanecer siempre al lado de quien tan noblemente la había cobijado en su familia, dándole a su hijo su apellido y su fortuna.

Preferiría mentirle que causarle tanto dolor, se dijo con toda su alma, levantando el puño cerrado hacia el mar. Entraré al infierno y aguantaré mis demonios.

En ese momento se le acercó el viejo *curcuncho* de la oficina de marinería del muelle y le dijo:

—Te estaba buscando, chiquilla, pero no te preocupes, es una buena noticia. Ahora estamos en paz. Llegó este radiograma ayer.

Ella leyó ansiosamente un papel azul.

«Registro enrole marina informa que buque escuela Natales con escala en San Diego, California zarpará inminente destino base naval del sur. Stop. Llegada prevista finales mayo. Stop. Favor avisar Julia Rivas caleta Las Cañas. Stop. Fin transmisión.»

Al leerlo por cuarta vez, Julia gritó a todo pulmón, completamente trastornada, ante la porfía del destino.

—¡Ya viene, ya viene, te quiero, mi amor, te quiero! Pronto estaremos los tres juntos en casa, te lo juro; y nada nos va a separar nunca.

Desde el automóvil estacionado en la planicie, Flora y Enrique se miraron con cierta curiosidad, aunque continuaron hablando tranquilamente. Transcurrió un rato largo cuando repararon en que la madre ya no estaba sentada en la pulpería. La vieron aproximándose poco a poco hacia el borde de cemento del malecón, hasta que se detuvo justo en el chaflán, mirando fijamente al mar. Ambos, preocupados, echaron a andar hacia ella. Se detuvieron aliviados, al ver que la patrona se había sentado sobre una bita y se había quedado inmóvil mirando el horizonte.

De pronto, los criados, estupefactos, la vieron incorporarse y alzar a su criatura en los brazos, como si la ofreciese en un altar invisible. La oyeron claramente exclamar:

—¡Él te encontrará, él te encontrará, la tierra a la tierra, el cielo al cielo, la carne a la carne!

Muy alarmados, ambos decidieron acercarse sigilosamente por detrás; estaban a menos de dos metros a espaldas de Julia cuando la vieron girarse hacia ellos, con una expresión de profunda felicidad pintada en el rostro, con la inmensa satisfacción de quien ha tomado una dolorosa decisión para guiar su futura vida, la suya y la de su hijo. Al advertir con sorpresa la presencia de ellos, oprimió instintivamente a la criatura contra su pecho, sonrió y retrocedió un pasito; al hacerlo, su zapato se clavó entre dos adoquines y, perdiendo el equilibrio, cayó de espaldas abrazada a su niño. La nodriza y el chofer la oyeron gritar estruendosamente mientras se precipitaba a las tranquilas aguas de la rada.

Continuará.

Personae y breve diccionario
de términos y expresiones locales

A
Acaramelamientos: Carantoñas
Achuntai: Aciertas
Acordai: Acuerdas
Acunadora: Que acuna
Adelante: Adelante
Agüaitándola: Observándola
Ahh: Qué sorpresa
Altiro: De inmediato
Amarrao: Avaro
Amiguetes: Íntimos amigos
Anulato: Anulado
Aprecue: Salir por piernas
¡Ayayahi!: Cacofonía de un lamento

B
Banqueteros: Preparan banquetes
Basterrica: Apellido cura vasco
¡Brrr!: Onomatopeya de frío intenso
Burdamode: Antigua revista alemana de modas
Burlesque: Teatro de revistas y variedades

C
Cachai: Te das cuenta
Cachocabra: Denominación de famoso ají muy picante
Callaita: Silenciosa

Carrousel: Tiovivo
Chaleca: Sweater lana de manga corta o larga
Chamanerías: Prácticas mágicas
Choro: Carácter especial
Chauffeur: Conductor, en francés
Chiit: Mandar callar
Chucheta: Degenerado, mal vividor
Chuleteo: Burla, engaño
Clery: Bebida preparada con vino blanco y fruta troceada
Cogotearme: Asaltarme
Coiffeur: El peinado
Conchetumadre: Muy grosera alusión al sexo de la madre
Consumato: Consumado
Contai: Relatas
Criolina: Creolina, desinfectante agrícola
Crinolina: Miriñaque, Enagua almidonada
Cuelga las chalas: Fallece
Vai a parar las chalas: Vas a pasar a mejor vida
Culiao: Apelativo soez y barriobajero
Culiá: Lo mismo que «culiao» pero en mujer
Custer: Famoso general americano

D
Dai: Das
Descartuchara: Desvirgara
Desparramá: Desordenada

E
Empecí: Empieces
Encachao: Elegante
Entendís: Comprendes
Entrai: Entras
Eris: Eres
Estai: Estás

Estiliste: Que peina un estilo
Estrudel: Pastel de manzana

F
Fiestoca: Celebración
Flojonazo: Exageradamente vago
Fome: Sin gracia
Frenopático: Manicomio antiguo
Fuahh: Onomatopeya de asco

G
Genuflexo: Adulador
Glostora: Famosa marca de abrillantador capilar
Guascazo: Plumazo, trago largo
Güeón: Pelotudo, tonto
Güevadas: Boludeces, pelotudeces
Güeviando: Haciendo tonterías
Güevones: Boludos, idiotas
Güevón: Estúpido
Guitriarlo: Vomitarlo a causa del vino

H
Hualtatas: Flores
Habriai: Habrías
Hallamo: Encontramos
Herminie: Nombre francés
Hormapelo: Algo para rizar pelo de señoras
Huarifaifeo: Bullicio, Desorden
Hueviarme: Tomarme el pelo, Engañarme

I
Imaginai: Piensas, imaginas

J
Javierete: Cariñoso de Javier
Jiu.jip.su: arte marcial
Jugá: Jugarreta
Jujutsio: jiu.jip.su

L
Langreo: Pueblo asturiano
Langüetiao: Lavado con la lengua
L'hocico: la boca humana, despreciativo
Levantai: levantas
Luisigna: Luis Ignacio

M
Manguerotes: tubos verticales que sobresalen en cubierta para permitir entrada de aire fresco en las bodegas.
Marío: Marido
Mauri: Mauricio
Má: Mas
Mecáchis: Interjección española
Metís: Metes
Miéchica: Mierda en culto
Mirenló: Ay que ver

N
Nomá: No más
Na: Nada
Nascituro: (It) nonato

Nersey: (En) Nursery, nodriza, aya, nana, nona,
¿Noscierto?: Comodín del habla

O
¿Oi?: ¿Oyes?

P
Paita: Localidad famosa por su chancaca
Pascuero: Navideño
Pelambre: Habladuría
Pitucas: Empingorotadas
Pichidangui: Balneario de mar
Pinales: Pinadas
Pueeess: Dudoso...
Puff: Onomatopeya de hastío
Pa: Para
Pa'bajo: Para abajo
Pa'rriba: Para arriba
Pacá: Hacia aquí
Pal'piso: Al suelo
Pantruca: Blanca bola de masa, comestible
Patá: Patada, puntapiés
Patudez: Desfachatez
Payasá: Tontería, niñada
Pelao: Calvo, sin nada
Pescao: Pez
Petitpoint: Clase técnica textil
Picaruelo: Malandrín
Pichulón: De pene exagerado
Pichuncho: Coctel poco elegante a base de pisco y vermut
Pijerío: Gente snob
Podís: Puedes
Pompom: Pelotilla de tela
Posme: Aburrido

Preñá: Embarazo humano
Pshsh: Llamado sigiloso
Pullman: Vagón litera, coche cama, autobús de lujo

Q
Querimo: queremos

R
Rufito: Cariñoso de Rufino
Rechucha(s): Expresión soez
Recórcholis: Cáspita
Recresta(s): Palabrota
Reculiá: Dos veces

S
Sabís: Sabes
Sapiándolo: Espiándolo
Seai: Seas
Secretaire: Escritorio, mueble
Solarium: Espacio para tomar el sol
Sopaipillas: Buñuelo plano de zapallo
Sulfatiazol: Sulfonamida, antibacteriano

T
Talcuri: Ciudad ficticia
Talcurina: Ciudadana de Talcuri
Tenimo: Tenemos
Tenís: Tienes
Terrarum: Tierra
Toa(o): Toda, Todo
Traste: Culo, Poto

U
Ustés: Ustedes

V
Vai: Vas
Vinacho: Vino de baja categoría
Viñateur: (Fr) Viñatero
Viñeur: Viñatero
Vol-au-vent: Masa con forma de nido

Aravena: Viñatero, vecino de Los Peñones
Artemia Contreras, viuda de Heredia: madre de Rosa Juana
Arturo Javier Salvador Gonzales Rivas: hijo de Julia Rivas
Ataulfo Contreras Herranz: vecino de Los Peñones y primo de Artemia
Dorotea la vieja: cocinera de la casona de Talcuri
Dorotea la joven: doncella e hija de la anterior
Ester Toledo: madre de Pedro Gonzales y esposa de José Gonzales
Javier Arturo Silva D.: grumete
José Gonzales: Viñatero, padre de Pedro Gonzales
Julia Rivas Del Canto: esposa de Pedro Gonzales
Nicolás Rivas, (teniente coronel del ejército): padre de Julia
Pedro Gonzales Toledo: Viñatero, marido de Julia Rivas
Pedro Segundo Gonzales (Pedrito): estudiante, hijo de Pedro Gonzales y de Ludi
Rosa Juana Heredia: esposa de Pedrito Segundo
Samuel Rivas: Médico internista, tío de Julia Rivas
Sabina: esposa de Samuel Rivas

Indice de Episodios

Episodio 1. Un casorio muy movido	5
Episodio 2. Los fastos esponsales	21
Episodio 3. Las turbaciones de Pedro Segundo	45
Episodio 4. De cómo Julita salvó Viña Sol	56
Episodio 5. Volcánica luna de miel	84
Episodio 6. Una embarazosa pedida	104
Episodio 7. Vacaciones horribles	131
Episodio 8. El polluelo saltó del nido	143
Episodio 9. Vendimia de sangre	171
Episodio 10. Muerte y resurrección	187
Episodio 11. La quinta puerta de Julia	214
Episodio 12. La confesión	235
Episodio 13. El grumete	250
Episodio 14. El nombre del padre	263

¡Valore este libro en nuestra página web!

www.novumpublishing.es

El autor

José H. V. V. Sáez (Santiago de Chile, Chile) es
técnico superior en Artes Gráficas, licenciado en
Publicidad y Master en estrategias corporativas.
Nacionalizado español, ocupó puestos de dirección
en varias empresas mundiales hasta que decidió
concentrarse en la docencia superior y durante
quince años impartió clases en programas
universitarios internacionales, IMBA.

Desde los 14 años, José no ha parado de
escribir, tanto poemas como prosa; escritos
de ficción y técnicos, en inglés y castellano,
(Estrategia corporativa, Negocios intra-culturales y
Environmental Policy). Viajero incansable, en 2004
decidió abordar la novela y el relato corto. Cinco
puertas al infierno es su primera novela publicada.

novum EDITORIAL PARA AUTORES NOVELES

La editorial

¡Quien deja de intentar ser mejor, ha dejado de ser bueno!

Este es el lema a partir del cual la Editorial novum trabaja para captar nuevos manuscritos, publicarlos y promocionar permanentemente a sus autores. Desde su fundación en el año 1997 y hasta ahora, la varia veces galardonada editorial es la especialista en autores noveles en Alemania, Austria y Suiza.

Para cada manuscrito recibido se realiza en pocas semanas un informe de lectura de manera gratuita y sin compromiso.

Puede encontrar más información sobre la editorial y su catálogo de libros en el siguiente enlace:

www.novumpublishing.es

www.ingramcontent.com/pod-product-compliance
Lightning Source LLC
Chambersburg PA
CBHW031135160426
43193CB00008B/146